John Cook
Viennese by Choice, Filmemacher von Beruf

Herausgegeben von Michael Omasta und Olaf Möller

T0335132

Österreichisches Filmmuseum
SYNEMA – Gesellschaft für Film und Medien

Ein Buch von SYNEMA ≣ Publikationen
John Cook. Viennese by Choice, Filmemacher von Beruf
Band 3 der FilmmuseumSynemaPublikationen

© Wien 2006
SYNEMA – Gesellschaft für Film und Medien
Neubaugasse 36/1/1/1
A-1070 Wien

Lektorat/Korrektur: Joe Rabl, Michael Omasta, Sylvia Deltl, Hilary Cook, Brigitte Mayr
Grafisches Konzept, Gestaltung und Produktion: Thomas Kussin und Gabi Adebisi-Schuster für buero8, Wien
Organisation: Brigitte Mayr
Druck: REMAprint
Verlags- und Herstellungsort: Wien
Umschlagfoto (Vorderseite): John Cook, Paris 1963 – Vordergrund: Heather Maggs Cook, Hintergrund: John Cook
© Print: John Cook / Umschlagfoto (Rückseite): John Cook, Rodez 2000 © Helmut Boselmann

ISBN 3-901644-17-2

Dieses Buch entstand mit Unterstützung von

SYNEMA – Gesellschaft für Film und Medien ist eine vom
BKA – Kunstsektion Abteilung II/3: Film und Neue Medien – geförderte Institution.
Das Österreichische Filmmuseum ist eine von der Kulturabteilung der Stadt Wien und
vom BKA/Kunstsektion geförderte Institution.

BUNDESKANZLERAMT KUNST

Inhalt

Vorwort

John Cook gehört zu jenen Filmemachern, die wie aus dem Nichts auftauchen, eine gewisse Zeit lang ihre Arbeit machen und dann ebenso plötzlich wieder verschwinden. Nicht selten dauert es Jahre, bis ihre Bedeutung erkannt wird und sich die Spuren, die sie, von ausgetretenen Pfaden abweichend, hinterlassen haben, in Retrospektiven und Büchern, mithin der Filmgeschichte, manifestieren.

Im österreichischen Filmschaffen der Siebzigerjahre vereint Cook zwei scheinbar konträre Positionen auf sich: die des Außenseiters und zugleich die eines seiner zentralen Protagonisten. Mit den vier Arbeiten, die der gebürtige Kanadier und zeitweilige Wahlösterreicher zwischen 1972 und 1982 in Wien realisierte, schuf er sich einen bleibenden Platz in der Geschichte des Films.

Cooks filmisches Werk ist die Antithese zu all dem, was man, nach Karl Kraus, die „Präzisionsmaschinen der Banalität" nennen könnte: ein sehr persönliches Kino, das von chronischer Geldknappheit, semiprofessioneller Technologie und grandiosen LaiendarstellerInnen geprägt ist. Eventuell sind es gerade diese etwas holprigen Entstehungsbedingungen, der neue Ton von Unmittelbarkeit und nüchtern genauer Feinfühligkeit, die seine Filme tatsächlich unverwechselbar machen – und, soweit es die österreichische Produktion jener Ära betrifft, auch vollkommen einzigartig.

Davon erzählt der erste Teil dieses Buchs: ein Essay, die Freunde und Mitverschworenen, der filmografische Anhang.

Den zweiten Teil erzählt John Cook selbst.

Lange nach dem Ende seiner Filmkarriere, während der letzten zwei, drei Jahre seines Lebens, arbeitete Cook an der Niederschrift einer Autobiografie. *The Life,* hier erstmals veröffentlicht, wurde vom Autor mehrfach komplett überarbeitet; die nun vorliegende, gemeinsam mit Hilary Cook durchgesehene und leicht gestraffte Version, basiert auf einer Manuskriptfassung, die mit 21. September 2001 datiert ist.

An diesem Tag starb John Cook. So oder so, *The Life* war abgeschlossen, und mit ihm schließt auch dieses Buch.

Michael Omasta & Olaf Möller, März 2006

John Cook in Wien, 1996 © Christian Fischer

Olaf Möller

Passage durch die Wirklichkeit

Die Filme von John Cook

KOORDINATEN

Die 1970er Jahre des österreichischen Kinos gelten – das taten sie damals, das tun sie heute noch mehr – als Zwischenzeit: Die etablierte Branche (nur noch eine Haltung, kaum mehr ein ökonomischer Zusammenhang) moderte ihr Letztes weg, was gar nicht wenig war, während allen anderen immer klarer ward, dass es eine Filmförderung brauchte, die dann zum Ende der Dekade, nach langjährigem, langwierigem Antechambrieren, Lobbyieren, Diskutieren – was soll wie gefördert werden und warum –, dann auch endlich kam.

Allein im Fernsehen – so der gegenwärtige Konsens – tat sich was, kam's zu jenem Aufbruch, den man sich für das Kino gewünscht hatte. Eine Generation von Regisseuren und Regisseurinnen machte sich da breit mit Arbeiten, die anders waren, die ein Engagement hatten, die von sozialen Verhältnissen wie historischen Zusammenhängen reden wollten, und die für all das gerne die Utopie Kino opferten: Es war ihnen wichtig, von den Dingen zu sprechen, und das an einem Ort, wo sie auch gehört würden, und wo konkret dieser Ort war, war ziemlich egal, so lange es eine Struktur und ein Geld gab, und das gab's im Fernsehen und im Kino eben nicht. Das Fernsehen bot eine gewisse Sicherheit: Während man im Kino mit anspruchsvoll-engagierteren Projekten mehrjährige Produktionszeiten in Kauf nehmen musste, um am Ende vielleicht auch noch mit weniger Geld dazustehen, als man beim Öffentlich-Rechtlichen zur Verfügung gehabt hätte, konnte man als halbwegs talentierter Regisseur davon ausgehen, dass man ein bis zwei Fernsehspiele pro Jahr würde machen können. Davon abgesehen hatte das Fernsehen in jenen Jahren noch einen ungleich besseren Ruf: Man glaubte noch an einen sozialen Auftrag, man hatte noch die Hoffnung, etwas durch das Medium, wenn schon nicht verändern, dann doch wenigstens hinterfragen zu können. Einmal drin im Fernsehen, kamen die Wichtigsten dieser Generation – nehmen wir hier (auch symbolisch) Axel Corti und Fritz Lehner – nicht so recht wieder heraus, abgesehen von dem einen oder anderen Fernsehspiel, das auch eine Kinoauswertung erfuhr, ohne dass das je mehr gewesen wäre als die Sichtbarmachung einer Lücke, eines Risses.[1]

1) Die Kino-Produktionen von Corti (*La putain du roi/ Die Hure des Königs*, 1990) und Lehner (*Jedermanns Fest*, 2003) galten als Desaster, wahrscheinlich hätten sie auch nie etwas anderes sein können, egal, wie gut sie nun sind oder nicht: Man war im Reich der sich selbst erfüllenden Prophezeiungen – ein veritables Imperium auf der psychogeografischen Karte des Kinos: der Kritik wie der Geschichtsschreibung.

Und dann, zwischen diesen Polen, eigentlich neben, manchmal weit über ihnen: John Cook, der radikalste Realist der Zweiten Republik, Bazin'schen Bilderglaubens bis ins Mark und tiefer noch – ein Sympathiesozialist, Kinokatholik, mehr Aufzeichner/Aufzeiger als So!-Sager, was sich zu einer produktiv-progressiven, im Wesen lustfreundlichen Ökumene einer noch ungedachten, doch geahnten Zukunft verdichtete. Einer, der Filme und damit Kino machte, der Filme für das Kino machte: ein Solitär, ein Ausbund, mit massivem Mythospotential. Hätte es ihn nicht gegeben, die gegenwärtige Austro-Cinephilie, ihre Cineasten, Kritikerinnen und Forschenden hätten einen wie ihn erfinden müssen; aber es gab ihn ja, und er hat sich ja auch ins Bewusstsein des österreichischen Kinos eingegraben: als der einzige Filmemacher, der in den Siebzigern in Österreich ein Kino machte, das bis heute international diskursbeständig ist; Corti hatte seinerzeit zwar gewisse Achtungserfolge im Ausland, während Cook jenseits der Landesgrenzen weitgehend ignoriert wurde, aber Cooks Filme lassen sich heute in den Haupttext der Weltfilmgeschichte integrieren, und Cortis nicht.

Diese cinethische Wertbeständigkeit Cooks heißt aber nicht automatisch, dass alles über ihn gesagt ist – für einen Filmemacher seiner Bedeutung wurde sogar erstaunlich wenig gesagt; die seinerzeit etablierte Meinung zu seinem Œuvre zumindest hat sich nicht wesentlich weiter entwickelt. Das heißt aber nicht, dass man nicht vielleicht doch etwas übersehen hat, vielleicht ist da ja sogar noch mehr. Vielleicht ist *Schwitzkasten* (1978) gar nicht der Schlüssel zu Cooks Schaffen, wie man im Allgemeinen annimmt, sondern *Langsamer Sommer* (1974/76), vielleicht ist *Schwitzkasten* auch gar nicht die Geschichte einer Anpassung, sondern wirklich eines Aufbruchs, und vielleicht ist *Artischocke* (1982) nicht nur viel besser, als man ihn macht, sondern sogar ein ganz zentraler Bestandteil des Cook'schen Kinos. Manchmal klären sich die Dinge, wenn man sie einfach – noch einmal, neu – anschaut, von Zeit zu Zeit, so auch vermessend, an sich erfahrend, was sich verändert hat in den Blickmaßgaben, stets davon ausgehend, dass diejenigen, die vor einem kamen, genauso sehr Teil einer Zeit und Kultur waren wie man selber.

Cinephile Spekulationen: John Cook als – möglicher – Mythos

John Cook, der „fremdwogebürtige" Kino-Autodidakt par excellence, ist ein *poete maudit* von einem Meister, sein Werk wie sein Leben sind der Stoff, aus dem die cinephilen Mythen sind, die Trost schenken und Kraft geben.

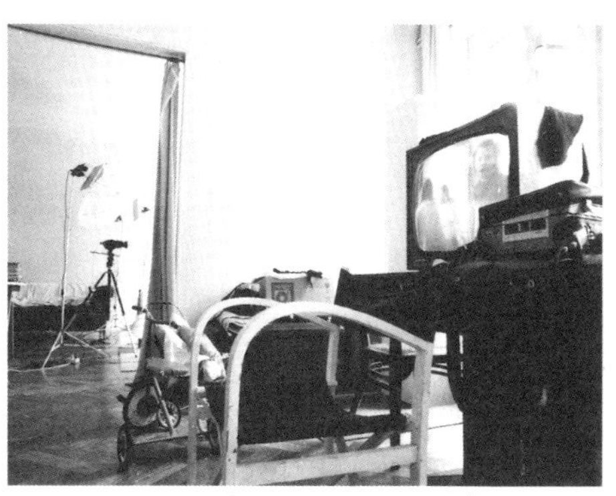

Langsamer Sommer,
Szenenaufbau

Bislang ist John Cook kein institutionalisierter Mythos, auch wenn der entsprechende Prozess schon begonnen hat: Seine Zeit ist noch viel zu nahe (er starb ja auch erst vor kurzem), als dass man wie wild drauflosprojizieren könnte.

Aber Cook hat dieses Potential zum Mythos. Zum einen, weil er Kinematografien übergreifend ist, was sich sowohl auf seine Herkunft wie seinen Stil bezieht. Dann, weil er sich den Verhältnissen verweigerte: Nach den Erfahrungen mit *Artischocke* (die Austrokino-Manufaktur, deren professionelles Selbstverständnis erwies sich, gerade beim Dreh der zweiten Hälfte des Films, als eher hemmend denn förderlich) sowie dem Projekt *Brömmer* beendete Cook sein Kinoschaffen – wenn auch nicht so radikal Knall auf Fall, wie man's gern darstellt. Cook versuchte noch einige Zeit, das Projekt in Frankreich finanziert zu bekommen, außerdem arbeitete er danach noch an diversen weiteren Projekten, von denen sich eines ja sogar als Video materialisierte: *José Manrubia Novillero d'Arles. L'apprentissage d'un matador de toros* (1990/96), das in diesem Kontext der Mythenschöpfung wie eine Stimme aus dem Jenseits wirkt und wie eine Verheißung für alle „Wiederkehren", gerade weil es Cooks erstem längeren Werk, *Ich schaff's einfach nimmer* (1972/73), so ähnlich ist – zwei kleine dokumentarische Porträts von Aufbrechenden, feingeschliffene Wirklichkeitssplitter, die Cooks Spielfilme wie Parenthesen klammern.

Womit man bei der perfekten inneren Dramaturgie des Cook'schen Œuvres wäre: Die zwei Dokumentationen, die zwei Spielfilme und der Sui-generis-Hybrid *Langsamer Sommer* erzählen, von Werk zu Werk – jeder Film ein Akt – eine eigene Geschichte, die so konkret wie archetypisch ist: John Cook, stellvertretend für alle Wanderer, kommt an in einem fremden Land (*Ich schaff's einfach nimmer:* das Werk der ersten Orientierung, in der Kultur wie im Metier, vor der eigenen Haustür beginnend), in das er sich einlebt (*Langsamer Sommer:* das Werk der Aneignung), in dem er bleiben will (*Schwitzkasten:* das Werk des Aufbruchs, des ambivalenten Traums von einer Veränderung), an dessen Grenzen er stößt (*Artischocke:* das Werk der Konsternierung wie der Enttäuschung), und das er schließlich wieder verlässt (*José Manrubia Novillero d'Arles. L'apprentissage d'un matador de toros:* Summe und Überhöhung, darin eine andere Wiederkehr); als Unsicherheitsfaktor – als Flirren außerhalb des Gesichtsfeldes – hinzu kommt die Werbefilmarbeit Cooks, eine bislang unerfasste, gestaltlose Masse, die auch ein wenig zum Ausdruck bringt, dass immer ein unfassbarer Rest bleibt, ein Geheimnis – und dass der Filmemacher John Cook immer (auch) eine Geschichte bleiben wird.

Vor seinem Leben als Filmemacher, vor seiner Zeit in Österreich, hatte Cook, wie man weiß, schon einmal Ähnliches durchlebt: Von Frankreich aus konnte er sich in den 1960ern als Fotograf von internationaler Klasse etablieren – eine Karriere, die er abbrach, weil ihn die Manieren wie Methoden der Menschen in diesem Metier anzuwidern begannen. Als Cook nach Österreich kam und mit dem Filmen begann, hatte er so einen Kreislauf, wie ihn seine Filme beschreiben, also schon einmal ausgeschritten – er konnte nun sein persönliches Drama der Entfremdung und Suche, des Erfolgs wie des Scheiterns, ein zweites Mal, intensiver, präziser, mit mehr Tiefe, Wissen, Leidensfähigkeit durchspielen. Dazu passt, dass er sich von einer zwei- zu einer fiktiv dreidimensionalen Kunst des Gegenwärtigen weiterentwickelt hatte – auch dort wird alles komplizierter wie komplexer.

Cook war ein Fremder in dem Land seines Schaffens, ein Durchreisender am Ende gar, aus einer Kultur, zu deren Konstanten das Exil[2] gehört – Paradoxien, Spiegeleien, allüberall.

2) Vgl. den Eintrag zu William D. MacGillivrays *Stations* (1983), in: Wyndham Wise (Hg.), *Take One's Essential Guide to Canadian Film*, Toronto 2001, wo die Rede ist von „the odd combination of displacement and roots that constitutes, for many Canadians, a kind of identity".

Mon pays: John Cook zwischen Kanada und Österreich, dem Eigenen und der Welt

John Cook war zwar ein Einsamer im österreichischen Kino der Siebzigerjahre, er war aber nicht allein, und auch nicht der Einzige im Aufbruch, bloß: Sein Suchen wie Finden war, wie schon angedeutet, eines, das sich in den dominanten Diskurs der internationalen Filmkultur verfügen lässt, was man von den Versuchen eines Georg Lhotzky oder Antonis Lepeniotis, ebenso wenig eines Mansur Madavi oder vom Team Sepp Jahn & Edith Hirsch, die schon seit den frühen 1960ern allein vor sich hin produzierten, behaupten kann; alles Filmemacher, die Arbeiten vorlegten, die anders waren oder sein wollten als die üblichen Produkte heimischer Provenienz, anders aber auch als jenes unrealisierte Kino im Fernsehen. Liest man Texte von damals, merkt man, dass das, was man mittlerweile der weltbeflissenen Erzählbarkeit der österreichischen Filmgeschichte geopfert hat, zumindest fürs eigene Land durchaus als der dominante Diskurs galt. Cook symbolisierte auch damals schon eine gute Chance, mit dem Rest der Welt in Kontakt zu treten.

Lepeniotis und Madavi, die zwei anderen bedeutenden Fremdzugänge, suchten ihr Heil in der Allegorie, der Abstraktion, im Abgehobenen, von wo aus sie sich der etablierten Realität des Landes wie seiner Geschichte / Gegenwart näherten, im Einklang jeweils mit filmkulturellen Tendenzen ihrer Heimatländer, ohne sich groß darauf zu beziehen. Dazu kommt, dass sie strategisch an eine latente Tradition der österreichischen Avantgarde seit den 1950ern anknüpften: die der Cocteau-Geschockten, die mit Kurt Steinwendners & Wolfgang Kudrnofskys *Der Rabe* (1951) ihren Anfang nahm, bald schon von den „Material-Realisten" – Kurt Kren, Ernst Schmidt jr. etc. – an den Rand gedrängt wurden, nichtsdestotrotz aber bis heute, ob ihrer Verbundenheit mit den schönen Künsten wohl, eine gewisse Bedeutung-durch-Permanenz im Lauf des österreichischen Kinowerdens entwickeln konnten, auch wenn die in der retrospektiven wie tagesaktuell kritischen Filmgeschichtsschreibung kaum eine Rolle spielt.

Cook, seinerseits, geil auf die Gegenwart, deren Wirklichkeit, konfrontierte sich selbst und damit die Zuschauer mit all dem, was er sah, hörte, erlebte: Er gestaltete sein Sich-selbst-Zurechtfinden. Darin ist auch er in einem Gleichklang mit der Kinokultur seiner Heimat, Kanada, wo, neben den USA (und Frankreich, irgendwie), der Dokumentarfilm in den 1950ern, 1960ern revolutioniert wurde, 16mm sei Dank. Allerdings: Nur in Kanada entwickelte sich aus dieser dokumentarischen Erneuerung auch ein so entschieden einem Realismus verpflichteter Aufbruch im Fiktionalen, egal wie man zu den Werk(stück)en eines Jean-Pierre Lefebvre, Don Owen, Donald Shebib oder Gilles Groulx stehen mag, zu den Kitchen-Sink-going-Swinging-Toronto-inspirierten Arbeiten der Anglokanadier (die historisch immer als eher frustriert-gescheitert dargestellt werden) oder den *nouvelle vague'n* Werken aus Quebec. Betrachtet man die Filme John Cooks neben denen von Lefebvre und Allan King (mit seinen *actuality dramas* der wahrscheinlich radikalste Ausloter allen Fiktionalen im Dokumentarischen seiner Kultur), dann offenbart sich sofort Cooks kanadotypisches Genie.

All das heißt nicht, dass Cook durch diese Filme beeinflusst wurde, das kann sein oder auch nicht, darum geht es hier nicht: Wichtig ist, dass Cooks Kino immer zwei Kulturen gehört, der kanadischen wie der österreichischen, dass er immer Regel wie Ausnahme ist.

Die verschuldete Gegenwart: österreichische Realismusversuche

Das Besondere an Cook im Vergleich mit seinen Zeitgenossen ist seine historische Rückraumlosigkeit: Er ist da – jetzt – gerade – hier, er ist nur Gegenwart, dem einen oder anderen Moment eines Sich-Erinnerns zum Trotz.

Cooks Kino ist ahistorisch, insofern, als dass es sich nicht um die Geschichte Österreichs schert: Es ist frei von historischer Schuld, weil die Cook überhaupt nicht tangiert. Auteurs wie Corti und Lehner mussten sich, scheint's, irgendwann irgendwie in ihrem Schaffen mit dieser Schuld, dieser Geschichte konfrontieren, auch bildungsauftragsbedingt, was ja nichts Schlechtes ist – Cook kannte diese Geschichte mit ihren Geschichten wahrscheinlich gar nicht, und selbst wenn, hätte es für ihn als Person wie als Filmschaffenden keine Bedeutung gehabt, für ihn hing da nichts dran: keine Spuren.

Davon ist schließlich noch zu sprechen, kurz, eher pointiert: der Entwicklung des Realismus im österreichischen Kino, auch um zu beschreiben, in was für einer kinematografischen Kultur sich Cook primär bewegte – die sekundäre war klar das, was sich unter Nouvelle Vague & Gleichklänge subsumieren lässt, darüber geben die Filme selbst bestens Auskunft.

Bis zu den Filmen Cooks waren nahezu alle Nachkriegs-Versuche in Realismus oder Wirklichkeitsnäherung von der Geschichte, der Schuld geschlagen: Die Gegenwart wurde forciert als schuldzersetztes Produkt der Vergangenheit gestaltet. Harald Röbbelings *Asphalt* (1951), Kurt Steinwendners *Wienerinnen* (1952)

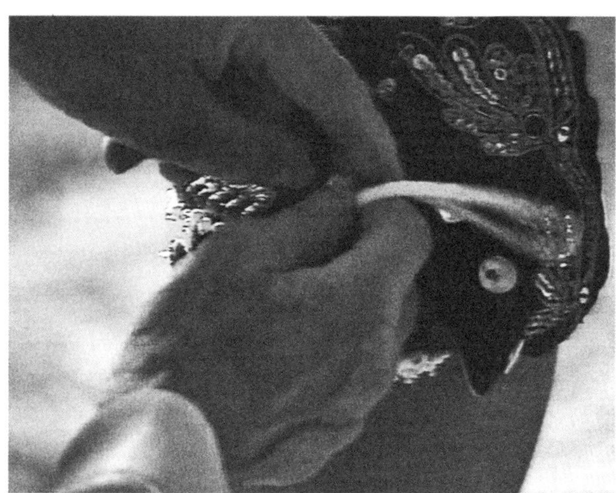

José Manrubia Novillero d'Arles
Langsamer Sommer
Ich schaff's einfach nimmer

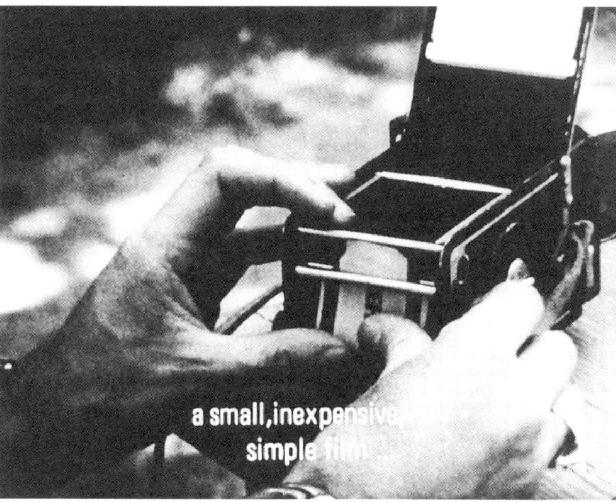

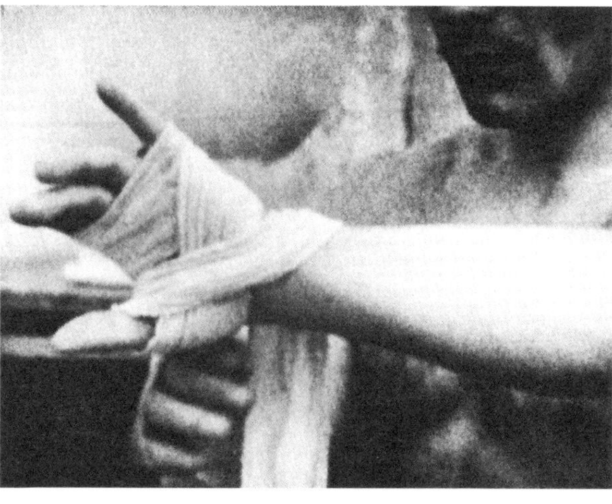

und Aldo Verganos *Schicksal am Lenkrad* (1954) erzählen alle exemplarische Geschichten von Jugendlichen, den Gefahren des Heranwachsens heute – als Spiegel der Probleme, die man durch die Vergangenheit hat, durch die Schuld, die man auf sich lud. Einfach auf das zu schauen, was sich da vor einem auftat, ging offenbar nicht: Alles Gegenwärtige war kontaminiert, die Konfrontation mit den Dingen, wie sie sind, bedurfte harter Eingriffe (expressive Lichtarbeit, steile Blickwinkel, verfremdende Musik). Ein entschiedener Zugriff sorgt für Ordnung: Laiendarsteller, echte Straßenzüge, wahre Begebenheiten als Sujet; das Andere als Sensation; alles musste Genre werden.[3]

Asphalt war, allen Erwartungen, die man an dieses Experiment (so die zeitgenössische Rezeption) hatte, zum Trotz, ein Misserfolg bei der Kritik wie beim Publikum.[4] Heute kann man die Wirklichkeit – Arbeitshandgriffe wie Häuserfassaden – in diesen Filmen auf eine Art sehen, die es damals noch nicht gab, auch wenn Röbbeling und Steinwendner vielleicht schon eine Ahnung davon hatten: als Einschluss, als Mehrwert, als Momente, in denen mehr – oder auf mehreren Ebenen parallel – erzählt wird, als eigentlich geplant war. Darin eingeschrieben ist immer noch jener Zeitgeist der Schuldsinnigkeit, prall-vulgär präsent in der geschmäcklerischen Art, mit der sich etwa Steinwendner immer wieder gerne an den nubilen Leibern seiner Gefallenen weidet: So schichten sich mit den Dekaden die Lesarten wie Blickgerichtetheiten, passend zu der schizophrenen, zwischen Kolportage und Dokument hin- und herschleudernden Art dieser Werkstücke.

Aldo Verganos Film fällt eine besondere Rolle zu: die der Ausnahme zur Klärung. In *Schicksal am Lenkrad* geht es nicht um Österreich als solches – wie spezifisch auch immer der Film in vielem ist –, sondern um „la cosa“, die Sache (wie nicht anders zu erwarten bei einer Arbeit eines KPI-Neorealisten auf Dienstreise): Alle Geschichte, alle Schuld geht hier auf im Klassenantagonismus, im Bestreben um eine Solidarität, die das System überwindet. Weshalb Vergano auch anders sehen konnte/musste:

3) Es ist bezeichnend, dass dieser Realismuseffekt eine seiner ersten bedeutenden Anwendungen in einem Film über den konservativen Widerstand gegen die Nazis fand: Rudolf Steinboecks aufgerissenes Kammerspiel *Das andere Leben* (1948). In Zeiten dräuender Kollektivschuld-insinuierungen sprach der Film von der Notwendigkeit einer Differenzierung; gleichzeitig ebnete er den Weg für eine bürgerliche Restauration des Landes, konform mit den Maßgaben des Kalten Krieges.

4) Rudolf Lubowskis *Asphalt*-Ausschlachtung *Minderjährige klagen an* (1958) bringt – symbolisch, weil völlig unbeabsichtigt –, als Gestalt, dessen kollektive Ablehnung auf den Punkt – auch wenn der Film genau deswegen zur Prozesssache wurde.

Realismus ist bei ihm zwar genauso sehr Effekt wie bei Röbbeling, Steinwendner und anderen, er macht die Dinge aber anders sichtbar, fließender vielleicht – Dinge, Landschaften, Gesten erst einmal zulassend. *Schicksal am Lenkrad* ist in einer Art und Weise im Gegenständlichen seiner Gegenwart verankert, wie das heimischen Filmemachern zu dieser Zeit kaum möglich war.

Kaum. Denn natürlich kann man sich über seine Zeit, deren Koordinaten stellen, man riskiert halt nur die totale Missachtung oder einfach nur völliges Unverständnis. Was auch heißt, dass in den 1950ern Chancen vergeben wurden – so zumindest stellt sich das heute dar, was aber auch wieder etwas selbstgerecht ist, und auch ein bisschen mythensinnig, schließlich ist ja ein bestimmtes Scheitern, wie gesagt, interessanter als aller Erfolg. Es wäre in den Siebzigern sicherlich auch ohne die Versuche der Fünfziger zu diesem Aufbruch in den Realismus gekommen, das hätte – siehe Cook – der Zeitgeist schon gemacht. Das gegenwärtige Kino aber, sei hier behauptet, würde sich ohne diese frühen Arbeiten weniger legitim fühlen: Es wäre mehr das Produkt einer von Außen angetragenen filmkulturellen Haltung denn einer historischen Entwicklung.

„[...] spielt's Wirklichkeit, Kinder!" heißt es gegen Ende von Georg Lhotzkys *Moos auf den Steinen* (1968), der Verfilmung von Gerhard Fritschs gleichnamigem, 1956 erschienenen Klassiker einer historischen Versöhnung – so zumindest las man ihn damals; heute liest er sich anders, widersprüchlicher –, realisiert kurz nach Erscheinen von Fritschs zweitem und letztem Roman, *Fasching* (1967), dessen garstiger Fabel von der Vergangenheit, die man nicht bewältigen, mit der man sich noch nicht mal mehr konfrontieren will, mit so unverhohlenem Hass begegnet wurde, dass sich Fritsch 1969 das Leben nahm.

Der Realismus-Diskurs hatte sich gewandelt, auch wenn gewisse Konstanten blieben: Die Realität war immer noch mehr Problem denn Lösung, nur war man jetzt nicht mehr schuldbewusst / getrieben, sondern engagiert – man war erkenntnissinnig, aber nicht bruchwillens. Corti konnte mit *Der Fall Jägerstätter / Die Verweigerung* (1971) die exemplarische Geschichte einer absoluten Einzeltat erzählen, als Akt der Erinnerung wie des Erinnerns selbst, der Aneignung und somit Verfügbarmachung von Geschichte, und mit *Wie sie es wurden – Ein junger Mann aus dem Innviertel: Adolf Hitler* (1973) eine reflexive Spekulation über Vergangenheit / Entwicklung / Gegenwart, die Permanenz eines historisch Abzulehnenden realisieren: Er konnte, wie einige andere auch, die Geschichte bewältigen, der Schuld eine Form und einen Sinn geben. Beides gespalten; beide Werke wurden in jener schönen, hybriden Form namens Dokumentarspiel gestaltet, was Georg Stefan Troller apropos des Hitler-Films damit begründet, dass das damals halt „Mode" gewesen sei. Das muss einen jetzt nicht kümmern, irgendwie bezeichnend ist es dann aber doch: nämlich dafür, dass sich auch dieser Aufbruch innerhalb klarer Bahnen bewegte, die Provokation zwar nicht auf den Effekt hin kalkuliert, aber auf jeden Fall auszuhalten war.

In solchen Bahnen bewegte sich denn auch die Darstellung der Wirklichkeit, der ORF-Realismus jener Tage. Wieder Corti: In *Der Sohn eines Landarbeiters wird Bauarbeiter und baut sich ein Haus / Totstellen* (1975) wird exemplarisch ein Scheitern gezeigt, die Probleme kommen auf den Tisch, werden als systemendemisch gezeigt, und hingenommen – jetzt weiß man noch besser, was man eh weiß, und kann das eines Tages vielleicht auch zur Anwendung bringen. Was bleibt, ist mehr die Zeit in dem Film als die Fabel selbst: eine allgemein goutierbare Frische, die sich mit modischen Momenten mal schlägt, mal verträgt, es passiert was in der Regie. Aber passiert auch etwas in den Menschen? Oder passiert so viel in der Regie, dass in den Menschen gar nix mehr passieren kann, weil sie ständig der Regie, der Fabel hinterher sein müssen? In gewisser Hinsicht haben Leute wie Corti und Lehner in ihrer Zeit und auf ihre Art mehr bewegt, als es Leute wie Cook je werden – in diesem Bewegen, das auf dem Erkennen eines Musters basiert, bestätigen sie aber auch implizit immer wieder dieses System, halten es am Leben. So ist das mit der Demokratie wie der Romantik: schwierig, weil die Antwort immer da ist, sinnstiftend, weil dennoch immer Fragen gestellt werden. Manchmal sogar welche, auf die es nicht sofort eine Antwort gibt.

Für das österreichische Kino ist John Cook so eine Frage, auch eine Herausforderung. Cooks Kino ist Ausdruck einer Haltung, die freundlich im Brecht'schen Sinne ist, Anteil nehmend, deswegen nie passiv. Cook mischt sich in die eigenen Angelegenheiten, nimmt das Leben offensiv persönlich, ist so sehr er selbst, dass sich alles in ihm auflöst. John Cook ist keine Lösung, aber er kennt sie.

~

HAUPTWEG UND NEBENWEGE: PASSAGE DURCH FÜNF FILME JOHN COOKS

Realismusanforderungen – Wirklichkeitsmaßgaben

John Cook schien aus dem Nichts zu kommen mit *Ich schaff's einfach nimmer:* Da war einer – ein Fremder auch noch, einer, den nichts hemmte – hingegangen und hatte einfach einen Film von nonkonformistisch-cinekosmopolitischer Natur wie völlig „unauswertbarer" Länge in die österreichische Filmkultur der frühen 1970er Jahre gesetzt, einfach so; ein Film, den kaum wer sah, damals, über den es nur wenig Geschriebenes gibt, seither, und der mit den Jahren eine gewisse mythische Dimension gewann, gerade weil er so unvermittelt dahergekommen zu sein schien – was gut passt zum Meteorenen von Cooks Kino-Laufbahn, wie sie sich so darstellt.

Nun macht aber keiner einfach so einen Film, schon gar nicht so einen wie *Ich schaff's einfach nimmer,* der, bei allem Ungestüm, aller Schauens-/Schaffenslust, von einer solchen gestalterischen Klarheit geprägt ist, die auf eine gewisse Erfahrung schließen lässt (sicher, Genie ist immer ein Argument, wenn auch nur selten ein sinnvolles, aber schön ist's manchmal, aufregend). Nun, John Cook hatte diese Erfahrungen mit dem Bildermachen, als Fotograf von einigem Renommee, und er hatte sogar – dem von ihm geschaffenen Anschein nach – auch gewisse filmische Vorkenntnisse. Nur, was er konkret gemacht hatte, darüber ließ er sich nicht aus, damals nicht und für die Zukunft erst recht nicht. Niemand erinnert sich daran, jemals einen der von Cook in seinen Lebensläufen erwähnten Werbe- und Industriefilme gesehen zu haben, keiner weiß, für wen er da gearbeitet hatte, erwähnt hat er immer nur die Magazine, für die er fotografiert, doch nie die Firmen, für die er diese Filme gemacht hatte, seinerzeit nicht, und in seiner Autobiografie *The Life* auch nicht.

Cook hat nie einen Hehl daraus gemacht, dass ihm die Arbeit als Fotograf, die Welt, in der er sich da bewegen musste, ab einem bestimmten Punkt zuwider war: Mit dem Umzug nach Wien, mit dem Kino – so stellte sich das, auch für ihn, dar – sollte alles anders werden, die Ausbeutung aufhören, die Entfremdung enden. Die Industrie- und Werbefilme gehörten für ihn – so zumindest lässt es sich interpretieren – zu einer Phase in seinem Leben, da er entfremdet schuf: Sie waren moralisch kompromittiert, anders als ein Film über *Peter Altenberg,* den er 1970 als sich Wandelnder machte – Kamera!, noch nicht Regie; sozusagen die Mitte, er war auf dem Weg –, wo er sich das zu eigen machte, was er schon wusste / konnte, aber noch nicht als wesenhaft zu sich gehörig empfand. Was wiede-

Ich schaff's einfach nimmer: Der Kampf in Leoben, Gisi und Petrus

rum gut zum Sujet von *Ich schaff's einfach nimmer* passt: Das Paar, das er hier porträtiert, durch das er erste Wünsche / Ängste / Sehnsüchte artikuliert, Gisela und Petrus, hatte er bei sich auf der Türschwelle „gefunden" – sie war seine Hausbesorgerin; ihret- wie des Filme(n)s wegen hatte sich Cook schließlich darum bemüht, besser Deutsch zu lernen, sich die Sprache seiner neuen Heimat wie seines neuen Metiers in der Praxis anzueignen – denn eigentlich ist er ja derjenige auf der Schwelle.

Und trotz alledem erwähnte er diese entfremdeten Arbeiten – bewusst vage, die filmkulturelle Indifferenz gegenüber diesen Kleinstformen geschickt nutzend, darauf bauend, dass keiner fragen und die Zeit alle Spuren verwischen würde – sicherlich auch, um zu signalisieren, dass er kein Amateur war, Technikkenntnisse besaß, wusste, was wie geht, dass man ihm also vertrauen konnte, vor allem aber, um zu sagen, was er alles nicht mehr wollte, dass er ein anderes Leben wie ein anderes Kino begehrte. Es wirkt vielleicht in sich widersprüchlich, professioneller Laie sein zu wollen, doch genau das war Cook: einer, der ein Handwerk ohne kommerzielle Erwägungen ausüben, der einfach nützliche Schönheit herstellen wollte.

Zu dieser Widersprüchlichkeit passt, dass es von *Ich schaff's einfach nimmer* zwei Versionen gibt, um deren zweite, kürzere sich eine Art Geheimnis rankt. Kaum jemand wusste, was sie eigentlich ausmachte; gezeigt wurde sie so gut wie nie, Cook selbst bevorzugte die erste; andererseits fragt man sich, warum Cook überhaupt eine zweite Version anfertigte. *The Life* liefert keine Hinweise, es erinnert sich auch niemand groß dran. Die Art, in der sie sich von der ersten unterscheidet, was die eine Version erzählt und was die andere, sagt einem vermutlich am meisten über die Gründe: Cook hat nämlich nicht nur einfach ein paar Szenen herausgenommen, um den Film halt knackiger / eindeutiger zu machen, sondern er hat ihn in Teilen umgebaut, so weit, dass am Ende ein komplett anderer Film da war, auch wenn beide Versionen in etwa gleich ablaufen. Cooks Version wirkt wie ein skizzenhaftes Manifest für das Kino / Leben, von dem er träumte, voller Spannungen zwischen Bild und Ton, voller Sprünge, sich Erklärungen verweigernd, doch durch die Genauigkeit des Blicks immer stimmig und damit wahr. Die andere Version wirkt wie die Verkörperung all dessen, wovon sich sein Kino absetzen sollte, was er nicht wollte, was er als entfremdet empfand, angefangen damit, dass die Bilder den Worten immer untergeschoben wirken, so als könnte man dem einen nicht vertrauen und dem anderen auch nicht. Will sagen: Die kürzere Fassung wurde wahrscheinlich für den Fernsehverkauf gemacht, in ihrem Verschubladen des Lebens wie ihrem Institutionalisierungsdiskurs, zumindest, entspricht sie dem Realismusdiktat ihrer Zeit (und unserer sowieso). Was Cook davon hielt, zeigte er, im übertragenen Sinne, in *Schwitzkasten*: All das, was in der zweiten Version von *Ich schaff's einfach nimmer* ausgebreitet wird, verdichtet er da in einer lakonisch hingeworfenen Parenthese – so als ginge es darum nicht, als seien das einfach Dinge, die man halt so sagt, aber denen man auch nicht mehr Bedeutung zumessen muss, sind halt Erklärungen – Sinnschöpfungen sind etwas anderes, die kommen aus den Dingen.

Auch wenn es etwas widersinnig erscheint: Es ist sinnvoller, die zweite Version genauer zu beschreiben, den filmpolitischen Real-Soll-Zustand, und dann erst das utopische Haben hinzuzufügen – so arbeitet man sich vom Groben vor ins Feine, in die Ambivalenzen – so vermeidet man, vielleicht, auch den Opferdiskurs, der die zweite Version so prägt, und spricht stattdessen davon, wie etwas wird, nicht, wie es vergeht.

Zwei Menschen vor einer nackten Wand, sie werden fotografiert (darüber der Filmtitel, nicht mehr; alle weiteren Titel kommen erst am Ende). Eine nicht weiter definierte Sprecherstimme schafft Fakten: Das ist Petrus, 24 Jahre, Zigeuner, Maurer von Beruf, und das ist Gisela, seine Frau, 48 Jahre, Hausbesorgerin. Ein Sprechen im On gibt es in dem Film – zumindest in dieser Version – nicht, alles, was gesagt wird, kommt aus dem Off (Cook hatte Gespräche mit Gisela und Petrus aufgezeichnet, und dann Bilder gemacht, und dann geschaut, in welchem Verhältnis die Dinge zueinander stehen könnten; was manchmal an frühe Arbeiten seines Landsmannes Roman Kroitor erinnert); das Off-Sprechen liegt immer ganz plastisch über dem On-Ton, die Ebenen vermischen sich nie, passend zu der Härte, mit der die Töne aneinander gehängt wurden, wie Platten beim Bau, da hallt jeder Schnitt. Die Verhältnisse haben klar zu bleiben, egal wie heftig das wirken mag.

Man sieht Gisela beim Wischen eines Stiegenbodens. Sie erzählt, dass die Leute im Haus sie angestarrt hätten, als sie einzogen; als sie dann das erste Mal putzte, gafften sie schweigend, wie die Affen, sagt sie. Gisela wird als sozial nieder eingestuft, auch wenn die anderen ihr natürlich Unrecht tun mit diesen Blicken, und wo das Haus ja so dreckig ist. Gisela, scheint's, spricht von ihrer Tätigkeit als Hausbesorgerin: „Du bist der Dreckfetzen."

Man sieht Petrus, wie er mit jemand anderem arbeitet. Dazu hört man Gisela, die einen Zeitungsartikel über Muhammad Ali vorliest (den Namen seiner Heimatstadt, Louisville, wie überhaupt Fremdworte falsch aussprechend). Der Größte, steht da drin, will einen Marsmenschen als Gegner, weil's auf der Erde keinen gibt, der's mit ihm aufnehmen könnte – man ist ja schon so weit, dass man zum Mars fliegen wird. Petrus greift auf der Tonspur ein und erzählt davon, dass Ali ungeschlagen ist und viel Geld hat und jeden Tag ausgehen kann; Gisela ist dabei wichtig, dass er gesund geblieben ist (was einen heute melancholisch stimmt). Daraufhin sieht man Petrus beim Schattenboxen, während er darüber redet, was er sich vom Boxen erhofft, und Gisela scherzt, echt Ehefrau, dass er's mit dem Mund schon mit Muhammad Ali aufnehmen kann, sportlich aber nicht. Diese ironische Gegenüberstellung von Ali, zur Zeit eines seiner wichtigsten Kämpfe, mit Petrus, dem Amateur, wird nun systematisch forciert.

Gisela und Petrus schlendern an einem strahlenden Sommertag über eine Festwiese im Prater, wo unter anderem Boxkämpfe dargeboten werden. Gisela hat ein Billet am Träger ihres Kleides, Petrus am Handgelenk. Sie erzählt, dass sie sich gestritten hätten: Petrus hatte ihr versprochen, nur unter der Woche zu trainieren, und jetzt will er auch noch am Samstag.

Dann erzählt Petrus davon, wie er straffällig wurde: Er hat Geld gestohlen, mit ein paar anderen zusammen. Petrus hatte Angst bei dem Diebstahl, wegen dem er dann einsitzt. Gisela erzählt dann – weiter über den Streit –, wie im Haus gegenüber ein Mann (s)eine Frau geschlagen habe.

„Petrus fährt zu einem Amateurboxkampf in Leoben", verortet der Sprecher das nächste Bild, ohne Giselas Gegenwart im Auto eines Kommentars für würdig zu befinden. Gisela erzählt derweilen ihre Geschichte zu Ende, wie Petrus und sie sich nach der Szene mit der geschlagenen Frau gleich wieder vertragen haben. Petrus, seinerseits, zieht gewisse Parallelen zwischen sich und Ali, wenn er davon erzählt, dass auch der im Häfen war, wenn auch aus nobleren Motiven (Kriegsdienstverweigerung).

Bei seinem Kampf, der im Ton ironisch mit dem Kommentar zu Alis Kampf eingeleitet wird, macht Petrus keine sonderlich gute Figur und verliert.

Petrus arbeitet den Anzeigenteil einer Tageszeitung durch, Gisela hilft ihm; er sucht eine Anstellung. Der Sprecher sagt, dass Petrus keine Beziehung zu seinem, noch zu überhaupt einem Handwerk habe. Die Darstellung von Petrus' Kriminalisierung wird wieder aufgegriffen: Er erzählt, wie er in die Fänge der Fürsorge, in eine Jugenderziehungsanstalt kam, weil seine Mutter sich weigerte, ihn von seiner Verhandlung abzuholen, heißt, sich weiter um ihn zu kümmern (in *Schwitzkasten* wird der Vater sich seinem Sohn in einer ähnlichen Situation nicht verweigern: Er unterzeichnet einen Meldezettel, damit der Sohn eine Arbeit bekommen kann).

Man sieht Petrus mit den öffentlichen Verkehrsmitteln quer durch Wien fahren – mittlerweile scheint's Winter zu sein –, ohne Ziel, überhaupt weiß man, wenn man die Haltestellen und Linien kennt, gar nicht, wie das alles zusammenpassen soll. Er sucht wohl eine Arbeit oder treibt vielleicht auch bloß in den Tag hinein. Im Ton hört man weiter seine Geschichte vom Gang durch die Institutionen: wie er von einem brutalen Polizisten (angeblich ein Boxchampion!), der schon mehrere Gefangene bei Transporten verprügelt haben soll, in Handschellen von Klagenfurt nach Wien überstellt worden war (dazu sieht man kurz einmal Petrus' gefaltete Hände: so als sei er immer noch in der Acht). Zwischenschnitte von Petrus zu Hause und wieder im Aufbruch deuten einen Kreislauf des Suchens, der Vergeblichkeit an (und erklären so auch die merkwürdigen Orts-Sprünge).

Als Petrus in seiner Erzählung in der Fürsorgeanstalt angekommen ist und die dort herrschenden Gewaltverhältnisse dargelegt hat, sieht man ihn und Gisela im Kreise ihrer Kinder: liebende Eltern, das Gegenteil dessen, was Petrus im Leben erfuhr. Er sagt, dass blinder Gehorsam das Einzige ist, was man ihm – wie überhaupt allen Zöglingen – im Erziehungsheim einzubläuen versucht habe: Er sollte bloß still sein und nichts tun, womit er seine baldige Entlassung gefährden könnte. Später dann, nach der Anstalt, drehen sich die Verhältnisse um: Da bekommen's die einstigen „Peiniger" mit der Angst zu tun, wenn ihnen eines ihrer „Opfer" auf der Straße über den Weg läuft – im Bild sieht man währenddessen Petrus und Gisela auf der Straße, im Schnee tollend –, dann sagen die Erzieher so was wie: „Es war ja alles gut zwischen uns", auch wenn's ein Schmarrn ist; Petrus meint, die hätten „Angst vor dem Echten", der Wahrheit, wie auch Angst vor der eigenen Gewalt. Am Ende läuft's darauf hinaus: Menschen tun einander

Gewalt an, weil sie Angst voreinander haben.

Ein Kindsclown lacht in die Kamera. Während sich ihre Kinder für den Fasching verkleiden, als spanischer Grande oder als Chinese, erzählt Gisela wie die Leut' über sie herziehen, weil ihr Mann ja „Zigeuner" ist, wobei ihre Kinder aus einer früheren Ehe allesamt veritable Österreicher sind. Der soziale Fall Giselas wird nun offenbar: Ihr erster Gatte war wohl Lehrer, es ging ihnen gut, sie lebten in gediegenen mittelständischen Verhältnissen, dann starb er und ihre Lebensumstände änderten sich; sie engagiert sich darüber, wie rasch Menschen vom System abgestempelt werden. Einen ihrer Söhne hat man, weil man ihn für einen Ausländer/Asozialen hielt, für lerngestört erklärt und in eine Sonderschule geschickt, wo der Bub unterfordert war; nun ist er wieder zurück in der richtigen Schule und völlig durcheinander von all dem Hin und Her. – „Es ist immer ein Klassendünkel da", erklärt Gisela, während die Kinder kostümiert durch die Gassen wuseln.

Zu spanisch anmutenden Klängen sieht man, wie sich Petrus die Hände bandagiert, um daheim an der Birne zu arbeiten; dazu hört man seine Erklärung, warum's nichts wurde mit dem Boxen. Er konnte nicht trainieren, musste arbeiten, damit die Familie ein Geld hatte, Schluss war's mit dem Traum vom Boxen, auch wenn er weitermachen möcht' (interessanterweise wird nicht klar, wie oft Petrus nun schon geboxt hatte: Einmal redet er von früheren Kämpfen, einmal von seinem ersten Kampf). Als Petrus mit dem Training fertig ist, zieht sich sein kleiner Sohn die Handschuhe über und haut und springt nach der Birne, an die er überhaupt noch nicht richtig herankommt: Das kann man als Hoffnung sehen oder als Ausdruck einer Verdammnis.

Während Petrus und Gisela eine Wohnung renovieren, spricht Gisela davon, dass sich gewisse Verhältnisse seit der Nazi-Zeit nicht geändert haben: Das größte Schwein ist immer der Anführer, so war's und so wird's wohl immer sein, egal was sich ändert. Man muss dem Menschen einfach nur das Denken abgewöhnen, schon läuft alles wie geschmiert: Dann ist er ein billiges Werkzeug – derweilen spielt der Kleine Kehren mit einem großen Besen. Petrus erzählt, wie er nach der Fürsorgeanstalt am Arbeitsplatz sekkiert wurde, weil er halt ein Zögling ist; man lebt nervöser, weil die Vergangenheit einen immer wieder einholen kann, man ist aggressiver – es steckt in einem.

Während Gisela putzt, erzählt sie, dass sie's einfach nicht schaffen kann: dass sie ihre Kinder nicht genauso sorgsam aufziehen, ihnen ein so sauberes Heim bieten kann, wie sie's anderen durch ihre Arbeit gibt, weil sie zu müd' ist, wenn sie abends heimkommt.

Dann ist Ende. Titel. Alles gesagt.

Der Bau des Films ist klickernd mechanisch, alles ist ineinander verzahnt: In der Gesellschaft führt immer eins zum anderen, ohne Sinn- oder Lustmehrwert und ohne Ambivalenzen, jedes Bild oder Detail, das man nicht ohne weiteres zuordnen kann, wird aufgegriffen, immer ist eine bittere Ironie im Spiel. Alles hat sich zu fügen. Sozialdemokratisch autoritär könnte man das wohl nennen, zwangsverordneter Humanismus, Diktatur des Verständnisses, das am Ende die Menschen immer eher an ihren Plätzen hält, als ihnen Raum zu geben.

Cooks Originalversion ist da anders. An sich sind die Unterschiede dabei gar nicht so gravierend – ihre Folgen schon. Einige Beispiele, die zeigen, wie anders Cook denkt / fühlt:

* Die Szene auf dem Sommerfest wird ausführlicher eingeleitet; man sieht, wie Petrus und Gisela Tombolalose kaufen (das sind die erwähnten Billets, die in der zweiten Version, funktionslos geworden, eher irritieren), in eine spielerisch-vage Zukunftsmöglichkeit investieren – etwas, das in der zweiten Version undenkbar wäre. Es gibt auch einige Bilder mehr vom Boxkampf, der weniger zugetextet wirkt und eine gewisse Härte, eine schöne sportliche Greifbarkeit bekommt. Die gesamt Szene ist in sich runder, dabei offener, sie bewegt sich fließender, wirkt autonomer, auch weil eben mit den Details sorgsamer gearbeitet wird: Man hat das Gefühl, ein Stück Wirklichkeit erlebt statt Realismusbilder vorgeführt bekommen zu haben.
* Oben nicht erwähnt wird, dass die Szene mit Petrus und Gisela auf der Straße vor einer Tischtennishalle endet: Da macht's keinen Unterschied, wo sie endet, weil's nur darum geht, dass sie endet, sie gehen halt wo 'rein – hier aber muss man's erwähnen, weil man sie dann nämlich beim Pingpongspielen sieht, ein bisschen ungelenk wirken sie beim Hantieren mit den Schlägern, aber gut gelaunt. Auch dieses Bild führt nirgendwo hin, es ist einfach ein Stück Dasein der beiden, sie sind glücklich darin, und das allein hat schon Bedeutung genug.
* Auch die Faschingsszene ist länger: Die Kinder spielen mit Freunden auf einem Fest, sie sind nicht isoliert, wie in der zweiten Version, wo man sie niemals mit jemand anderem als ihren Eltern oder halt allein sieht, sondern Teil eines weiteren sozialen Kosmos. Angesichts dessen, wovon die zweite Fassung handelt, nämlich von sozialer Ausgrenzung und von Menschen als Klischees: Der Film re / produziert, was er kritisiert. Folgerichtig musste diese Szene verschwin-

den, in der zu viel an widerständischer Information im Bild war, als dass man sie hätte wegtexten können.

Überhaupt der Text: In der zweiten Fassung „sagen" Gisela und Petrus zum Teil andere Sachen, weil ihre Aufnahmen anders zusammengefügt wurden. Am Anfang etwa, die Geschichte mit dem Putzen und dem Angegafft-Werden: In Cooks Fassung geht es dabei gar nicht darum, dass Gisela als Hausbesorgerin ein Mensch zweiter Klasse wäre, sondern darum, dass dieses gutbürgerlich scheinende Haus, in das sie da eingezogen sind, ein völliger Saustall ist, wo keiner putzt – Gisela erzählt über ihren Hausputz, nicht über ihre Putzarbeit.

Gleich zu Beginn seiner Version macht Cook klar, dass er zwar von sozialen Verhältnissen erzählt, aber die Menschen nicht allein auf diese Verhältnisse und ihre Funktion reduziert sehen will. Ihn interessiert vor allen Dingen, dass da ein Mann eine doppelt so alte Frau liebt, und dass die beiden ziemlich viele Kinder haben – da wirkt dann die Geschichte seines Boxens auch ganz anders, idiosynkratischer, weniger wie die klassische Fabel vom Underdog, der sich mit seinen Fäusten ein Stück Hoffnung/(Selbst)Achtung erkämpfen will und das dann entweder schafft oder nicht.

Das Bild, in dem Gisela und Petrus fotografiert werden, mit dem die zweite Version beginnt, kommt in Cooks Version erst nach mehreren Minuten, auch mit einem ganz anderen Ton: Sie kabbeln sich ein bisschen darüber, warum sie letzthin gestritten hatten (Teile dieses Disputs sind als Tonspur in der zweiten Version dem Sommerfest unterlegt; ein Rest kommt gar nicht mehr vor). Gisela erzählt das nicht bloß, wie in der zweiten Version, sondern die Erzählung beginnt mit einem Dialog der beiden: Was viel über Cooks Film besagt, der nämlich von zwei Menschen, von Gemeinsamkeit handelt, und nicht bloß von Vereinzelten in einer Lebensgemeinschaft. Wie pervers das ist, dass in der zweiten Version die beiden nur selten zusammen zu hören sind, wo sie doch meistens miteinander im Bild sind, während sie hier, paradoxerweise, gar nicht zusammen sind; ein Brief zu Beginn sagt ja, das Petrus weg ist, woanders – was bedeutet, dass sich in Cooks Version alles in der Erinnerung abspielt, eine Geschichte ist.

Cooks Film beginnt völlig anders: Gisela liest – im On! (lautes Kamerarattern) – einen Brief von Petrus vor, er ist untergetaucht, die Polizei ist hinter ihm her, er beteuert, nichts gemacht zu haben, und fragt sich, ob das jemals ein Ende haben wird mit der Verfolgung durch die Obrigkeit. Dann sieht man Petrus beim Training, und aus dem Off – über den Tönen eines Kampfes: tosende Arena, man schreit deutsch („Ran, ran, ran!") – hört man eine Frauenstimme, die sagt: „Petrus ist Zigeuner. Er ist sehr stark. Er hat immer gekämpft." Das ist ein ganz anderer Tonfall, der da angeschlagen wird, einfacher, vom Wesentlichen sprechend, nicht von Funktionen. Man erfährt gleich, dass Petrus im Sommer zuvor beschlossen hatte, Boxer zu werden, weil er hofft, Geld verdienen zu können, damit Gisi (den Kosenamen gibt's in der zweiten Version so nicht), die Kinder und er ein einfacheres Leben haben. Dann wird Petrus bei der Arbeit gezeigt mit Gunter, Gisis ältestem Sohn (in der zweiten Fassung hat er keinen Namen und auch sonst keinerlei Verbindung zu den Personen des Films, da ist das halt irgendwer): Die Szene, die in der zweiten Version einfach in der Luft hängt, bekommt hier Raum und Bedeutung; der Text gibt dem Ganzen noch einen feinen lakonischen Dreh, wenn's da heißt, dass es Petrus halt manchmal zu viel wird mit der Arbeit und dem Training und der Familie, und dass er dann für ein paar Tage verschwindet, und dann immer wieder von Neuem anfangen muss – Petrus ist kein Opfer der Verhältnisse, sondern einer, der sich auch gerne mal selbst in die Scheiße reitet; das macht ihn aber nicht unsympathisch, eher im Gegenteil.

Die Szene geht über in einen kurzen Meta-Moment: „Ein Kameramann", sagt die Sprecherin, habe Petrus beim Training mit Video gefilmt, und jetzt schauen sich Gunter und Petrus die Aufnahmen an, um zu studieren, was noch zu tun wäre. Eine zeitgemäße Selbstreflexion, wie das Kamerarappeln halt, aber auch ein Moment des Spielerischen, in dem Cook seinen dokumentarischen Ansatz ein kleines bisschen wackeln lässt, dem Geschichtenerzählen fröhlich frönt, scheint's, um zu sagen, dass es nicht allein darum geht – gehen kann / darf –, Verhältnisse abzubilden, sondern dass man aus der Wirklichkeit Geschichten schöpfen muss. Aus diesem Moment entwickelt sich dann sein Kino.

Unschärfenverhältnisse

„Ich dachte damals, dass Dokumentarfilme aussehen sollten wie Spielfilme und Spielfilme genauso ein Gefühl für die Realität vermitteln müssten wie gute Dokumentarfilme", sagte John Cook zu Michael Omasta, der das in seinem Porträt „Pretty well lebensunfähig"[5] exponiert zitiert, als eine Art Kernthese zu Cooks Kino.

Dieses „damals" war die Zeit von *Langsamer Sommer,* seinem ersten langen Film, der als Spiel-

5) Vgl. Michael Omasta, „Pretty well lebensunfähig", in: *Falter* (Wien) 20/1996.

film gilt und genauso sehr als Dokumentation funktioniert. Man weiß nicht wirklich, was der Film ist, was er sein soll, schon; wie wenige Versuche seiner Art ist *Langsamer Sommer* ein Vexierbild, je nachdem, wie man's hält, ist es das eine oder das andere und in seinen größten Augenblicken souverän beides – ein Film darüber, wie sich Leute gegenseitig etwas vormachen im Leben.

Vergleicht man *Langsamer Sommer* mit Cooks nächstem Werk, *Schwitzkasten,* dann wirkt ersterer eher wie ein Dokument seiner Zeit, während letzterer ein Bildnis von Menschen seiner Zeit gestaltet. *Langsamer Sommer* lebt von seinen Unschärfen in der Haltung, diesem Gefühl eines beständigen potenziellen Aus- und Zusammenbrechens (die zwischenmenschlichen Verhältnisse, die ständig auf der Kippe stehen; der Film, der noch nicht fertig ist), seiner irrsinnig erotischen Materialsprödnis – alles wirkt wie mit Geduld und Spucke zusammengefügt, und es hält –, Wirklichkeit und Kunst spielen miteinander Leben und wundern sich; *Schwitzkasten* entwickelt seine Intensität durch eine tiefe Festigkeit des Materials wie des Blicks, egal, ob's nun fiktiv oder vorgefunden ist, es verschmilzt zu einer Geschichte, einer Utopie des Wirklichen. Ohne die Introspektion, dann Selbstentäußerung von *Langsamer Sommer* wäre es Cook allerdings wohl nicht möglich gewesen, *Schwitzkasten* zu machen: Er musste erst einmal ein Ich loswerden, um andere selbstlos gerecht sehen zu können – aber ist das nicht eigentlich eher prätentiös? Darum kreist *Langsamer Sommer,* obsessiv, um die Frage der Verstellung wie der Authentizität, und wie viel von dem einen immer im anderen ist. *Langsamer Sommer* ist eine Frage und *Schwitzkasten* eine Antwort, aber nicht notwendigerweise auf die Frage, eher auf eine Frage, die der frühere Film nicht formulieren kann oder will – und es dann, implizit, eben doch tut.

Einige Jahre nach dem Ende der Dreharbeiten zu seinem (namenlosen) Super-8-Werk will John, der Filmemacher, noch mit seinem Freund Helmut einige Szenen nachvertonen, mit spontanen Kommentaren, um mit dem Ganzen, dem Film wie der Zeit damals, abschließen zu können.

Erzählt wird der Verlauf eines Sommers, und wie John lebte, nachdem ihn Ilse verlassen hatte. John hatte mit Ilse so um die zwei Stunden 16mm-Film belichtet, und daraus will John noch was machen, wäre ja schade um das Material.

John und Helmut zogen nächtelang über die Häuser, Heroen einer schieläugigen Moderne, so wanken sie im Morgengrauen heim; Helmut,

Eva Grimm, John Cook und Michael Pilz
in *Langsamer Sommer*

der in einem Fotogeschäft arbeitet, muss bald in der Früh hackeln gehen, John kann schlafen, er ist Fotograf, halbwegs arriviert, oder zumindest angesehen, er muss nicht wie die meisten Menschen Tag für Tag zu einer bestimmten Zeit wo sein und arbeiten, um an Geld zu kommen.

John besucht Michael und seine Gattin Hilde. Michael ist auch Filmemacher und will ihm helfen, sein angefangenes Werk zu vollenden. Er ist ein bisschen mürrisch und hämmert Aphorismen in seine Schreibmaschine; John muss sich Lou Reed anhören, es könnte schlimmer kommen; Hilde bringt den Tee. Sie könnte sich ein anderes Leben vorstellen, so wie sie da mit dem Tablett an den Tisch tritt und dem Gatten den Rücken zuwendet und John anguckt, während sie eingießt – und wie John sie anschaut, und Michael sie beide. Er gibt einen anonymen Aphorismus zum Besten: „Es ist besser, ein unbefriedigter Sokrates als ein befriedigtes Schwein zu sein." John gießt sich erst mal ein lauwarmes Bier in die Teeschale. Im Kinderzimmer räumt Hilde auf. Dann setzt sie sich zu den Männern und lässt sich aus, darüber, wie sie's nicht einfach hat mit Michael und den Kindern, die da grad bei ihr spielen, und dass sie eine Arbeit braucht, weil's so nicht geht – knallhart allen alles an den Kopf geworfen, nur dass die Kinder zu klein sind, um davon was mitzukriegen.

Einige Zeit später. Das Verhältnis zwischen John und Michael hat sich etwas verkrampft; Helmut fragt aus dem Jetzt heraus, ob John dachte, dass Michael ihm wirklich hätte helfen können – er zumindest findet, dass sich die beiden die ganze Zeit gegenseitig verarscht haben. Aber das ist jetzt, und damals war's halt anders.

Mittlerweile ist Hochsommer. John lernt in einem Café Eva kennen. Trotz allem hängt er immer noch Ilse nach: Er sitzt im Park und schaut zu seiner alten Wohnung rauf. Dann übernachtet er erst mal daheim bei Helmut.

John und Eva werden eine Art Paar. Eva sagt, dass sie glaubt, sich in John verlieben zu können. John sieht das etwas anders. Er liebt sie nicht und sie liebt ihn nicht, und eigentlich ist das auch ganz gut so.

John und Helmut treibt der Sommer immer wieder aus der Stadt hinaus. Einmal fahren sie mit Eva ins Waldviertel, einen Freund besuchen, Ernst. Ein anderes Mal machen sie eine Landpartie und besuchen Michael, Hilde und die Kinder, die Ferien auf einem alten Bauernhof machen. Langsam wird klar, dass das mit John und Michael nicht mehr lange gut gehen kann, und dass bald auch zwischen John und Hilde etwas passieren wird.

John und Helmut sprechen über sich, über das, was sie gesehen haben: John will keiner dieser „Künstler", dieser Bürger sein, und muss einsehen, dass er wohl doch einer ist, was ihm Helmut dann auch noch mal ordentlich hinüberreibt. John wäre gerne anders als Michael, doch am Ende ist er wohl eher wie Michael als wie Helmut. Aber Helmut bleibt sein Freund und Michael meidet er künftig.

Und der Film ist fertig, ruft John Helmut noch von der nachtdunklen Gasse rauf zu.

Am Anfang von *Langsamer Sommer* stand der Versuch, diverse 16mm-Filmrollen mit Szenen von Cooks Verflossener zu verarbeiten; er habe Elfie Semotan einfach gefilmt, sagt Cook, und Material gesammelt in der Hoffnung, dass sich der Film von selbst irgendwann offenbaren würde.

Dann lernte Cook wohl Michael Pilz kennen. Zu zweit machten sie sich daran, einen Film in dem Semotan-Material zu finden beziehungsweise um das Semotan-Material herum einen Film zu bauen. In *Langsamer Sommer* heißt es immer, Michael versuche John zu helfen, seinen Film fertig zu stellen; realiter war das Projekt eine Kollaboration von Cook und Pilz mit gemeinsamer Verantwortlichkeit. Die in den Titeln erwähnte („in Zusammenarbeit mit") Susanne Schett gab's damals in ihrem Leben noch nicht – sie wurde, so Pilz, zum Grund für ihr späteres Zerwürfnis: Cook verliebte sich in sie, integrierte sie immer weiter in die Produktion. Die Titel, wie sie jetzt im Film auftauchen, spiegeln die künstlerischen Verantwortlichkeiten also nur bedingt wider.

Eine mit 30.1.1974 datierte konzeptionelle Überlegung („Arbeitsvorgang") dürfte wohl am Anfang dieses Unterfangens gestanden haben; das Projekt heißt „See You Down the Road a Piece", was es mit „Goodbye" unter dem Datum, das wie ein Titel wirkt, zu tun hat, wird nicht klar, als Projektname zumindest taucht es nirgends auf (wobei „Meet/See You Down the Road a Piece" eine aus der Mode gekommene Art ist, „Goodbye" zu sagen). In diesem frühen Konzept geht es noch klar darum, aus dem Semotan-Material einen Film zu machen. Interessant ist dabei, dass auch die Rede von Videobändern ist: Dem Kontext nach zu urteilen handelt es sich dabei um Überspielungen des 16mm-Materials, wobei nicht ganz klar ist, ob und wie sie in den Film integriert werden sollten (Pilz hatte mal eine kurze Phase früher Videobewegtheit, in der er sich der etwas jüngeren, grad im Werden begriffenen Wiener Medienkultur annäherte, ohne dass etwas dabei rauskam). Und: Es ist amüsant zu sehen, dass der Film ursprünglich überall, nur nicht in Wien spielen sollte, wo es kaum einen anderen österreichischen Film jener

Jahre gibt, der ein ähnlich authentisches Bild der Stadt bietet; wie sie aussah, wie sie sich anfühlte.

Bei dieser leicht experimentellen Form blieb es nicht lange: Ein Projektentwurf vom 29.3.1974 („Synopsis") verzichtet im Prinzip auf das Semotan-Material, zumindest kreist das Projekt nun nicht mehr darum. Dafür ist Helmut Boselmann dabei; Michael Pilz seinerseits spielt keine wesentliche Rolle in der Geschichte, die hier erzählt werden soll. Eigentlich sind es deren zwei, verwoben durch die Freundschaft von John und Helmut: Zum einen geht es um asynchrone Erfahrungen und synchrone Sehnsüchte der 15-jährigen Marieli und des knapp zehn Jahre älteren Helmut, zum anderen um den Versuch Johns, eine Beziehung mit Anna, einer verheirateten Frau, „die aus ihrer Ehemisere einen Ausweg sucht", anzufangen, dann weiterzuführen. Von der Helmut-Marieli-Geschichte blieb in *Langsamer Sommer* gar nichts übrig: Es wäre darin um das Mitleid gegangen, das einen erfüllt, wenn man sieht, wie ein anderer all die Erfahrungen macht, die man schon lange hinter sich hat, und von denen man denkt, es wäre besser, man selbst hätte sie nicht machen müssen, und auch sonst müsste sie keiner machen; interessanterweise aber animieren diese Gefühle, Überlegungen später *Artischocke,* der ja auf einer Geschichte Boselmanns basiert – was nahe legt, dass auch die Helmut-Geschichte hier in irgendeiner Weise auf ihn zurückgeht. Von der John-Geschichte blieben auch nur Fragmente übrig: John hat zwar ein Verhältnis mit einer anderweitig liierten Frau, die allerdings weder die Probleme noch die Bedürfnisse von Anna hat. Hilde aber, Michaels Frau, hat sie: Die erste Szene mit Hilde in der Wohnung zwischen Teemachen, -servieren und Kinderzimmeraufräumen wirkt wie eine Bebilderung all dessen, wovor Anna fliehen will; was wiederum nahe legt, dass sich Cook und Pilz da Gedanken über Pilz' Ehe machen; inwieweit sich darin ein von Pilz überliefertes, zu dem Zeitpunkt vielleicht bloß „emotional latentes" Verhältnis zwischen seiner Gattin und Cook widerspiegelt, lässt sich schwer sagen. In einer wenige Tage später verfassten Variation dieses Entwurfs versuchen Cook und Pilz im Übrigen, die autobiografischen Wurzeln des Projekts zu übertünchen – vielleicht wollten sie auch einfach nur „unbelasteter" drüber reden können, indem sie den Figuren andere Namen geben.

Wie sich nun der Sprung hin zu der radikalen Selbstentäußerung von *Langsamer Sommer* vollzog, lässt sich im Detail kaum rekonstruieren, es liegt aber nahe, dass es mit der Entscheidung zu tun hatte, auf Super-8 zu drehen: Wenn man mit dem klassischen Heimkinomaterial arbeitet, dann muss man auch etwas „Intimes" erzählen.

Das Wort „Tagebuchfilm" (fast immer ehrfürchtig in Gänsefüßchen eingefasst) taucht des Öfteren in zeitgenössischen Kritiken von *Langsamer Sommer* auf, was insinuiert, dass den Betrachtern schon bewusst war, dass da nicht einfach so eine Geschichte erzählt wurde, sondern die Geschichte schon irgendwie auch eine ihrer Protagonisten war, die ja „sich" spielen (der Filmemacher John Cook spielt den Filmemacher John etc.), oder, andersrum gedacht, dass die Geschichte von *Langsamer Sommer* irgendwie auch die seiner Protagonisten-Macher sein könnte.

Dann allerdings: Was verband man mit diesem Genre, „Tagebuchfilm", damals im Frühling 1976 in Wien? Franz Manola[6] rekurriert auf Rudolf Thome und Jean Eustache – wohl im Hinblick auf deren Filme *Made in Germany und USA*, *Tagebuch* und *La Maman et la putain*, während Herbert Holba[7] auf Jonas Mekas verweist und gleich sagt, dass das aber was anderes sei, und dessen Filme „introvertiert" nennt, am Publikum vorbei, während Cook ja auf das Publikum zugehe. Unter „Tagebuchfilm" verstand man also, Mekas hin oder her, zu diesem Zeitpunkt bloß bedingt ein strikt autobiografisches Werk, sondern eine Art narratives, fiktionales Kino, das persönlich ist und sich aus der Realität seines Machers schöpft. Realität, nicht Wirklichkeit, und um einen selbst ging's so direkt auch nicht: Worum es ging – auf der Meta-Ebene, post-'68, vor diesem Hintergrund muss man Thome und Eustache hier sehen –, war ein Rückzug ins Private, eine Poesie des Verfließens, eine Ahnung des Scheiterns. Bei Thome und Eustache (vielleicht), aber bestimmt nicht bei Cook, der schließt nämlich mit nichts ab, der öffnet sich, den Dingen wie der Zeit, da geht's zwar auch um Enttäuschungen und das Ende eines Films, aber mehr noch um ein vorwitziges bis naseweises Aufbrechen wohin; Cook mag den Stillstand der Tage gespürt haben, doch in ihm kribbelt's und zieht's, und das sieht man in *Langsamer Sommer;* sein Werk der Entäuschung wird sechs Jahre später *Artischocke* sein. Cooks Film über den Stillstand, das Ende aller Jugendlichkeit und Hoffnung, realisiert in einem Moment, da in Österreich alle anderen in Bewegung kamen, wobei man auch nicht weiß, ob's nun ein Aufbruch oder bloß eine Veränderung war – was dem Film etwas Beunruhigendes verleiht.

6) Vgl. Franz Manola, „Der alternde Photograph und der neue Film", in: *Die Presse* (Wien), 8./9.5.1976.

7) Vgl. Herbert Holba, „John Cook, das Wienerische und die Wahrnehmung durch Beobachtung", in: *ACTION-dossier* (Wien), Nr. 11/1976.

Thome, Eustache und Cook haben somit vielleicht bloß an der Oberfläche was miteinander zu tun, aber diese Oberfläche, die sich durch sie auftut, ist bezeichnend, lässt ahnen, wie man Cook (auch) sah. Wenn man in *Langsamer Sommer* Gleichklänge mit *Made in Germany und USA* und *La Maman et la putain* sieht, liest man den Film bürgerlicher, als er ist, oder zumindest sein will. Man sollte ja nie so rasch sagen, „[...] dann missversteht man den Film", aber eins ist sicher: Cooks Kino ist niemals affirmativ bürgerlich, da drin steckt nie die Sehnsucht etwa nach jener wohlgestalten, wohlfeilen Bürgerlichkeit, nach jener Welt der schönen guten Waren, die so ein wesenhafter Bestandteil des Kinos von Thome etwa ist; wenn man Cook so neben Thome reiht, dann unterstellt man ihm eine gewisse Vergleichbarkeit der Bedürfnisse (das funktioniert natürlich auch andersrum). Cook geht es eher um die Sehnsucht nach jenen Gemeinschaften, die das Bürgertum für sich okkupiert hat und die es zurückzugewinnen gilt: Man muss unentfremdet eine Ehe leben können, als Verbindung Gleicher. Michael und Hilde Pilz leben sicherlich nicht so – ihre gemeinsamen Szenen in *Langsamer Sommer* sind ziemlich bedrückend in der Selbstverständlichkeit des Rollenverständnisses, und wie John leben würde, weiß man nicht – was man weiß ist, dass er zumindest nicht darauf steht, der Frau was vorzumachen, was aber auch bloßer Selbstschutz sein kann.

Ob man in dem Film eher ein Ende von etwas oder einen Aufbruch sieht, hängt davon ab, ob man ihn nun mit Helmut oder mit John sieht. In der letzten Szene unterhalten sich die beiden über jene Sommertage und die Bedeutung dessen, was sie da gerade betrachtet haben. John sagt: „Helmut, i weiß nicht, wie i in dieses Milieu geschlittert bin. Ich wollt nur den Ilse-Film fertig machen." Worauf der kontert: „Das kommt sich eh auf dasselbe raus. Das ist haargenau dasselbe Milieu." Dann bricht's aus Helmut heraus: „Scheiß Künstlerelite. Ihr macht's das Fernsehen, ihr tut's malen, Werbung und alles – aber was hilft das mir, was gibt das mir? Verstunken und verlogen ist das Ganze, ihr seids nur von euch selbst besessen, ich kann euch gar nicht ernst nehmen, ihr seids solche Kasperln."

Was nun? Cook hatte definitiv ein unwohles Verhältnis zu seiner beruflichen Vergangenheit, in einem Text aus dem Jahr 1976 anlässlich *Langsamer Sommer* schreibt er über die Figur des Fotografen: „Having worked as a photographer in that [fashion] milieu for a long time myself I admit that most of them are the most boring – and sometimes the most repulsive – people I've met. Unfortunately recent folklore has made

Helmut Boselmann und John Cook,
Szene für *Langsamer Sommer*

pop heroes out of them, super-cool cynical ignorance has been sold as something to be imitated and admired – see the sixties film *Blow-Up* for example – and a drop of personal shame for my own involvement in that world has long made me feel I should do what I can to correct this silly myth." Gestützt auch durch *The Life* muss man weiters annehmen, dass sich Cook immer eher fremd fühlte unter „Künstlern", „Intellektuellen"; die waren für ihn, den entsprechenden Figuren seiner folgenden Filme nach zu urteilen (der Literat Ehrlich in *Schwitzkasten,* der Maler Moll in *Artischocke*), primär Dampfplauderer, die kaum was auf die Reihe bekamen, und das, was sie schafften, brauchte keiner – selbst den Matador in *José Manrubia Novillero d'Arles. L'apprentissage d'un matador de toros* braucht man mehr als diese „Künstler", da der Matador – das, was er in der Arena erschafft – von mehr spricht als sich selbst (Ehrlich tut zwar so, als spräche er für andere, dabei spricht er immer von sich selbst und benutzt bloß die Worte anderer, und damit die anderen als solche). Michael, hier, bekommt auch nur seine Aphorismen getippt; von seinem Filmschaffen sieht man nichts, während John immerhin den Film beendet, aber eben auch nur dank Helmut. Der natürlich in gewisser Hinsicht Recht hat, wenn er sagt, dass das, was die da alle so treiben, echt nix konkret bringt – aber was wäre das für ein Leben, wo's immer nur darum ginge, was konkret etwas bringt? Scheiße wäre das, und das weiß Helmut auch, sonst hätte er nämlich nicht an dem Film mitgemacht, sonst wäre er wahrscheinlich nicht mit John befreundet, denn die beiden dürfte sicherlich mehr verbinden als die Lust am Bier und die Liebe zu den schönen Frauen, auch wenn das manchmal schon reicht.

Realiter hat man das Gefühl, dass John und Helmut ineinander jeweils das sehen, was sie lieber wären, aber wissen, dass sie es nie sein werden. Es gibt eine Szene – als 1960er/70er Kinobild so archetypisch wie Der-Mann-an-der-Schreibmaschine –, die lässt einen ahnen, welche Sehnsucht Helmut wirklich treibt: Da setzt er sich, leicht bierschwer, in die Badewanne mit einem Holzbrett, das er quer, als Tischchen, auf dem Rand platziert, und schreibt – und schläft ein, das Papier rutscht ins Wasser, das vertintet, die Worte verschwimmen. Helmut wäre gerne Schriftsteller und Cook erfüllt Boselmann diesen Wunsch, wenn er ihn bei *Artischocke* als Autor der Vorlage führt (die es so gar nicht gibt, der Film basiert auf einer Anekdote, die Boselmann einmal Cook erzählt hatte).

In der Figur von Michael Pilz zeigt sich schließlich, wie sehr man aber auch aufpassen muss bei jeder Lesung des Films: Lässt man sich auf dieses Spiel „Wirklichkeit und Fiktion" ein, muss man jedes Detail historisch abklopfen, sonst kommt's zu Fehlern. Die Aphorismen-Geschichte zum Beispiel findet man, wenn man sein Werk kennt, heute wahrscheinlich nicht per se oder zumindest nicht auf diese Art lustig, weil Pilz mit den Jahren eine große Freude am Aphorismus entwickelte und mit der Textcollage *Kein Film – Ein Stückwerk. Dziga Vertov* (1986) sogar ein ganzes Aphorismen-Buch montierte; der reale Hintergrund dieser Geschichte aber war, so Pilz, dass er zu diesem Zeitpunkt für eine Werbekampagne tonnenweise Aphorismen sammeln musste. Wahrscheinlich also wirkten diese Szenen, in denen Michael John Aphorismen als Garstigkeiten an den Kopf wirft, damals noch viel verschrobener und härter; heute findet man das, wenn man Pilz kennt, völlig normal, dass der Aphorismen aufschreibt, die werden demnächst schon irgendwo auftauchen.

Betrachtet man *Langsamer Sommer* unter Missachtung aller real-historischen Hintergründe, also allein als Kino-Geschichte, dann ist der Film: auf grausame Weise sehr komisch, so wie's halt ist beim Kasperl, nur hier jetzt eben in der No-Verismus-Variante. Was man damals, zeitgeistbewegt, kaum sah und was man heute, da dieser Zeitgeist schon so etwas wie eine historische Wahrheit geworden ist, wahrscheinlich noch weniger sehen kann, weil will, denn: Die (Film)Geschichte verlieh jenen Jahren so etwas Weihevolles, dass man sich kaum noch vorstellen kann, dass die Menschen damals auch spöttisch bis lustig auf sich selber schauen konnten, selbst in einer filmischen Form, die eher auf Selbstbespiegelungen denn Selbstreflexionen hinauslief. '68 als Mythos überwinden heißt, die Zeit wiedersehen zu können, ihr auch eine Dimension von Menschlichkeit wiederzugeben, die sie mittlerweile verloren hat.

So kreist man beständig zwischen den Blick-Möglichkeiten, den Polen herum, so wie die Figuren zwischen den Lebensentwürfen. Man muss sich bewegen – John weiß das eh, was aber nicht heißt, dass er weiß, wie –, also muss man was tun, denn, wie Helmut sagt, „man ist das, was man tut. Oder die Arbeit, was du machst, bestimmt, was du bist." So löst sich Cook von der Kamera als Verlängerung seiner selbst, seines Lebens: Er verändert seine Arbeit, um zu bestimmen, was/wer er ist. Und so handelt sein nächstes Werk denn auch nicht von ihm und den Menschen um ihn, und es folgt auch nicht erratisch seinen Instinkten und es kreist auch nicht, sondern es bewegt sich nach vorne: Es wird ein Werk des Aufbruchs.

Von anderen Leben, nicht von anderen leben

Schwitzkasten, entstanden nach Helmut Zenkers Vorarbeit *Das Froschfest,* ist das anerkannte Meisterwerk John Cooks: der Film, der den meisten bei der Erwähnung Cooks gleich einfällt, wie auch das Schlüsselwerk, auf dessen herausragende Stellung im österreichischen Kino sich alle einigen können. Für diejenigen, die mit Cooks früheren Filmen vertraut waren, ward *Schwitzkasten* ein eingehaltenes Versprechen, für alle anderen war er wohl ein Schock, so oder so, etwas anderes, und zwar was ganz anderes, auch wenn beziehungsweise gerade weil er so viel mit dem zu tun hatte, was gerade vor sich ging im Kino wie im Leben in Österreich wie der Welt.

Bei *Schwitzkasten* passt/e alles zusammen: Die große Form (Spielfilm) findet sich in der kleinen Form (Dokumentarfilm, Tagebuch, Experiment: Kunst der Näherung), die Alltäglichkeit eines Arbeiterdaseins geht, genau beobachtet, auf in der epischen Geschichte eines Aufbruchs, der sich in Wien vollzieht und darin überall nachvollziehbar ist, ohne je ins Allgemeingültige zu verfallen. Er ist politisch, indem er konkret von gesamtgesellschaftlichen Zusammenhängen spricht, vor allem aber von der Veränderbarkeit der Dinge, für die es nicht allein Engagement braucht, sondern ein Bewusstsein für solidarisches Handeln – davon haben alle gesprochen, aber in Österreich hat nur Cook dafür Bilder und Gesten gefunden, einen Lauf, einen Rhythmus geschaffen, der diese Zusammengehörigkeit der Menschen wie ihrer Interessen ausdrückt. *Schwitzkasten* verkörpert, schließlich, für einen Moment, das Ende des (Austro-)Provinziellen: Man kann ihn neben zentrale Werke des Kinos jener Jahre stellen, neben Maurice Pialat oder Clemens Klopfenstein sowie historisch neben Filme von Shimizu Hiroshi oder später dann neben Werke Vincenzo Marras – da hat er seinen Platz, ganz selbstverständlich, souverän (das gilt zwar auch für die zwei Filme davor wie, eingeschränkt, die zwei, die noch kommen werden, doch hier, eben durch die formvollendete Große-in-der-kleinen-Form, bekommt das noch mal ein ganz anderes Gewicht).

Programmatisch gesagt: *Schwitzkasten* findet das Politische im Privaten, ohne das Private je zur Idiotie verkommen zu lassen, er findet die ganze Welt in Wien, das Kino seiner Zeit wie unserer Zeit in Österreich – er ist ganz bei sich selbst, nicht entfremdet. John Cook, scheint's, ist angekommen und heimisch geworden, für eine Weile hat er Wurzeln geschlagen, er muss nicht über sich und seinen Platz in der Welt nachdenken, sondern kann sich der Projektion seiner Hoffnungen hingeben.

Hermann Juranek, Waltraud Misak und Franz Schuh in *Schwitzkasten*

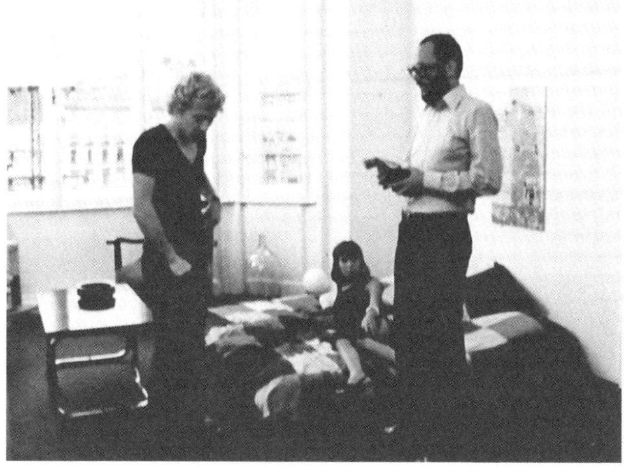

Josef Boselmann und Hermann Juranek

In dem Film spiegelt sich das Wien seiner Zeit in einer ganz schmerzhaften Klarheit wider, obwohl in *Schwitzkasten* von einer Art Veränderung gesprochen wird, die sich nicht vollzogen hat. Oder: Man sieht doch in dem Film die Veränderung, also sind die Dinge nun doch anders.

Aus seiner historischen Position wie in seiner cinethischen Gestalt stellt *Schwitzkasten* heute die Frage: Verleugnen nicht die gegenwärtigen Verhältnisse diese Veränderungen? Warum sprechen wir nicht von Veränderungen? Können wir es uns leisten, eine entschiedene Freiheit – denn in diesem Geiste arbeitete Cook – allein als Haltung, als ästhetische Schablone wahrzunehmen, als eine Art Ideal? Wo sie doch eine Wirklichkeit ist, der Film ist ja da!

Hermann Holub, Ende zwanzig, lebt immer noch bei seinen Eltern, führt ansonsten aber ein eher unstetes Leben, zumindest hat er anscheinend schon diverse Anstellungen hinter sich. Hermann hat Kellner gelernt, aber irgendwann hat er das mit den Bestellungen einfach nicht mehr geregelt bekommen, das war's dann; danach kamen andere Jobs und andere Enden. Jetzt arbeitet er beim Stadtgartenamt der Gemeinde Wien, was ihn auch nicht notwendigerweise erfüllt, ihm aber auch nichts ausmacht, geht halt so. Hermann spürt so ein Ziehen in sich, eine Ahnung davon, dass die Dinge anders sein könnten, was ihn seinen Kollegen suspekt macht.

Als der Vorgesetzte den Arbeitern nahe legt, ihren neuen Vertrauensmann (der alte wurde „versetzt") doch in seiner Anwesenheit zu wählen, und überhaupt am besten gleich seinen Vorschlag, einen seiner Spezis, anzunehmen, wird Hermann ungehalten. Das war's dann für ihn auch bei der Stadt.

In der Enge der elterlichen Wohnung, wo er mehr geduldet als erwünscht ist, geschweige denn geliebt wird, reagiert man erwartungsgemäß auf seine neuerliche Arbeitslosigkeit: Der Vater flüchtet sich in Aggressivität, sein Bruder, ein Laffe, putzt ihn feist runter, die Mutter weiß sich keinen Rat, und die Großmutter sitzt einfach da in ihrem Sessel.

Vera, eine Frau aus dem Stadtgartenamt, mit der Hermann hin und wieder schläft und für die er vielleicht was fühlt und sie vielleicht was für ihn, kann ihm auch nicht helfen, außer ihn zu sich zu lassen, immer wieder für eine Zeit.

Hermanns alter Schulfreund, der Literat Ehrlich, hilft nur sich selbst, wenn er sich mit Hermann trifft, am liebsten in seiner schönen Wohnung, wo er ihre Gespräche mitschneidet; die vermanscht er dann zu engagierter Soziolekt-Lyrik. Und er hat Erfolg damit.

Eine zur Wohnung passende schöne Frau dankt es ihm. Ehrlich bietet Hermann seine Frau an, als die beiden kurz vor'm Vorspiel sind, schickt er Hermann weg, ein Gewürz kaufen für eine französelnde Eierspeis.

Während Hermann durch die Tage treibt, mal hier mal dort eine Arbeit hat und dann auch bald wieder nicht, spitzt sich „zu Hause" die Situation immer weiter zu. Nebenher stiehlt er mal ein Auto. Als sein Bruder ihm mit einer Gaspistole zu nahe kommt, hat Hermann genug, er schlägt ihn zusammen, dann kratzt er die Kurve. Die Polizei findet ihn bei Vera, der er von all dem nichts erzählt hat. Sondern nur davon, dass er gerne woanders wäre, in Hamburg vielleicht, auf einem Schiff.

Häfen. Vera erzählt, dass er lang in Untersuchungshaft war, weil er schon eine Vorstrafe hatte; und auch, dass er im Landesgericht gesessen hat, wo sie oft vorbeikam und sich immer wieder dachte, sie sollte ihn doch mal besuchen, und es dann doch nie tat.

Hermann versucht wieder Fuß zu fassen, kriegt aber ohne Meldezettel keine anständige Arbeit. Der Vater unterschreibt das Papier und verjagt ihn gleich wieder. Vera, aller Enttäuschung zum Trotz, nimmt ihn bei sich auf. Sie ist schwanger von ihrem Chef, der sich die Subalternen halt nimmt oder feuert. Vera will das Kind behalten, sie ist nicht mehr jung; den Erzeuger will sie nicht.

Hermann findet wieder eine Anstellung, als Lastwagenfahrer. Als ihm eines Tages die Karre zusammenbricht, ziehen die Frau Gretl und seine Kollegen ihn auf die Barrikade gegen die Chefs: neuer Fuhrpark oder Streik, ruckzuck geht das, die Solidarität macht's. Obwohl er selbst ein bisschen danebensteht, sieht er nun das, was er im Stadtgartenamt wollte, Wirklichkeit werden.

Hermann hält um Veras Hand an, ein bisschen verschmitzt und verspielt, aber doch aus einer Überzeugung heraus; Vera sagt ja, nicht, weil sie in Hermann verliebt wäre – und selbst wenn: darum geht es jetzt nicht –, sondern weil da ein anderes Leben ist.

Allein Frau Gretl kommt zur Hochzeit von Vera und Hermann. Es ist Sommer.

Angeblich war es der Filmkritiker Franz Manola, der John Cook auf Helmut Zenker als möglichen Co-Autor für zukünftige Projekte aufmerksam machte. Die beiden erwiesen sich tatsächlich als füreinander geschaffen, vor allem, da Zenker genau die Art stimmiger Wiener Dialoge schreiben konnte, die Cook brauchte, und die *Schwitzkasten* wie dann auch die erste Hälfte von *Artischocke* charakterisieren.

Als Cook *Das Froschfest* zum ersten Mal zu lesen bekam, war's noch ein unveröffentlichtes Romanmanuskript, an dem Zenker parallel zum Drehbuch weiterfeilte. Film und Buch entstanden gleichzeitig, der Roman erschien 1977, der Film ein Jahr später. Wenn im Vorspann steht, *Schwitzkasten* basiere auf *Froschfest* (ohne „Das"), dann stimmt das zwar, aber eben nur bedingt.

Das Exposé, mit dem Cook und Zenker um Filmförderung ansuchten, folgt ziemlich genau dem Verlauf des Romans. Daran änderte sich einiges bis zum fertigen Film.[8] Wenn man vom Wechsel der Namen einmal absieht – Hermann Holub etwa heißt im Entwurf Hanacek und im Roman Janda (kein Vorname); Ehrlich heißt im Roman Hambacher –, und wenn man jetzt auch mal die ganz wenigen zusätzlichen, nichts groß drehenden, bloß für eine gewisse narrative Zügig- wie Schlüssigkeit sorgenden, Momente außer Acht lässt, dann gibt es vier wichtige Eingriffe in die Geschichte; allesamt Kappungen, Verknappungen, die am Ende dazu führen, dass der Film eigentlich gar nichts mehr mit dem Roman zu tun hat, sondern eher ein Gegenentwurf ist.

Vera ist im Film ein Kompositum aus zwei Roman-Figuren, Elisabeth (Religionslehrerin) und eben Vera; die Elisabeth-Geschichten gehen einfach in Vera auf beziehungsweise fallen weg. Das kann man stellvertretend lesen für den vielleicht entscheidenden strukturellen Eingriff: Während der Roman durch oft ironische bis sarkastische Dualitäten definiert ist, folgt der Film stringent einer Linie – einer Entwicklung. Einige andere Figuren aus dem Roman tauchen denn auch im Film auf, allerdings nur ganz am Rand; ein Beispiel wäre die ältliche Nutte Lutschmilla (deren soziale Stigmatisierung wie Reduktion auf eine gesellschaftliche Funktion durch die insistente Verwendung dieses Spottnamens manifestiert wird): Im Film gibt es am Anfang eine Szene, die sich im Roman um die Erniedrigung von Lutschmilla dreht, im Film aber ist es eine etwas rustikale Madame, die nicht notwendigerweise eine Nutte ist, die von den Arbeitern des Stadtgartenamts sekkiert wird (auch wenn einem dann der Abspann sagt, dass es sich dabei um eine „Alte Prostituierte" handelt), eine Figur, die im weiteren Verlauf auch keine Rolle mehr spielt, anders als Lutschmilla, die Janda noch mehrere Male über den Weg läuft.

8) Michael Omasta vollzog das detailliert nach mit „Eine Frage des Vertrauens. Versuch einer Rekonstruktion von John Cooks *Schwitzkasten*", in: Gottfried Schlemmer (Hg.), *Der neue österreichische Film*, Wien 1996, S. 49–62.

Hermann und die Partie vom Stadtgartenamt

Jandas Weg durch die Institutionen, Gefängnis und Psychiatrie, fällt zur Gänze weg. Der gesamte Mittelteil des Romans besteht – ziemlich zeittypisch im Thema, wenn auch nicht unbedingt in seiner Durchführung – aus Szenen, die Hermann im Umgang mit der gesellschaftlichen Repression in Form symbolträchtiger Institutionen zeigen, erst in der Untersuchungshaft und dann in einer Nervenheilanstalt. Die Psychiatrie ist überhaupt kein Thema mehr, das Gefängnis wird mit einem Off-Text Veras abgehakt. Dieser Off-Text ist auch das einzige Überbleibsel der sich arhythmisch verschiebenden Erzählperspektiven des Romans: Zenker bleibt zwar prinzipiell bei Janda, bricht das aber immer wieder durch Einschübe (Anzeigen, Aussagen, Überlegungen, Berichte anderer) auf. Auch hier wird also wieder begradigt, an einer Grundfestigkeit gearbeitet statt an einem Gefühl der Destabilisierung. Womit wiederum ein zentrales Moment des Buches keinen Platz mehr hat: Jandas Angst. Hermann Holub hat keine Angst, fast keine, weshalb auch das Gefängnis und die Psychiatrie, Horte seelischer Repression, für Holub bedeutungslos sind. Die Repression, um die es Cook geht, ist die konkreter sozialer Abhängigkeitsverhältnisse; das Gefängnis ist allein eine Sanktion, bar aller Gefühle.

Ebenfalls im Mittelteil, in Jandas Leerlaufen, bevor's ab in die Institutionen geht, gibt es eine Episode, in der er eine andere Identität annimmt. Er wird Lehrer an einer Dorfschule, unterrichtet Mathematik, und kommt damit sogar eine Zeit lang durch. Mal davon abgesehen, dass die Episode ohne die Figur der Religionslehrerin ihren Witz verliert, verschwindet damit auch eine von mehreren Rollenspielsituationen: Janda ist immer wieder mal wer anders, nicht nur weil gerade Fasching ist. Er experimentiert mit anderen Identitäten, potentiellen Lebensentwürfen – Hermann hingegen ist und bleibt er selbst, mag er auch davon sprechen, dass er gern zur See fahren würde, aber das ist halt nur so ein Traum. Janda hat Zweifel an sich, Hermann hat Schwierigkeiten mit seinem Dasein.

Ein ganzer, eher für Hambacher als für Janda wichtiger Seitenstrang mit Kommune, WG-Versuch, zweitem zeitgeistbewegtem Paar wurde gekappt: Um die Malaise der Intellektuellen und aller, die das sein wollen, geht's bei Cook hier ganz und gar nicht. Mag sein, dass er dachte, er hätte mit *Langsamer Sommer* schon alles gesagt, ähnlich wie der Weg durch die Institutionen (wie im Übrigen auch das Faschings-Motiv!) schon in *Ich schaff's einfach nimmer* vorkommt. Cooks Gesamtwerk legt solche Überlegungen nahe: Es wirkt, als wollte er sich auf keinen Fall wiederholen, die Filme scheinen zwar ganz konsequent aufeinander aufzubauen und in gewisser Hinsicht sogar ineinander überzugehen, ansonsten aber hatten sie sich klar voneinander abzusetzen – jedem Film seine eigene Methode, jeder Geschichte ihre eigene Welt. Wenn man nun davon ausgeht, dass *Schwitzkasten* der Film ist, den Cook machen wollte, und zwar genau so, dann hätt's da keinen Platz für zeitgeistige Scheinprobleme gegeben, die sind ein Nebenwiderspruch, der mit dem Aufbruch hier nichts zu tun hat, der ihn nur be-, wahrscheinlich verhindern würde – der Arbeiter braucht den Intellektuellen nicht für seine Veränderungen, er ist eher hinderlich, der Intellektuelle aber braucht den Arbeiter zur Erhaltung seines Status quo (hat man damals eher nicht so gerne gehört, hat man deshalb im Film vielleicht auch eher nicht so gesehen).

Wie schon angedeutet, sollte man Roman und Film eher als Parallelprojekte im *Clinch* (taucht auch als Projekttitel auf) betrachten als zwei Zugänge im zwischenmenschlichen *Schwitzkasten* – Omasta bringt das auf den Punkt, wenn er sie als Filmroman und Literaturfilm bezeichnet.[9] Man könnte die beiden auch als Realitätsdarstellung (*Das Froschfest*) und als Utopieprojektion *(Schwitzkasten)* bezeichnen. Zenkers literarische Realität ist eine Ansammlung aufeinander angewiesener Vignetten mal mehr mal minderer Daseins-Dichte, hingeschmissen mit einer Sprache voller Widerhaken und Stolpersteine – Kursivierungen; Überschriften, gelegentlich geklammert; Stilbrüche – für die es im Film absolut kein Äquivalent gibt (und es ist ja nicht so, als ließen sich die nicht denken) –, all diese Brüche, diese Dualitäten, Variationen wie Wider-/Zerrspiegelungen dienen dazu, sich jenem Konsens zu nähern, demzufolge die Realität immer rissig ist, aber eben so, dass klar wird, dass das halt bloß eine Konvention ist. Cooks filmische Realität ist frei von solchen Brüchen, in sich geschlossen, ganz rein, inklusive jenes Einschlusses namens Ehrlich, die Inszenierung darauf ausgerichtet, diese Gegensätze aufzuheben, als kontraproduktive Konventio-

9) Michael Omasta, „Eine Frage des Vertrauens. Versuch einer Rekonstruktion von John Cooks *Schwitzkasten*", vgl. Anm. 8, S. 56.

Hermann Juranek und Christa Schubert, Szene am Standesamt

nen sichtbar zu machen: Da ist man dann schon wieder bei Zenkers Roman, und zwar so, dass beide Formen gegenwärtig bleiben, die eine nicht die andere auslöscht. Fiktion, Dokumentation, das gibt es so jetzt nicht mehr: Was es gibt, sind Menschen in Räumen, auf Plätzen, in Gassen, im Licht. Laien spielen hier nicht das, was sie in der Realität auch so tun, sondern sie erfüllen Ideen mit ihren Leben – hier spielt keiner, hier sind Menschen, die Sätze aufsagen und Dinge tun, was ihnen leicht fällt, weil ihnen diese Sätze und diese Dinge nicht fremd sind, und dass sie das so tun können wie sie es tun, nämlich angemessen, würdevoll, schön, das liegt an Cook, an dem Vertrauen, mit dem er ihnen begegnet, an dem Raum, den er ihnen schafft. Die Inszenierung hat denn auch etwas am Menschen Gemessenes: Sie macht immer den Menschen in seiner Gegenwart erfahrbar. Cook fackelt auch nur wenig mit den handelsüblichen „Techniken" herum, ab und zu Schuss-Gegenschuss ist schon das Äußerste. So fühlt sich jede Einstellung notwendig an, als Teil einer Entwicklung, die sich aus den Charakteren vollzieht, frei von Konventionen, klar, konsequent. Diese Geschichte einer Veränderung hätten so viele so gerne in sich gefunden, von Michael Scharang bis Gernot Wolfgruber, aber allem Anschein nach wussten sie nicht, wo sie suchen sollten, wohl weil sie am Ende nicht glauben konnten oder wollten, dass sich wirklich was bewegt. Bezeichnenderweise erkannten nur wenige diese Bewegung zur Veränderung. Man diskutierte *Schwitzkasten* zwar als herausragenden, weil atypischen, nicht entfremdeten „Arbeiterfilm", las seine Geschichte wie die Gefühle seiner Charaktere dann aber oft entlang der üblichen Leitlinien zur Darstellung des Arbeiters in Kunst und Medien: Am Ende hat er dem gesellschaftlichen Druck nachzugeben, also am Bürgertum zu scheitern. Dabei hätte man doch glauben sollen, dass die bewusst parodistisch angelegte Ehrlich-Figur klar signalisiert, dass in *Schwitzkasten* die Verhältnisse, in Relation zum Regelfall, auf den Kopf gestellt sind – dass hier der „Gutmeiner" so vorgeführt wird wie sonst der Arbeiter, wenn er wohin aufbricht. Hier scheitert der Intellektuelle an den Verhältnissen, seinem eigenen Narzissmus. Ehrlich wird denn auch passenderweise mit einer Interview-

Situation eingeführt: Da berichtet er einer Radiojournalistin von seinem Schaffen, wie man halt so formal von Geistesarbeiter zu Geistesarbeiterin spricht. Die Interviewerin spielt eine Journalistin, den Literaten, logisch, ein Schriftsteller, Franz Schuh, der wiederum entlang gewisser realer Personen fabuliert ist (zwei weitere Schriftsteller, Zenker selbst und Gustav Ernst, die als Polizistengespann auftauchen, geben Leute, die sie nicht selber sind, aber gut kennen, hat man so das Gefühl). Schuh ist nicht nur der Einzige, der im Prinzip nicht „sich", sondern seine Realpervertierung spielt, sondern auch der eine im Cast, der seine Rolle runterreißen, vor sich hin improvisieren durfte. Ehrlich ist am Ende, aller Realitätsnähe zum Trotz oder eher genau deshalb, eine reine (Schuh-)Performance, eine Attitüde. Auf den Punkt bringt das eine Detailveränderung: Wenn der Literat den Arbeiter mit seiner Frau verkuppeln will und sie dann stört, dann schickt Hamberger Janda ein Farbband holen, Ehrlich aber Hermann ein Tarragon[10]; im Roman geht's um seine Schreib-Potenz, die an Hermann hängt, im Film ist er bloß ein Schmähtandler, der *cuisine* zu tun vorgibt. Die Selbstbeherrschtheit der anderen Figuren, allen voran Vera und Hermann, bekommt da noch eine weitere Dimension: Sie sind bei sich, immer, während Schuh / Ehrlich nirgendwo wie niemand wirklich ist.

So bekommt denn auch Veras Entscheidung, das Kind zu bekommen, etwas ganz eigen Gewaltiges: Hier nimmt der Arbeiter dem Kapitalisten den Nachwuchs weg. Oder sagen wir so: Vera entscheidet sich ganz selbstverständlich für ihre eigenen Bedürfnisse, wofür sie sich auch ruhig, selbstbestimmt über sämtliche gesellschaftliche Gepflogenheiten hinwegsetzt, allen voran die Selbsterniedrigung, den sozial höher gestellten Erzeuger an seine finanziellen Verpflichtungen zu erinnern, ihm für etwas hinterherzulaufen, das Gesetz wie Anstand gebieten – und worin Hermann sie unterstützt. Man könnte jetzt sagen, es ist falsch, dass sie sich nicht um den Erzeuger und seine Verpflichtungen schert – doch ist das nicht vielleicht ein Nebenwiderspruch, wenn es um die Realität des eigenen Glücks, der eigenen Bedürfnisse geht? Ist der Vater nicht wichtiger als der Erzeuger? Es ist einfach zu behaupten, Vera und Hermann passten sich am Ende den Dingen an, wenn sie gerne eine größere Wohnung und ein Auto hätten: Vielmehr geht es darum, wie hier ganz langsam, aber mit großer innerer Sicherheit ein

10) Andere Namen für das Gewürz Estragon in den meisten Sprachen Europas stammen von griechischen und lateinischen Namen ab, Beispiele sind englisch: *tarragon*, spanisch: *tarragona* und hebräisch: *taragon*.

Weg in ein anderes Leben gefunden wird. Menschen wie Hermann und Vera erkennen vielleicht klarer, konkreter als so mancher, der alles verlangt, die Möglichkeiten zu realen Veränderungen, und die Dinge haben sich verändert.

Aus all dem ergibt sich nun folgende Frage: Was sieht man da, wenn man so entfremdet schaut und fühlt? Cook und Zenker zumindest woll(t)en von einem Aufbruch sprechen[11], sie wurden dann aber oft halt anders verstanden. Wäre man Cook und Zenker einfach gefolgt, hätte man ihnen geglaubt, hätte man ihnen zu glauben, zu folgen gewusst / gewagt, dann wäre vielleicht manches anders – manchmal scheitern die Dinge nämlich, weil man will, dass sie scheitern, weil's einfacher ist zu träumen und zu hoffen, sich im Zwiespalt heimisch zu machen, als wirklich aufzubrechen und Realitäten zu schaffen, so wie Cook sie immer, aus der Wirklichkeit schöpfend, schafft.

Denkt man das auf Cooks Karriere hin weiter, könnte man sagen: Cook „scheiterte", will man seine Verweigerung denn als Ausdruck eines Scheiterns betrachten, weil er den Mangel an Glauben in der Welt spürte. Und zu spüren bekam.

11) Ein Interview, das sie Lutz Holzinger zu Produktionsbeginn, als das Projekt noch „Der Aufenthalt" hieß, gaben, macht das ziemlich unmissverständlich klar.

Fluchtpunkt im Weiteren, immer weiter

Artischocke gilt als Cooks *œuvre maudit,* der eine Film, der nicht ganz steht – auch wenn keiner so recht erklären kann, was genau wackelt, vielleicht, weil jede Instabilität aufgeht in seiner Ästhetik des somnambulen Taumelns –, der Film zwischen den Dingen (mal wieder), der sich konventionell gibt mit seiner „kleinen" Geschichte über Liebe und Eifersucht im Sonnenlicht und dabei eigentlich über Konventionen des Kinos wie der Gesellschaft nachdenkt.

Er ist möglicherweise auch als Reflexion des Zeitgeists jener endenden Zwischenzeit des österreichischen Kinos bedenkbar: da Hoffnungen zu Gewissheiten werden sollen, wo's doch manchmal vielleicht schöner wäre, wenn man noch ein wenig vor sich hin träumen, phantasieren, projizieren könnte. Und wieder kommen die verschiedenen Ebenen ineinander, nebeneinander: Vielleicht hat sich in *Artischocke* die Zeit eingeschrieben, sicherlich ist er aus seiner Zeit heraus entstanden, und genauso bestimmt hat er, als Antithese zu *Schwitzkasten,* eine klare Konsequenz innerhalb des Werdens von John Cook.

Der entscheidende Unterschied zwischen *Schwitzkasten* und *Artischocke,* der Grund für vieler Leute Unbehagen mit dem Film, war die äußerliche Professionalität der Produktion – Projektion!, als sei 35mm-Fuji (mit seinen leicht atonalen Grüns und diesem, wenn man's arg pusht, Zug zum frostigen Pastell), ein konkreter Drehplan und eine Null mehr am Budget-Ende auch das Ende aller Hoffnung. Nun, Cook hatte zwar zum ersten Mal etwas mehr Geld zur Verfügung, das aber, deutet er in *The Life* an, wurde großteils durch die allgemeinen Unkosten aufgebraucht. Vielleicht ist diese Ernüchterung ob der Verhältnisse im Film spürbar, vielleicht wurde so aus der Rohmer'schen leichten Brise, die *Artischocke* dem Material nach hätte werden können/sollen, eben eine Reflexion über Selbstverblendung und Scheitern – vielleicht. In Cooks zeitgenössischen Aussagen, unter anderem im Presseheft, liest sich das allerdings nicht so, sondern eher etwas grüblerischer: Vielleicht ist da Cooks Erinnerung an den Film auch trügerisch.

Dabei ist es erstaunlich, dass man Cook (wenn man denn nun beim „Übel" der Professionalität bleiben will) erlaubte, wie immer mit Laien zu arbeiten, die auch – gerade Michi Riebl und Sibylle Kos – völlig filmunnatürlich sprechen, die Worte *betonend,* manchmal komisch in Sätze einsetzend, auch gegen den Strich, zu atmen scheinen, Menschen mit Ausstrahlung, die einfach da sind und ihre Sätze sagen und ihnen durch ihre eigenen Leben eine Gegenwart wie einen Sinn schenken. Und dass man Cook die Filmtechnik allein auf ihre Bedürfnisse hin ausrichten ließ. Und dass es inszenatorisch fast immer darum geht, ihnen Raum zu geben. Und dass der Film konsequent zweisprachig gehalten ist, man also passagenweise nichts versteht, man auch die Qual des langsamen miteinander Kommunizierens über Sprachähnlichkeiten und Erinnertes durchleben muss. Das alles wirkt jetzt nicht so, als wollte da die Branche – plus/minus die größere Risikolust im Kommerz jener Aufbruchs-Tage – unbedingt ihre Regeln durchsetzen.

Wahrscheinlich musste es mal zu diesem Punkt kommen: Im Schaffen eines jeden Filmemachers gibt es ein Werk, bei dem man sich nicht mehr darüber wundert, dass es da ist, wo klar wird, dass sich da einer für etwas entschieden hat. Er hat das Stadium des Möglichen verlassen und ist eine Tatsache geworden, alle ein bis zwei Jahre wird man seinen Namen auf einem Plakat lesen, ein neues Werk ist fertig, es ist gut oder es ist nicht gut, und dann kommt das nächste, bis man ihm irgendwann kein Geld mehr gibt oder er stirbt; das Filmemachen tritt aus dem Stadium der Berufung heraus und wird zum Beruf, zur Profession. Ein bisschen ist das auch eine Glaubenskrise in der romantischen Welt der Cinephilie: Es ist der Pubertätsfilm, der – so wie

Michi Riebl (Peter), Maryline Abecassis (Simone) und Catherine Dressler (Madeleine) in *Artischocke*

wir die Jugend, überhaupt Jugendlichkeit fetischisieren – das Ende alles Möglichen zu verkünden scheint; danach kommt dann das sich Setzen in die Realität der Dinge, und dann ist es auch wieder gut, bis zu jener neuerlichen Sinnkrise, die sich irgendwo in der Lebensmitte einstellen soll.

Und John Cook, scheint's, ahnte die cinemythologische Bedeutung dieses Films. Zumindest ist es passend, dass er, gegen Ende jener Krise zur Lebensmitte hin, in seinem Werk der Ernüchterung, eine Geschichte über das Ende der Pubertät, die Grausamkeit (spät)jugendlichen Narzissmus' erzählt. Ganz zu schweigen von dem fast prophetischen Moment des Aufbruchs oder der Flucht: dass sein Protagonist Peter (= Boselmann, in jung) nicht nach Wien zurückkehrt, sondern am Ende in der französischen Sonne sitzt, damit die Dinge wahr sind, als ob er sein ganzes Leben hinter sich lassen, verneinen müsse, damit es wahr ist. Oder als ob man alles zweimal machen müsste, zum ersten Mal und zum ersten Mal ein zweites Mal: Am Anfang führt Peter per Stimme aus dem Off, erinnernd, in die Geschichte ein, am Ende dann, mit fast denselben Worten, auch aus ihr heraus, und man hat das Gefühl, dass die Dinge jetzt zwar anders sind, dass sich aber nichts geändert hat – anders als in *Schwitzkasten,* wo sich am Ende die Dinge verändert haben, und anders als in *Langsamer Sommer,* wo am Ende zumindest der Film fertig ist und etwas anderes beginnen könnte. Das Leben als Illusion; wenn man sie verliert, ist alles verloren.

Peter Brantner, so was um die zwanzig, arbeitet für eine Wiener Tageszeitung, in der Dunkelkammer. Natürlich würde er die Fotos, die er da entwickelt, lieber selber machen, aber dafür braucht ihn keiner; da lässt sein Chef keine Zweifel dran; da kann der Fotograf der Zeitung noch so lässig sein mit ihm, da kann er sich auch nicht drüber wegtäuschen mit der Kamera, die ihm der Vater schenkt, weil er sich jetzt schon so lange in dieser Stellung hält. So ist er Assistent und stinkt nach Chemikalien. Die elterliche Wohnung müffelt auch gerade nach frischer Farbe – keine Luft, kein Raum, nirgends.

Liesl Grubauer, Angestellte in einem Reisebüro, ist etwa so alt wie Peter, wirkt aber reifer in ihrer schon etwas angeschlagenen Art: Während Peter noch nicht weiß, wohin und warum, hat sie schon die wichtigste Lektion des funktionalen Erwachsenendaseins verinnerlicht, nämlich dass das Leben eine Enttäuschung ist und immer weitergeht, bis es stoppt, und Schluss. Liesl ist Peters Freundin, und man weiß nicht so recht, wieso. Liesl wohnt mit ihrer Freundin Erika zusammen. Einen Rückzugsraum für's

Vater, Sohn, Kamera:
Herbert Brunner und Michi Riebl

Private haben beide nicht so recht. Weshalb dem gemeinsamen, bereits gebuchten Frankreich-Urlaub so eine große Bedeutung zukommt.

Frau Strittich hätte gerne ein Bild von sich, der frustrierte Jungfotograf macht das gerne. Frau Strittich ist einsam, ihr Mann hat sie verlassen, aber sie hat ja noch Zeit, sagt sie, ist noch nicht alt, kann noch mal neu anfangen. Wenn Peter sie das nächste Mal sieht – er muss ihr sagen, dass die Fotos nichts geworden sind –, schiebt sie nachts einen Müllcontainer durch den Hof, in den springt sie dann von weit oben rein, in den Tod; das Bild, das bleibt, Peters einziges Bild von ihr, zeigt sie als menschliche Lumpenpuppe im Dreck der anderen. Die Fotos, obwohl exklusiv, will die Zeitung nicht: zu alltäglich. Für Peter ist es die erste Berührung mit dem Tod – der macht ihn zwar nicht so nervös, dass er nicht gleich fotografieren könnte, aber mitnehmen tut's ihn schon. Zumindest meint das sein Redakteur, auch, damit er die Bilder nicht so wichtig nehmen muss.

In einem Gastgarten lernen Peter und Liesl eine Gruppe Campingurlauber aus Frankreich kennen. Ein „Mädchen" ist dabei, Madeleine; im Gegensatz zu den anderen beiden spricht sie exzellent Deutsch (mit einem niedlichen Akzent). Sie ist süß, auf diese gewisse französische Art – Typ: anmutige, langmähnige Kunstgeschichtserstsemestlerin mit grob gewirktem Schal –, darin so ganz anders als Liesl mit ihrer patenten Art und drall-heimeligen Beletage, ihrer gesunden Gerundetheit. Liesl ist das Heim und Madeleine die Welt, und da will Peter hin. Peter und Liesl zeigen den Dreien das nicht existente Nachtleben von Wien. In einem Lokal, wo Peter mit Madeleine tanzt und die Welt für ihn nur um sie beide zu kreisen scheint, erzählt ihnen der Wirt, dass im Kleiderhaus nebenan eingebrochen wurde. Peter, nix wie hin, macht Fotos und wird beinahe von der Polizei über den Haufen geschossen. Seine neue Kamera geht dabei auch kaputt. Das war Peters zweite Bekanntschaft mit dem Tod. Am nächsten Morgen schmeißt er den Job hin, als sein Redakteur sich wieder für nichts interessiert.

Peter will unbedingt mit Madeleine ins Bett. Das organisiert er denn auch, lotst Liesl aus ihrer Wohnung, weil er in sein Zimmer bei den Eltern nicht kann, will die paar Stunden entsprechend nutzen – nur hat er Erika vergessen, die natürlich Liesl sagt, was los war.

Madeleine ist weg. Kein Job. Liesl ist grantig

und will eigentlich nicht mehr. Doch der gemeinsame Urlaub ist ja schon bezahlt, man wird sich arrangieren.

Eigentlich glaubt Peter, dass er nicht mehr mit Liesl will, oder will er doch? Zumindest lässt er sich recht rasch von ihr abschasseln im Hotel – nur die Sonne muss sie mit ihm teilen, und auch das tut sie nur ungern, sagt Liesl. Peter weiß, dass er nicht auf Liesl angewiesen ist, und um ihn herum, unter der schon kräftigen Frühlingssonne Frankreichs, tummeln sich die wohlgestalten Beweise (Bikinioberteile waren in den frühen 1980ern ähnlich verachtet wie Büstenhalter). Liesl findet anderweitig Anschluss. Als sie's mal mit einer „Aussprache" versuchen, en passant halb nackt auf dem Bett, die Gluthitze des Mittags auswartend, endet es damit, dass sie sich gegenseitig die Meinung sagen. Liesl ist doof, weil sie ihm nicht vergibt, und hat Recht, Peter ist doof, weil er sich nicht wirklich bemüht, und warum auch. Alle haben Recht und basta.

So verknallt sich Peter noch einmal, diesmal in Simone, eine allwissende Erfahrenheit suggerierende „Schönheit" – Typ: dunkles, fremdes Geheimnis –, die nur Französisch versteht und ihn mit sich dackeln lässt wie einen Bernhardiner. Und so entdeckt Peter noch einmal seine Lust am mechanischen Sehen der Dinge: Er kauft sich eine Super-8-Kamera; für den Ton leiht er sich den Kassettenrekorder von Liesl. Anita, eine Dame besten Alters, von ruhiger Natur und mit einem Wissen, das Liesl gerne hätte, Madeleine fern und vielleicht auch egal ist, und Simone gut projiziert, sagt Peter, wie's ist.

Peter landet mit Simone im Bett, erweist sich aber als präpotenter Jüngling und sonst nix: Er ist geiler auf das Erobern als auf die Frau selbst. Simones Verlobter kommt zurück und erklärt Peter über einem nicht getrunkenen Whiskey erst mal die Zusammenhänge des Lebens.

Am Ende will Peter in Frankreich bleiben, in Wien ist ja nix und hier im Nix wenigstens noch was offen: Schau, das ist Frankreich, wenn ich jetzt weggehe, habe ich das Gefühl, als wenn ich nie da gewesen wäre.

Artischocke: Schon der Titel, die Frucht selbst, hat etwas aggressiv Konsterniertes. Was ist eigentlich eine Artischocke, Frucht oder Gemüse? Man weiß eher, wer sie isst, als was der/die da isst. Die Artischocke also ist ein etwas stacheliges Gewächs und es war schon eine echte zivilisatorische Leistung, draufzukommen, wie sie optimal verspeist werden kann. Wenn Simone Peter zeigt, wie man das Fleisch aus den (vinaigrettegetunkten) Blättchen lutscht, ist das zwar elegant, auch in einem erotischen Sinne, wirkt deshalb aber nicht weniger verschroben.

Tageslicht sollte der Film mal heißen[12], auch das wäre ein guter Titel gewesen: Er hätte (jenseits aller offensichtlichen kinematografischen Poesie) von den Ernüchterungen des Lebens gesprochen, deren Schönheit, vom Leuchten, gar Gleißen, vielleicht den ganz realen Verheißungen, die nach den Nächten warten und auch geliebt werden wollen. Es ist dieses Tageslicht, das Peter bis zum Ende nicht sieht, auch wenn ständig die Sonne scheint.

Der Schlüssel zu *Artischocke* ist eine Szene, die aus dem Kino Cooks herausfällt: Peter tanzt mit Madeleine, oder eher Madeleine mit Peter? Zumindest: Nirgendwo sonst in seinem Werk „macht" Cook so sehr Genre (Teenie-Romanze), wobei's auch kaum je so um das Wesen der Projektion, der Illusion geht – mehrere Blicke und Bewegungen werden hier ineinander verschränkt (das gibt's, wie Schuss-Gegenschuss-Folgen oder ähnliche Tropen des Klassischen, nur sehr selten bei Cook). Er verdichtet hier Gehalte, statt bei den Dingen zu bleiben, ihnen Raum zu schaffen. Wovon die Szene erzählt, ist, wie die Liebe herbeigewünscht wird: das lange einander Ansehen von Peter und Madeleine, dann die lange Passage quer durch den Saal, bei der die Kamera mit einem weiten Schwenk den Raum öffnet; wie man sich in der Pop-Kultur verlieren kann (das erst zögerliche, dann innige miteinander Tanzen), wie sie alle Fragen beantwortet und einem sagt, wie's geht (nachdem der Blick nun ganz nahe bei Peter und Madeleine ist und alles andere im Hintergrund verschwimmt, sieht man sie auf „smile" im Lied einander anlächeln), und schließlich, wie eitel dieses Alles-auf-sich-Beziehen, dieses Projizieren des Eigenen auf den anderen ist: Zum einen schaut Liesl – isoliert und mit opakem Ausdruck – zweimal auf die beiden, zum anderen gibt's eine zweimal verwendete Einstellung quer durch den Raum – vorne der Tisch mit Liesl und den Franzosen, dann auf der Fläche die Tanzenden, und dahinter auf der Bühne die Band –, die die Dinge in ein konkretes Verhältnis zueinander setzt. Relativiert wird so der Sog, die Suggestion, wobei letztere Einstellung eine gewisse Doppelbödigkeit hat: Sie ist zwar total, die verschiedenen Protagonisten samt ihrer (Des)Interessen einfassend, aber klar und dramatisch auf die Tanzenden fixiert. „Some people say that love's a miracle, some people say that it's a cross", singt Chaos de Luxe.

Mit diesem Lied, „Dealing with Love", wird auch das Element der Wiederholung – Wesen-

12) Zumindest stand das zur Diskussion, Cook erwähnt den Titel in einem Interview mit Leopold Moser, „Ein Kanadier in Wien", in: *Trichter* (Wien), 11/1981.

Michi Riebl und
Johanna Froidl (Anita)

heit aller Popkultur – in *Artischocke* verankert. „Dealing with Love" ist nämlich das Titellied, seine Präsentation bezeichnend: Noch bevor der Vorspann kommt, sieht man die Band, wie sie beginnt, das Lied zu spielen, Peter sitzt davor und starrt zum Publikum, dann dreht er sich um zur Band, Schnitt, Titel – *Artischocke* wird, ohne dass der Zuschauer das jetzt schon weiß, ein Film über Konsequenzen sein. Dass er dann im Off mit einer Erinnerung beginnt, macht klar: Der Film ist die Konsequenz. Dass man sich dabei erst nichts denkt, so wie man sich in seinem Leben oft nix denkt, weil man einfach einer Konvention folgt, ist Teil von Cooks Dramaturgie / Strategie des Strukturen-Erkennens – aber wenn man's erkannt hat, ist es ja schon vorbei, und überhaupt sitzt man im Kino und das Leben ist draußen und geht an einem vorüber. Hätten Peter und Liesl die Welt zu lesen gewusst, so hätten sie im Böhmischen Prater die Kinder auf dem Fahrradgestell beachtet, die beim Herumkurven immerfort Runden drehen, eins neben dem anderen, ohne sich je zu berühren, autonome Kreise einer einzuübenden Einsamkeit, aber sie waren ja zu sehr mit sich und ihrem Glück beschäftigt, das sie in dem anderen sehen wollten.

In der (inszenatorisch etwas ungenaueren) Frankreich-Hälfte des Films manifestiert Cook dann dieses allem Leiden wie allem Glück gegenüber indifferente Gleichmaß des Daseins. In *Schwitzkasten* betont die Zäsur (Vera erzählt aus dem Off, dass Hermann im Häfen war) nur den Fortgang der Dinge, über alle Stolpersteine hinweg – in *Artischocke* ist die Frankreich-Hälfte die mehr neurotische und letztlich grausamere Wiederholung der Wien-Hälfte. Auf den Punkt bringt das eine Szene am Ferienbeginn, wenn Peter auf einem Sonnenponton liegt und eine Badenixe nach der anderen mit so ziemlich denselben Bewegungen an ihm vorbei ins Wasser hüpft; da Liesl am Strand mit irgendwelchen Haberern herumzieht, darf er sich ja auch was gönnen. Die Konsequenz ist Simone. Die Grausamkeit der Frankreich-Hälfte, von der immer wieder gesagt wurde, sie sei zu lang, liegt darin, dass Cook stur seinen Erzählrhythmus beibehält, dass mit Simone im Prinzip alles genauso abläuft wie mit Madeleine und dass Peter nichts gelernt hat – jedes Anziehen des Rhythmus', jede Verdichtung wäre eine Gnade, die ihm nicht gemäß wäre. Peter erkennt nicht die Lehre der Tage wie des Lichts, er macht einfach weiter, was man sympathisch finden kann oder blöd, er macht weiter, denn wenn er aufhören würde, hätte er nichts gemacht und alles, was war, wäre falsch gewesen. Da ist es egal, was Anita – dargestellt von Johanna Froidl, die Verkörperung progressiver Gewissheit in *Schwitzkasten* – ihm zu sagen hat und so alles an Schmerz ersparen könnte.

John Cook, Mitte vierzig, dreht einen Film über Leute Anfang zwanzig, aus der Perspektive jenes Mannes, der er mit sechzig wäre, wenn er so weitermacht; so wirkt's zumindest. Weitermachen heißt bei Cook aber aufhören. Cook hört auf mit dem Filmemachen und macht mit seinem Leben weiter.

Letzte Riten

Und plötzlich, in eine Stille, mit der man sich abgefunden hatte und die gar nicht so still war, wie man dachte, denn Cook mühte sich immer wieder mit Projekten und Ideen: *José Manrubia Novillero d'Arles. L'apprentissage d'un matador de toros,* ein neues Werk, realisiert als Videoarbeit, doch begonnen auf Film, fertig gestellt 1990, doch erst im Mai 1996 in Wien zu sehen – und was sich wie ein neuer Aufbruch hätte empfinden lassen, erweist sich da schon als eine Art letzter Ritus.

Dabei hätte diese Etüde über Jugendlichkeit und Ewigkeit, Aufbrechen und endlich auch wo Ankommen wieder ein Anfang von etwas sein können, die Parallelen zu *Ich schaff's einfach nimmer* sind unübersehbar: Porträtiert wird ein junger Mann, der versucht, sein Leben in einer veritablen Macho-Kultur zu finden – im Gegensatz zu Petrus aber auch seinen Weg macht.

Es ist Cooks inszenatorisch fahrigste Arbeit. Gewisse, von ihm getroffene, Entscheidungen waren eher unglücklich, wie zum Beispiel das französische Voice-over über einige spanischsprachige Teile, wobei's da auch an narrativer Konsistenz mangelt – an einigen Stellen reden die Leute nur Spanisch, und es ist nicht ganz unwichtig, was sie sagen. Ebenfalls nicht restlos geglückt sind die Sepiatönungen in den Szenen mit José und dem alten Matador Ramon Beranger: Was damit zum Ausdruck gebracht werden soll, ist sehr schön, die Umsetzung aber sieht eher schlampig aus. Eine Episode zum Ende des zweiten Drittels hin – eine Zusammenkunft in der Camargue, wo mit den Stieren trainiert wird, während nebenan die Frauen tanzen – wirkt eher erdacht als tatsächlich durchgeführt; vielleicht funktionieren die Verschränkungen hier auch nicht wirklich, weil die Distanzen manchmal nicht zu stimmen scheinen – einige Bilder, gerade der Tanzenden, scheinen eher dekorativ als notwendig, als Selbstzweck aufgenommen, nicht, um in einem größeren Ganzen aufzugehen.

Zuzeiten gräbt man sich aber auch selber Fallen, und eine vorurteilsfreie, wissend wie verständig die Dinge sehende Dokumentation über die Wirklichkeit des Stierkampfs – seine Alltäglichkeit, auch als Populärkultur, wie seine emotionale Weite als geschichtssatter Mythenhort – ist eine der tiefsten, wenn man denn an einer weiteren Karriere interessiert ist – damit wollen die politisch Korrekten des Medienestablishments nämlich gar nichts zu tun haben, das schaut man sich nicht einmal an, wie ein TV-Redakteur damals verkündete. Cook erzählt diese Anekdote in *The Life* ohne Häme, nicht konsterniert, sondern eher weise konstatierend. So besagt denn schon die Existenz des Videofilms an sich viel über Cook: vielleicht immer noch „Pretty well lebensunfähig", doch was für ein Leben ist das, wenn man sich nicht auf die Wirklichkeit, ihre Ambivalenzen, deren Kräfte einlassen kann? Es ist das Leben, das die meisten Menschen führen, und für diese sind Niederlagen Bestätigung statt Ansporn. Menschen, die nicht so sind wie José Manrubia, und auch nicht wie John Cook, den die Regeln nur so weit interessieren, als sie nach den Bedürfnissen der Menschen gemessen sind.

In José Manrubia hat John Cook ein Gegenstück in der Welt gefunden: Gleich ihm ist er ein Grenzgänger zwischen den Kulturen und Sprachen und all den Räumen, die sie beschreiben wie öffnen, ein vielfach Verwurzelter, vor allem aber ein Medium, ein Mensch, der Wahrhaftiges durch seine Arbeit Gestalt, Wirklichkeit werden lässt, so wie er aus dieser Wirklichkeit, ihren Gestalten durch seine Arbeit Wahrhaftigkeit schafft.

Zwei Titel zu Beginn setzen gewisse Grundparameter: „Die *corrida* ist in Frankreich verboten, außer in gewissen Städten mit einer bedeutenden Stierkampftradition. Arles ist eine der berühmtesten dieser Städte." – „Arles ist seit dem Altertum ein Knotenpunkt verschiedener Kulturen des Mittelmeer-Raums. So ist auch heute die spanische Bevölkerung eine der aktivsten der Kommune." Verknüpft werden hier in vier Sätzen die Themen des Films: Vergangenheit und Gegenwart und das Weiterleben der Geschichte im Hier und Jetzt, als Folklore wie als kulturelle Lebensnotwendigkeit, sowie das In-

Vater und Sohn Manrubia beim Training und am Bau

einander/Miteinander verschiedener Kulturen. Was das heißt, merkt man etwa, wenn José zu sprechen beginnt: Sein Französisch klingt nach Midi, eher provençalisch, mit einer Ahnung von Katalanisch dahinter (das circa 200 Kilometer entfernte Katalonien ist, von Arles aus, die nächstgelegene Provinz Spaniens), und das, obwohl seine Familie ursprünglich aus Andalusien stammt. Die Manrubias sind, wie so viele Familien dort, Wirtschaftsmigranten. So erzählt José – manchmal im On, meist im Off; im Sprechen, weil vielleicht auch im Leben, gesetzter als die meisten Menschen bei Cook – über seine Familie, die Stierkampftradition, wie der Vater, der selber gerne Matador geworden wäre, jahrelang auch am Wochenende arbeitete, um ihm die entsprechende Ausbildung zu ermöglichen, über die Karriere, wie sich so etwas entwickelt beziehungsweise entwickeln sollte, von Saison zu Saison – während Josés Mutter sich über die Berufswahl ihres Sohnes wundert, wo er doch als Kind Angst vor Hunden gehabt und sich selbst von Schnecken ferngehalten habe. Sie hat Angst um ihren Sohn, und eigentlich will sie nichts, aber auch gar nichts mit seinem Matador-Sein zu tun haben, Kultur hin oder her; seine Koffer packt sie ihm trotzdem, faltet sorgfältig sein *traje de luces* und sein *capa*. Die Angst, sagt José, ist ein wesentlicher Bestandteil seines Daseins: Es ist das, womit er vor jedem Kampf zu kämpfen hat – nie während des Kampfes selbst, allein davor oder in der Erinnerung daran, was im Kreislauf einer Karriere eine Bewegung wird, ein und dasselbe ist. Man kann nur üben und machen. Die Angst der Mutter aber, die ist noch etwas anderes, etwas, das ihn vielleicht mehr belastet als die Angst um sich selbst. Ein Bild der Manrubias im Garten bringt Dinge auf den Punkt: Während sie auf der Veranda sitzt und versucht, das Tun und Treiben zu ihren Füßen zu ignorieren, spielen Vater und Sohn Stierkampf, üben die den Stier ausforschenden *capa*-Bewegungen ein – so wie in anderen Familien der Vater dem Sohn beibringt, wie man korrekt mit dem Spann abzieht oder wie man eine durchdringende Doppelkombination schlägt. Stierkampf ist eine Populärkultur, und so sieht das aus im heimischen Garten.

Die Saison beginnt, die Manrubias machen sich mit José auf den Weg, über die Grenze nach Spanien. Dort, in der Touristenhochburg Torrevieja, wo man José zufolge die *corrida* mehr für die Ausländer darbietet als für die Inländer, wird José bei einem Kampf verletzt. Er muss pausieren, kehrt heim, arbeitet am Bau, um Geld zu verdienen. Wenn man ihn das nächste Mal im *redondel* sieht, kann er seinen Stier erlegen, sich ein *orejo* verdienen.

La alternativa wird konkreter.

José Manrubia schreitet einen klassischen Ritus der Selbstfindung ab: Er muss eine Niederlage erleiden und an ihr wachsen, um zu reifen. Zumindest inszeniert Cook seinen Werdegang wie einen Ritus, wie die Verdichtung, Menschwerdung einer ganzen Kultur, wie das Sinnwerden tausender von Jahren in einem einzigen Leben, und zwar immer so, dass eine ganz notwendige Transparenz der Ebenen gewahrt bleibt. Er geht nie auf im Mythischen, er verliert sich (fast) nie im Reich der Bedeutung, sondern er sieht die Bedeutung in dem, was sich vor ihm vollzieht – und weiß sie sichtbar zu machen.

Ein spielerisches Beispiel ist Josés Einführung: Er sitzt auf einer Treppe, dann verbirgt er lächelnd sein Gesicht hinter der Pappmaske einer *senhorita* – Folklore und Wirklichkeit, das Wechselspiel der Rollen, auch ein wenig die Ambiguität aller Schönheit (José hat sehr feine, fast feminine Züge), das alles verbirgt sich in diesem ersten Bild des Protagonisten.

Ein weiteres Beispiel für die schlichte Transparenz der wenigen Mittel ist der erste Stierkampf, genau genommen der Aufbau zu dieser Szene: Ein Klavierstück treibt dahin unter den Bildern von José, dem der Vater beim Anlegen des *traje de luces* hilft – ihre Kammer strahlt im mittäglichen Sonnenlicht; die der Mutter liegt im Schatten –, dann, als sich José in seine Einsamkeit, zur Angst, zum Selbst zurückzieht und der Vater ihm die *estoques* ordnet, setzt, schicksalsdräuend, die Arie „E lucevan le stelle / Und es blitzten die Sterne" ein aus *Tosca,* die über dem Beten der Mutter und dem Erbitten der Gnade Gottes durch den Vater wie den Sohn weht und ihren Höhepunkt erreicht, wenn José bei der Arena ankommt, dem Ort seiner Bestimmung. Beide Musikstücke liegen bewusst „unter" den Bildern, auch alle anderen Geräusche bleiben klar hörbar: das Knarzen der Dielen, das Rascheln und Zurren der Stoffe, die den Körper in etwas Besonderes, aus der Masse Herausragendes formen – die Linien des Leibes werden stilisiert, ihre Strenge spricht von dem Willen zur Verwandlung dessen, der sich ihnen anvertraut –, die Stille des Gebetes und der leeren Kammer;

Stierkämpfer Ramon Beranger
erzählt seinen Traum

man hört auch (gerade noch: Die Musik zieht hier zum Finale an und legt sich zudem ein wenig über das Bild) das Flirren der Hitze in den Feldern, ihre Bewohner, die Menschen auf dem Weg zur *corrida,* jenem Weg, in dessen Ferne der Wagen sichtbar wird, in dem José mit dem Vater sitzt. Wenn José dann aus dem Auto steigt, ebbt die Musik ab: José ist an seiner Arbeitsstelle angekommen, das Pathos einer romanischen Kultur (Puccini verleiht der französisch-spanischen Gegenwart der Ereignisse ein latinisches Mehr); es hat allein in ihm getobt und wird vermittels seiner Person, seines Leibes ein Abbild in der Arena haben; gewandet in Lichter ist Josés Job die Vermittlung dieses Pathos', seine Projektion.

Der Alltag dieser Arbeit ist, wie aller Alltag, ein wenig dröge und ein wenig verschroben: José steigt in seinem *traje de luces* aus dem staubigen Auto und steht da wie ein Außerirdischer, alle um ihn laufen in schlabbrigen Leibchen und Sandalen herum, während er etwas verloren wirkt mit seinen streng-stilisierten Formen, Hände werden geschüttelt, die Männer der *cuadrilla* begrüßt (wahrscheinlich fachsimpelt man ein bisschen über den Sonnenstand, den Sand, die Stiere), Autogramme gegeben – man ist halt auch nur ein Darsteller. Eine gewisse Balance der Dinge findet der Film dann beim – ziemlich aus der Distanz, mit viel Publikum drum herum aufgenommenen – Einmarsch der *cuadrilla*, deren Farbenpracht untergeht in dem Staub und dem Licht, deren symmetrische Geschlossenheit jedoch von Größerem spricht, besonders laut in dieser mickrigen Provinzarena. Josés Verwundung – offenbar ziemlich am Anfang, er bearbeitet den Stier noch mit dem *capa* – sieht man nicht.

Der zweite Stierkampf ist dann eine Ode an diesen Ritus, gesehen mit den Augen des *aficionado:* vom Einmarsch der *cuadrilla,* dem Grüßen des Publikums und dem Bereitlegen des Handwerkszeugs über die einzelnen Bewegungen/Figuren, den Vorbereitungen des Ersehnten, bis hin zu den Details des Tötens, endend mit dem *oreja*. Cook sieht das alles im exakt richtigen Augenblick, er sieht immer die Spannung in den Leibern wie das Wissen um den Verlauf der Dinge, er sieht die Schönheit und die Weisheit des Blutes, das dort vergossen wird, darin, wie die *subalternos* und der Torero mit ihren *capas* den Stier erforschen, ihn reizen, wenn sie hinter die *burladeros* springen, wie die *rejoneadores* und die *banderilleros* den Nacken des Stiers bearbeiten, lockern, für den finalen *estoque*-Stich des Matador. Ein Gitarrensolo mit Gesang beginnt zur *faena,* und bevor José den Stier tötet, tanzt er mit ihm, das *muletta* mit dem dahinter verborgenen *estoque* schwingend, Mann und Tier scheinen eins zu werden in ihren Bewegungen, die denen der Musik gleichen: Und das Publikum klatscht anerkennend.

Ramon Beranger, der in den 1930ern und 1940ern in Frankreich Matador war, erzählt José einen Traum, den er hatte: Nach seinem Tod kommt er in die Hölle, wo er die Dämonen erlegt als seien sie Stiere, auch Satan selbst, den er mit seiner elegantesten Bewegung besiegt. Nun ist Ramon Beranger der Herrscher der Hölle. Dieses Gespräch zwischen dem alten und dem jungen Matador „tönte" Cook in eine Art Sepia, als hätte dieser Dialog auch schon vor Dekaden stattfinden können. Immer wieder sucht Cook nach der Zeit, und was er immer wieder findet, fasziniert von dem Kinoparadox der Bewegung durch rapide Stillstandsabfolgen, ist das Licht, seine Wahrheit, Wahrhaftigkeit: in seinem Spiel über die Fassaden der Häuser des verlassenen Arles ganz zu Beginn wie in den lauteren Schatten, die den Grund des *redondel* bedecken.

Der Torero wie der Filmemacher sind Diener des Lichtes.

So liest sich John Cooks letzter Film nun. Wäre danach noch etwas gekommen, sähe das alles völlig anders aus; die technischen Unsicherheiten wögen schwerer, und mit dem Verschwinden der jetzigen Dramaturgie seines Œuvres würde sich auch vieles anders lesen.

Aber es gibt immer wieder letzte Filme, da kann man sich kaum vorstellen, dass danach noch etwas kommen sollte, so vollkommen bringen sie das Œuvre auf den Punkt, so letztgültig wirkt plötzlich ihr gesamter Duktus, so definitiv ihre Haltung – bei Rainer Werner Fassbinder etwa ist das so, mehr noch bei Pier Paolo Pasolini. Auch bei Cook kann man sich nur schwer vorstellen, dass nach *José Manrubia Novillero d'Arles. L'apprentissage d'un matador de toros* noch etwas hätte kommen können. Der Mythos, der in dieser Passage durch die Wirklichkeit lebt – denn genau das ist Cooks Gesamtwerk: eine Passage durch die Wirklichkeit –, ist in sich so stark, dass alles, was sich an Werbefilmen und unrealisierten Projekten noch herantragen ließe, klassische Nebenwidersprüche sind.

Fünf Werke, in denen alles steckt, was es zu sagen gibt, meist: Damit kann man sich gut bescheiden.

Michael Omasta

Standortbeschreibungen

Texte und Kritiken von John Cook

Die Wüste lebt

John Cook, Regisseur

Bei den Filmtagen in Kapfenberg mussten wir, die österreichischen Regisseure, zusammensitzen und miteinander über unsere sehr problematische Lage reden. Und das war für mich, verglichen mit meinen sonstigen Wiener Erfahrungen, ganz neu. Das normale Misstrauen unter Künstlern und die Konkurrenzgefühle konnten sehr rasch abgebaut werden, und wir haben vielleicht zum ersten Mal, seitdem ich in Wien bin, offen miteinander geredet. Da war sehr viel Begeisterung, und die Stimmung war echt kollegial. Das vorher erwähnte Misstrauen kenne ich sehr gut, da ich selber aus einer kleinen Provinzstadt in Kanada stamme. Man sagt immer, das sei eine Wiener Eigenheit, das sei typisch wienerisch, aber für mich ist diese Haltung die typische Provinzstadtdenkensart. Allerdings wird die Konkurrenzstimmung unter den Kollegen auch dadurch erheblich verstärkt, dass die Arbeitsbedingungen besonders ungünstig sind.

Verglichen mit Filmtechnikern verdient ein Filmregisseur in Österreich sehr wenig. Ein Tonmeister wird besser bezahlt, ein Kameramann wird besser bezahlt, eine Cutterin wird besser bezahlt; wir sind momentan – so komisch es auch klingen mag – am schlechtesten bezahlt. Ich brauche Zeit für meine Arbeit, ich arbeite langsam und sitze bis zu zwei Jahre an einem Film. Ich bekomme pro Film so um die 200.000 Schilling, das bedeutet dann pro Jahr ein Honorar von etwa 100.000 Schilling brutto.

In der Zeit, in der ich gedreht und geschnitten habe, war ich von der Produktionsfirma angestellt und dadurch sozialversichert. Während Kameramänner und Cutter, die bekanntlich gewerkschaftlich organisiert sind, ein normales Gehalt bekommen, werden Schauspieler und Regisseure notorisch unterbezahlt.

Zuerst erschienen in: Extrablatt (12/1979)

~

Metropole Wien? Metropole Wien!

[Ein Dialog zwischen Robert Adrian X, Künstler, und John Cook, Filmemacher]

Beide sind Anfang vierzig, beide stammen aus Toronto, beide kamen vor rund zehn Jahren aus persönlichen Gründen (Ehe usw.) nach Wien: Adrian aus London, Cook aus Paris. Wohnen im gleichen Haus, in der Wiedner Hauptstraße.

„Avantgardist" Adrian (das Wort „Maler" ist zu eng geworden, seit in der bildenden Kunst ständig Grenzen und Medien überschritten werden) vermisst harte, fordernde Kritik in Wien: Es besteht die Gefahr, es sich zu leicht zu machen in Wien. Cook, ein Fotograf, der in Wien zum Filmregisseur wurde (*Langsamer Sommer* und – demnächst im Kino nach einem Zenker-Buch – *Schwitzkasten*), freut sich, dass ihm Kritiker nachsagten, „typische Wiener Filme" zu machen. Bös ist er auf Kritiker, die mit dem Wort „liab" statt mit Argumenten Projekte madig machen.

Das Reizvollste am Adrian-Cook-Dialog ist nicht vom O-Ton in Zeitungstext transferierbar: das englisch gefärbte Wienerisch der beiden. „Wos eine Stoudt füjr mijch saain sojte", so O-Ton Cook, „is a Mischung, net, ethnisch uond philosophic, und wou es kommd durrch diejse Vamischung zu ana Dynamik und Kounflikte, net …"

John Cook: Da ist dieser Wiener Mythos von einer langsamen, eingeschlafenen, deprimierenden, bösartigen Stadt … das lehn' ich ab, auch in meinen Filmen … Ja, London ist eine viel lebhaftere Stadt, aber physisch deprimiert's mich mehr als Wien. Weil's so groß ist und weil's sehr oft regnet dort.

Bob Adrian: Ich hab' zehn Jahre lang in London gewohnt. Da gab's ganze Stadtteile, wo ich niemals hinkam, weil die Stadt so groß ist. Aber dann gibt es ein physisches London, wo das Gefühl da ist, in London zu sein, das Gefühl, dass man in der Mitte von etwas ist. Aber ich glaube, dieses Gefühl ist ein scheinbares, denn es ist gar nicht mehr notwendig, in einem dieser großen Zentren zu sein. London ist nur eine Station in einem Netz, ein Kreuzungspunkt wie New York oder Denver oder Singapur oder Wien oder irgendwo … Ja, in Wien ist's vielleicht schwerer, aber man passt besser auf, um nix zu verpassen, weil's nicht noch einmal kommt … Ich persönlich hab' mehr gemacht und gesehen in Wien als London, aber mehr Spaß hab' ich in London gehabt. Aber ich war jung in London.

Cook: Man könnte sagen, in Wien ist es gut, weil die jungen Leute stören nicht … weil, es gibt so wenig davon. *(Lachen von Adrian, Protest)* … Nein, du, im Vergleich mit jeder anderen Stadt, wirklich … Erstens gibt's wirklich sehr wenige, und dann: Die jungen Leute halten sich so bescheiden, physisch wirkens' sehr deprimiert und sehr alt, a bissl abgfahrn … Die hab'n Angst.

Adrian: Ich glaub', du redest über die Situation vor vier oder fünf Jahren …

Cook: Auch jetzt …

Adrian: Nein, das Gefühl von einer Stadt mit ängstlichen Menschen hab' ich nicht …

Cook: … die haben doch Angst, oder?

Adrian: Nein, das glaub' ich nicht. Ängstlich sind sie nicht. Pessimismus ist schon dabei, aber nicht Angst.

Cook: Würdest du sagen, dass die Leute Selbstvertrauen haben?

Adrian: Gut, Selbstvertrauen haben sie nicht.

Cook: Okay, das ist's, was ich meine.
Adrian: Das ist das Einzige, was mich an Wien ärgert, dieses Pessimistische und Negative, diese Sprüche wie „Es wird eh a Schas".
Cook: Es geht eh net.
Adrian: Na ja, mach ma's, aber es is eh wurscht. Dieses Gefühl hat man eigentlich immer wieder. Ich bin eigentlich selbst ein pessimistischer Typ, aber in Wien bin ich ein wahnsinniger Optimist.
Cook: Man will nur keine Wellen machen. Man hat Angst, mein' ich, und alle sind auf Sicherheit aus, aufs Postenhalten um jeden Preis.
Adrian: Aber jetzt kommt eine Generation, die so zwanzig ist, in den Fünfziger- und Sechzigerjahren geboren … und die sind viel kritischer, viel beweglicher und, ja, ziemlich aggressiver!
Cook: Ja, langsam wird das in Wien. Und Wien ist viel metropolischer heute, als es war vor ein paar Jahr …

Zuerst erschienen in: Wiener (Oktober 1979)

~

Ein Kanadier in Wien

Was halten Sie vom österreichischen Film?

Was könnte für den österreichischen Film Ihrer Meinung nach getan werden?

Er wird immer besser. Es scheint auch ein gewisses Interesse beim Publikum vorhanden zu sein. Bei den Verleihern leider noch nicht.

Man braucht etwas Ähnliches wie beim australischen Film: mehr Geld, dass die Filme auf Festivals laufen, mehr Geld für Werbung. Alle raufen um wenig Geld. Die Verlierer, die Leute, die es schwer haben, sind irrsinnig sauer. Dazu kommen noch immer mehr Intrigen. Es gibt im Moment ein sehr unbequemes Klima. Ich versuche mich da sehr vorsichtig auszudrücken. Es gibt zwei Leute in Österreich, die für den Film sehr viel tun könnten: Das sind Gerd Bacher und Franz Antel. Sie sind aber zu konservativ. Es ist komisch, wie aggressiv sie auf die Jungfilmer sind. Wenn man den Bacher und den Antel anhört, man könnte glauben, die österreichischen Jungfilmer wären alle Baader-Meinhof-Terroristen.

Aus einem Interview von Leopold Moser mit John Cook, in: Trichter (11/1981)

~

Brömmer oder Die weite Reise

Erinnerung an einen nie gedrehten Film von 1984

Brömmer hatte ich selbst geschrieben, die Geschichte war eine persönliche Reflexion über die typisch wienerische Form von Kriminalität und Korruption. So viele Wiener liebten den Charakter von Harry Lime in *The Third Man* – mitunter schien es mir, als würden sie in ihrem Stil dem Prototyp von Orson Welles nacheifern.

Ich vermute, sie fanden das ähnlich schick wie die Paten der Mafia auf Sizilien, als sie damit anfingen, Marlon Brandos *Godfather* zu imitieren, nachdem der Film dieses Titels herauskam.

Als ich 1969 zum ersten Mal länger in Wien war, hatte ich des Öfteren mit Udo Proksch zu tun, der immer irgendwelche Pläne schmiedete, mich als Fotograf bei dem einen oder anderen seiner verschiedenen Unternehmen zu beschäftigen. Eines Tages filmte ich (mit einer 35mm-Kamera, die er sich irgendwo ausgeliehen hatte) eine ziemlich surrealistische Szene mit ihm und seinen Freunden draußen im Schloss, in dem er damals mit Erika Pluhar und den Kindern lebte. Ich erinnere mich an Militäruniformen, ins Schleudern geratene Jeeps, an Rauchbomben und so Sachen. Pluhar machte auf Garbo.

Ein anderes Mal ging ich in sein Büro, um über einen Auftrag als Fotograf mit ihm zu sprechen. Spaßeshalber richtete er eine 38er auf mich und ballerte ein Loch in die Wand des Büros, um zu beweisen, dass sie geladen war. Ich erklärte ihm, dass ich nie wieder etwas mit ihm zu tun haben wollte – und hatte es auch nicht mehr.

Orson Welles und Harry Lime: Ich sah Udo und andere typisch wienerische Kreaturen als Fantasten, die sehr gefährliche Momente hatten, und von denen ich mir nicht vorstellen konnte, dass ihnen irgendjemand in irgendeiner anderen Stadt, westlich von Wien, jemals ernsthaft Beachtung geschenkt hätte. Je länger ich in Wien lebte, desto stärker bekam ich das Gefühl, dass dort eine ungesundene „lokale" Faszination (und Bewunderung) für solche deformierte, kriminelle Persönlichkeiten herrschte. Insgeheim dachte ich oft, der Krieg ist so viele Jahre vorbei, Österreich wiederaufgebaut und wohlhabend, und die Leute sind noch immer geprägt von *Third Man,* Schleichhandel und Schwarzmarkt.

Brömmer war die Geschichte eines Selfmademan, eines Entrepreneurs, der seine Karriere in den Ruinen des Krieges begonnen und es bis 1980 zu einer beachtlichen Fülle an Macht, Popularität und Respektabilität gebracht hat. Plötzlich wird seine Baufirma in einen Korruptionsskandal verwickelt und sein ganzes Finanzimperium beginnt rasch auseinanderzufallen. Ohne zu zögern greift er auf die gewalttätigen, brachialen Methoden seiner Anfangszeit zurück, die Schule des Schwarzmarkts.

Brief von John Cook (16.5.1995).
Aus dem Englischen von Michael Omasta

~

Retten wir das Österreichische Filmmuseum!
Offener Brief von John Cook

Zum zweiten Mal in meinem Leben hat ein finsterer österreichischer Clown eine gefährliche politische Machtposition erreicht. Die Generation meiner Eltern hat kostbare Zeit damit verschwendet, jenen ersten bösartigen kleinen Mann nicht ernst zu nehmen. Diesmal sollten die Demokraten unter uns zur Selbstverteidigung rüsten, während wir die österreichischen Wähler ihrem gewohnten Wahlverhalten überlassen.

Ich wurde jahrelang „der Filmemacher und Wahlwiener John Cook" genannt. Als Filmemacher möchte ich die Kuratoren des Filmmuseums und des Filmarchivs ernsthaft ermutigen, das Verbringen aller in ihrem Besitz befindlichen Filmwerke an einen sicheren Ort, in die Obhut gleichgesinnter, demokratischer Institutionen jenseits der österreichischen Grenzen zu erwägen. Jörg Haider und sein Stab haben ein erklärtes kultur- und fremdenfeindliches Programm. Die Vergangenheit hat uns gelehrt, dass alle kulturellen Institutionen zur sicheren Zielscheibe für solche Leute werden. Wenn Haider auch nur annähernd so erfolgreich wie sein Vorgänger wird, so wäre es doch eine feine Sache, wenigstens Filmdokumente der letzten fünfzig Jahre von Österreichs ermutigendem, wenngleich erfolglosem, demokratischem Experiment zu besitzen.

Unveröffentlicht (1.2.2000).
Deutsch im Original

Nouvelle Vague

Wie haben Sie die Nouvelle Vague erlebt? Welches ist Ihr liebster Film? Antwort auf eine Umfrage.

Als Kind träumte ich davon, Schriftsteller zu werden. In meinen Zwanzigern wurde ich Fotograf. Ich dachte damals keinen Moment daran, Filme zu machen, weil die amerikanischen und europäischen Filme jener Zeit überwiegend schwer melodramatische Starvehikel waren und mich herzlich wenig interessierten. Bücher waren spannender, sogar visueller.

Rossellini, De Sica und andere Italiener zeigten mir, dass es möglich war, „erwachsene" Geschichten mit der Kamera zu erzählen, subtil und kraftvoll. In Paris folgten junge Franzosen ihrem Vorbild, die ersten Filme der Nouvelle Vague, mit kleinem Budget und sehr rasch gedreht, waren aufregend. Ich erinnere mich an den Schock, den *Á bout de souffle* auslöste. Sehr schnell aber verkam alles zu einer Übung in Parisianismus, Manierismus und intellektueller Pose.

Bei Durchsicht der Filmliste bemerke ich, dass mich Eric Rohmer immer noch berührt, Eustache, der eine oder andere Film von Resnais und Louis Malle. Wirklich tief bewegen mich die Filme von Jacques Becker – der aber war überhaupt nicht nouvelle vague.

Zuerst erschienen in: Falter (18/1996).
Aus dem Englischen von Michael Omasta

Nie genügend Verluste gemacht
Hommage an Eric Rohmer

Wie Fellini, Robert Bresson und ein Dutzend weiterer Filmemacher, die nicht mehr unter uns weilen, hat auch Eric Rohmer sein ganzes Leben darauf verwendet, uns einen Spiegel vorzuhalten, und damit ein Stück eigenständiger europäischer Kultur auf der Leinwand lebendig erhalten.

Die Erfolgsgeschichte Rohmers sucht in den Annalen des europäischen Kinos ihresgleichen. Sein Werk stand nie im Zeichen dieser oder jener neuen Mode – sondern darüber. Rohmers feinsinniger Klassizismus hat es davor bewahrt, mit der Zeit lächerlich zu werden. Zudem scheint er niemals in die Versuchung gekommen zu sein, ein kostspieliges „Medienspektakel" aufzuziehen – weshalb keiner seiner Filme je genügend Verluste gemacht hat, als dass irgendwelche Produktionsleute Rohmers Karriere hätten beenden können. Seine Filme, aber auch die Interviews über ihre Entstehung, bieten sich den jungen europäischen Regisseuren regelrecht als „Eric-Rohmer-Schule für angewandtes Filmemachen" an, die zu besuchen ihnen sicher zugute käme.

Die Vorherrschaft der amerikanischen Filmindustrie verdankt sich nicht nur ihrer zynischen Haltung künstlerischen und bürgerlichen Werten gegenüber. Wichtiger sind die 300 Millionen englischsprachigen Zuschauer, die Hollywoods enorme Produktionskosten abdecken. Die europäischen Filme sind um vieles billiger als die amerikanischen, und die Filme Rohmers wiederum sind billiger als die meisten europäischen. Von seinen ersten Regiearbeiten an war Rohmer sich darüber im Klaren, dass der kleine französische Markt auf Dauer nur Filme mit niedrigen Produktionskosten tragen würde. Und je mehr Filme er gedreht hat, desto mehr wurde er sich bewusst, dass es ihm die Vermeidung von Produktionsmethoden à la Hollywood – nur als ein Beispiel: die Beschäftigung teurer Stars – erlaubte, sich beim Filmemachen ans Wesentliche zu halten.

Darin war er immer peinlich genau. Zu den „physischen" Grundlagen des Filmemachens gehören ein reiner Ton, gekonnte Bildkomposition, stimmige Lichtsetzung und der sorgfältige Umgang mit den Darstellern, gleichgültig, ob es sich dabei um professionelle Schauspieler handelt oder nicht. Rohmer hat stets mit einem möglichst kleinen Stab gearbeitet, um jede unnötige Ablenkung zu vermeiden – und sich so der völligen Konzentration aller Beteiligten zu versichern. Das Ergebnis sind intelligente, uneigennützige und persönliche Filme, die sich auf ein treues, immer wiederkommendes Publikum verlassen können. Rohmer hat sich diese Gefolgschaft schon früh in seiner Karriere aufgebaut: eine zuverlässige und zufriedene Fangemeinde, die ihn seit mittlerweile viereinhalb Jahrzehnten trägt.

Rohmer macht „globales" Kino, freilich nicht in dem Sinn, wie man bei McDonald's oder Burger King Fast Food macht. Das Ansehen, das dieses Kino weltweit genießt, beruht, ähnlich wie das der exquisiten Küche, auf der persönlichen Einstellung einiger, zumeist europäischer *chefs,* die keinen Zweifel darüber aufkommen lassen, dass sie vollkommen eigenständige Schöpfer sind, die Besten, die es gibt. Dennoch fürchte ich, dass das Kino Europas, das von Rohmers Generation wenig gelernt hat, auf sein Ende zusteuert. Es gibt so viele zeitgenössische Filme, die vor Klischees nur so strotzen und sich für gar nichts mehr interessieren. *Le genou de Claire,* ein Film aus dem Jahre 1970, ist bis heute mein Lieblings-Rohmer geblieben. Alle Personen in seinen Filmen haben voll entwickelte Charaktere, manche davon sind sehr sympathisch, manche ärgerlich. Aus jedem Film von Eric Rohmer jedoch kann man etwas für sich selbst gewinnen. Die überragende Qualität seines Werks bürgt dafür.

Zuerst erschienen in: Falter (10/2000).
Aus dem Englischen von Michael Omasta

Schrei nach Gerechtigkeit

***La voleuse de St. Lubin*, ein Film von Claire Devers**

Nichts scheint einfacher, als einen Film mit „Inhalt" zu machen. Ganz normale Leute, die ganz normale Probleme haben – die Zeitungen, das Fernsehen und Radio sind voll davon, man könnte also glauben, dass es ein Publikum gibt, das auf solche alltägliche Dramen wartet.

Da ist vieles, mit dem sich jeder von uns identifizieren kann; die immer wiederkehrende Krise der Arbeitslosigkeit der letzten zwanzig Jahre hat sogar vielen bürgerlichen Familien Unbill eingebracht. Gleichzeitig sind wir Meister darin, unsere Augen abzuwenden. Einen sozialkritischen Film zu verkaufen ist heute schwieriger als in den Sechzigern. Wir ertragen es, jemand anderes Schmerz, auf ein oder zwei Minuten verdichtet, in den Abendnachrichten mitanzuhören, verlangen aber sofort wieder Unterhaltung, um das Gefühl der Hilflosigkeit loszuwerden, mit dem wir zurückbleiben. Ein Spielfilm, der detailliert und 81 Minuten lang persönliches Leid beschreibt, wird von vielen gemieden werden.

Subtile Freuden erfordern fast immer ein bisschen Anstrengung. Schon während der ersten Bilder von *La voleuse de St. Lubin* wissen wir, dass wir etwas dafür tun werden müssen, um hier zu unserem Vergnügen zu kommen. Wir sind dazu angehalten, aufmerksam zuzuhören und hinzuschauen, zu analysieren und uns selbst ein Urteil zu bilden. Falls Claire Devers ihre Arbeit ordentlich gemacht hat, werden wir ihr für die Anstrengung, die sie uns abverlangt hat, danken – falls nicht, wird es ziemlich lange dauern, bis wir uns wieder auf einen „sozialkritischen" Film einlassen.

Claire Devers besitzt das geeignete Talent für diese schwierige Aufgabe. Umsichtig hat sie genau die richtigen Schauspieler ausgesucht und diese straff geführt. Die Einzelheiten des Falls sind in Frankreich wohlbekannt; sie hat es sich verkniffen, jenen Touch von filmischem Pathos oder politischem Gewäsch draufzusetzen, der ihm etwas von seiner Wucht hätte nehmen können.

Eine 36 Jahre alte geschiedene Frau (exzellent gespielt von Dominique Blanc), die eine halbwüchsige Tochter zu erhalten hat, wird bei Ladendiebstählen in einer Reihe von Supermärkten erwischt. Alle, bis auf einen, verzichten darauf, Anzeige zu erstatten, und ihr Pflichtverteidiger (Denis Podalydès) versichert ihr, dass ihr Fall nicht vor Gericht kommen wird – aber das tut er doch. Die Richterinnen sind von ihrer Ehrlichkeit und ihrem Mut überzeugt. Es ist ihr erstes Vergehen, ihr Teilzeitjob bringt nicht genug ein, um ihre zwei Kinder mit etwas anderem als Erdäpfelpüree und Nudeln großzuziehen, sie führt ganz genau Buch über alle ihre Ausgaben und sie hat keine Schulden. Der Ladendiebstahl war eine einmalige Sache, an einem besonders schlimmen Tag ist sie ausgeflippt. Jedenfalls gab es niemanden, an den sie sich hätte wenden können, sodass die kleinen Fleischdiebstähle unausweichlich wurden.

Das Gericht erklärt sie für nicht schuldig – die nächsthöhere Instanz jedoch fürchtet einen Präzedenzfall, der Diebstahl rechtfertigt, hebt das Urteil auf und setzt eine neue Verhandlung an. *Le film policier* hat uns an allerhand Theatralik in Gerichtssaalszenen gewöhnt. Die akademische und erhabene Kälte realer juristischer Vorgänge, die Claire Devers hier so unverfälscht zeigt, ist voll des eisigen Grauens, das wir von echten Gerichtshöfen her kennen.

Bleibt zu hoffen, dass Claire Devers das Publikum bekommt, das sie verdient. Film ist nicht nur Kunst oder Unterhaltung. Auch die lange Tradition des sozialkritischen „inhaltlichen" Films muss weiter bestehen bleiben. De Sicas *Ladri di biciclette,* der Schrei nach Gerechtigkeit, ist heute noch genauso deutlich zu vernehmen wie 1948.

Zuerst erschienen in:
Falter (40a/2000, Beilage zur Viennale).
Aus dem Englischen von Michael Omasta

Michael Omasta

Geteilte Erinnerungen

Gespräche zur Arbeit mit John Cook

Mehr von der Wirklichkeit

Gespräch mit Elfie Semotan (7.1.2006)

Egal, mit wem man über John Cook spricht, früher oder später fällt auch ihr Name: Elfie Semotan. Ihre berufliche wie private Beziehung, die in Paris begann und in Wien endete, hat beider Karrieren eine neue Richtung gegeben: Cook sattelte von Fotografie auf Film um und Semotan, ehemals Fotomodell, wechselte hinter die Kamera.

Die gebürtige Oberösterreicherin entwickelte Aufsehen erregende Plakatsujets für heimische Unternehmen wie Römerquelle oder Palmers, porträtierte Wolfgang Schüssel für den Nationalratswahlkampf 1999 und arbeitet seit vielen Jahren eng mit Modeschöpfern wie Helmut Lang oder Yoshi Yamamoto zusammen. Semotan lebt und arbeitet heute abwechselnd in Wien und New York und zählt zu den gefragtesten Fotografinnen weltweit.

Michael Omasta: *Wie ist John Cook auf die Idee gekommen, nach Wien zu gehen und sich mit Ihnen hier als Filmemacher zu versuchen?*

Elfie Semotan: Ich war damals in Paris mit dem John Cook zusammen und hatte eigentlich nicht vor, zurückzukommen. Er war es, der unbedingt nach Wien wollte. Ganz ungelegen kam mir das nicht, und zwar deswegen, weil es in Frankreich einen Paragrafen gab, der besagte, dass eine Frau mit ihrem Körper kein Geld verdienen darf. Er galt der Prostitution, aber man konnte ihn genauso auf die Model-Agenturen anwenden, die zwar geduldet waren, offiziell aber gar nicht existierten, weshalb man auch keine Sozialabgaben zahlen musste. Dann wurde dieser Paragraf geändert und plötzlich hat's geheißen, wir müssen sieben Jahre nachzahlen. Das war natürlich eine Katastrophe, und da hab ich gedacht: okay. John kannte Wien durch mich schon ein bisschen, und er hat sich nicht zu Unrecht versprochen, dass es hier gute Aussichten gab, einen Film machen zu können – was in Paris ohne gewisse Beziehungen so gut wie unmöglich war.

Vor seiner ersten Regiearbeit hat er angeblich Kamera gemacht bei einem Film: Peter Altenberg, *gedreht 1970, sagt Ihnen das zufällig etwas?*

Semotan: Natürlich. Und zwar war das ein kurzer Spielfilm, die Geschichte des Peter Altenberg. Die Hauptperson hat ein Bekannter der Regisseurin gespielt, ein gewisser Ali Kielmansegg. Die haben mein Geschirr verwendet und teilweise ruiniert, erinnere ich mich noch, und ich hab auch selber mitgetan. Der John war viel besser als dieses Mädchen, das Regie geführt hat, aber das Ganze war für ihn einfach ein Lernprozess. Er wollte das machen.

Wie hat sich dann Ich schaff's einfach nimmer *ergeben?*

Semotan: Angefangen hat es damit, dass wir diese Wohnung gefunden haben, in die Kolingasse gezogen sind und die Hausmeisterin von unserem Haus kennen gelernt haben. Das war eine 45-jährige, rothaarige Kärtnerin von unglaublicher Vitalität und auch von einer gewissen Schönheit, wirklich: eine tolle Frau, die vier Söhne hatte und dazu noch diesen jungen Mann, der nicht grad unkompliziert war. Ich weiß nicht mehr, welchem Beruf er nachgegangen ist, aber sein Traum, an dem er auch noch immer gearbeitet hat, war eben Boxer zu werden. Für den John, glaub ich, muss das alles sehr exotisch gewesen sein. Jemand, der so ein Leben führt, das wirklich sehr schwierig ist, mit ganz wenig Geld und eigentlich gar nix: Also in den Staaten wäre Gisi wahrscheinlich Afroamerikanerin gewesen, und Petrus vermutlich auch, was dann aber schon wieder ganz was anderes draus macht. Na, jedenfalls hat den John das einfach interessiert. Wir haben oft mit den beiden geredet, und dann haben wir einfach angefangen.

Sie haben den Film praktisch zu zweit gemacht, welche Aufgaben haben Sie dabei übernommen?

Semotan: Ich hab ihm einfach bei allem geholfen, was zu tun war. Vor allem bei den Übersetzungen. Er hat teilweise den Ton vorher aufgenommen, aber natürlich lang nicht alles von den Gesprächen verstanden. Es stimmt, wir haben den Film eigentlich nur zu zweit gemacht, aber später, nach unserer Trennung, war die Situation dann sehr kompliziert, und ich hab ihn seit damals nicht mehr gesehen.

Für das Fernsehen hat es dann noch eine bearbeitete zweite Schnittfassung gegeben. Wie ist die zustandegekommen?

Semotan: Wie, weiß ich nicht mehr genau. Er war dabei, das wurde ganz sicher nicht ohne ihn geschnitten. Für mich war natürlich alles in dem Film schlüssig und sehr verständlich. Als er dann im Fernsehen gelaufen ist, war ich grad irgendwo am Land, da hab ich das zufällig gesehen und die andern Leute dabei beobachtet. Die haben wenig vom Inhalt mitbekommen.

Das ist ja auch ein bisschen eine tragische Geschichte, die Ich schaff's einfach nimmer *erzählt, weil Petrus' großer Traum vom Boxen nach dem ersten Kampf fast schon wieder vorbei ist ...*

Semotan: Auch der John selbst ist eine tragische Geschichte, nicht? Ich meine, wenn man in dieser Art Filme macht, dann ist es natürlich schwierig, gleich einmal große Aufmerksamkeit zu erregen. Die ist viel zu subtil und will ja gar nicht am Tisch hauen mit irgendwelcher Ästhethik oder so. Ich hab's damals schon be-

John Cook, späte Sechzigerjahre © Elfie Semotan

sonders interessant gefunden im Vergleich zu dem, was es sonst noch gegeben hat.

Wie haben Sie und John Cook sich in Paris überhaupt kennen gelernt?

Semotan: John war eine bemerkenswerte Person, schon allein deswegen, weil er das Fotografieren wirklich anders angegangen ist. Er hat immer sehr dazu geneigt, mehr von der Wirklichkeit zu zeigen, als es andere getan haben, es war nicht so stilisiert. Und er hat auch immer versucht, die Fotografie irgendwo anders hin zu verlegen. Er hat immer irgendwelche Geschichten erfunden, die schön waren und die ein ganz anderes Gefühl von Modefotografie vermittelt haben. Das hat mir sehr gut gefallen, diese Herangehensweise, und hat mich sicher auch sehr beeinflusst – nicht so wie David LaChapelle, der ja ganz genau am anderen Ende steht, was mir sowieso nicht liegt. John hat damals viel gemacht in Paris. Er war keiner der großen Stars, aber er war ein sehr geschätzter Fotograf. Er hat seine Arbeit immer überdacht und etwas Neues versucht. Wir haben ein paar wunderbare Sachen gemacht, zum Beispiel für Molly Parkin von *Nova,* eine englische Stylistin, die sehr gut war. Da sind wir mit der Queen Elizabeth von Southampton nach New York mitgefahren, auf ihrer letzten Reise, und haben fotografiert. Das war schon ziemlich gut. Wir sind Erste Klasse gefahren und waren zum Essen immer beim Kapitän eingeladen, zusammen mit allen diesen Leuten, die uns ihre abgeschnittenen Elefantenfüße und sonstige Jagdbeute vorgeführt haben, was natürlich bestens geeignet war, Reibereien und unerwünschte Diskussionen herbeizuführen. Die hat es dann auch gegeben. Wir sind zu den Partys beim Kapitän gekommen, verrückt angezogen, mit so blonden Perücken, und haben das ganze Schiff in Aufruhr versetzt. Nachher hat der John lebenslängliches Verbot für alle Schiffe der Cunard Line gekriegt.

Sie haben bald selbst zu fotografieren angefangen. Hatte das mit Ihrer Beziehung zu tun, dass Sie hinter die Kamera wechseln wollten?

Semotan: Das hat sehr viel damit zu tun gehabt. Ich bin in Wien in die Modeschule gegangen und als ich fertig war, wollte ich zuerst Taschendesign machen. Nur war ja Wüste hier. Es gab vier, fünf Modesalons – Faschingbauer, Farnhammer, den Mann auf der Kärntner Straße …

Adlmüller?

Semotan: Adlmüller, den vergess ich immer, und die Frau Höchsmann, bei der ich dann ein paar Monate war – also das war einfach tödlich. Ich hab mir gedacht, nein, da muss ich Sachen entwerfen, die ich nicht einmal anziehen tät, wenn ich sechzig wär, und hab also lieber mit Gertrud Höchsmann zusammengearbeitet, die eine sehr tolle Frau war. Bei ihr hab ich auch erst verstanden, was die auf der Modeschule eigentlich versucht haben zu unterrichten, nur ist das denen in keinster Weise gelungen, weil man dort überhaupt keine Verbindung zu irgendetwas hatte. Das war halt alles nicht so großartig. Und dann bin ich eben nach Paris gegangen. Das Erste, was ich getan hab, war einfach bei den großen Modehäusern anzurufen, um herauszufinden, wo ich etwas vorführen kann, damit ich Geld verdiene. So hab ich dann gemodelt, Fotos eben, und hab nach einiger Zeit den John kennen gelernt. Fotografieren, muss ich sagen, war mir sowieso lieber. Ich mochte nicht sehr gern Fotomodel sein und hab dann sofort alles gelernt. Das war einfach wunderbar, und dass ich so rasch und radikal gelernt hab, verdanke ich schon dem John.

Werbefotografie galt damals vermutlich noch als reine Männerdomäne?

Semotan: Ja, das war schon ungewöhnlich. Ziemlich ungewöhnlich sogar, aber das hat nix geschadet, und der John hat auch überhaupt nicht in solchen Kategorien gedacht. Der fand das gut, wenn jeder seine Sache macht; er selbst wollte ja sowieso Film machen. Ich war sehr befreundet mit Sarah Moon, die zur gleichen Zeit zu fotografieren angefangen hat. Uns hat das einfach unglaublichen Spaß gemacht, und wir haben uns gegenseitig natürlich auch geholfen.

War es in Paris vorteilhaft, als Fotograf einen amerikanischen Akzent zu haben?

Semotan: Natürlich. Amerika ist ja schon der traditionelle Ort der Fotografie, dort war sie am meisten verbreitet. Dort gab's Galerien, dort gab's Bücher und dort gab's immer schon die Fotografen-Helden, die es bei uns nicht gegeben hat. Das wussten die in Paris noch besser als bei uns, deshalb war's gut, in Paris einen amerikanischen Namen zu haben. Aber hier war's auch gut.

Hat es Fotografen gegeben, deren Arbeit er geschätzt oder die ihn beeinflusst haben?

Semotan: Die Ersten, die ich mit ihm so kennen gelernt hab, waren Robert Frank, der ihm sehr imponiert hat, und Dorothea Lange. Die klassischen amerikanischen Fotografen haben ihm eigentlich alle sehr gut gefallen. Er hat Fotografie gemacht, weil's relativ einfach war auch davon zu leben, aber im Grunde wollte er Filme machen.

Auch damals schon?

Semotan: Ja. Eigentlich wollte er das. Das war sein Ziel.

Wegen der Lust am Geschichten erzählen oder warum?

Semotan: Ich glaub, das war einfach die Art wie

sein Kopf funktioniert hat: eben mit Geschichten und Inhalten, mehr als nur mit Bildern. Mode war ihm ja eigentlich völlig egal, da mussten sich immer andere Leute drum kümmern. Es hat in England und in Frankreich damals ja schon Stylistinnen gegeben; bei uns nicht, um so was hab ich mich dann gekümmert. Jedenfalls hat er davon gar nix verstanden, das war ihm egal.

Gleich nach Ich schaff's einfach nimmer *haben Sie gemeinsam noch einen zweiten Film angefangen. Arbeitstitel war* Portrait eines Modells, *das klingt, als wär's ein guter Film geworden …*

Semotan: Sicher, wenn's fertig geworden wäre. Da hat er ganz einfach drauflos gefilmt, bruchstückhaft, und wollte das im Lauf der Arbeit erst zu einem Ganzen weiterentwickeln. Aber da ist dann eben unsere Trennung dazwischen gekommen.

Wovon haben sie zu dieser Zeit eigentlich gelebt?

Semotan: Er hat gearbeitet, ich hab gearbeitet, und außerdem war er ja vermögend. Seine Familie hatte Geld, aber das hat er äußerst diskret behandelt, weil es für ihn selbst nicht zu seinem Bild gepasst hat.

Er hat sich in dieser Bohemien-Rolle also schon auch ein bisserl gefallen?

Semotan: Ja, das war wirklich seine Rolle. Es war möglich, zu leben, ohne dass man sich wirklich jeden Groschen hart erarbeiten musste. Anders hätte er ja diese Filme auch gar nicht machen können. Hoffentlich hab ich jetzt nicht einen Mythos zerstört.

~

Also seine Bildsprache, die war da

Gespräch mit Helmut Boselmann (4.11.2005)

Der schwierigen Rolle, die er als Darsteller in *Langsamer Sommer* übernommen hat, versuchte Helmut auch im Leben gerecht zu werden: Es ist die von Johns „bestem Freund", und obwohl sie nach ihrer Zusammenarbeit bei *Artischocke* ein Zeit lang getrennter Wege gingen, währte diese Freundschaft später weiter fort.

Bevor er sich Anfang der Neunzigerjahre selbständig machte und in Wien-Neubau sein eigenes Geschäft eröffnete (In-Focus), arbeitete Helmut Boselmann als Fotoverkäufer, lieferte Helmut Zenker und Peter Patzak die zündende Idee für so manche Folge der österreichischen Fernsehserie *Kottan ermittelt* und fing schließlich auch selbst zu fotografieren an.

Michael Omasta: *Wie haben Sie denn John Cook kennen gelernt?*

Helmut Boselmann: Ich hab bei Foto City gearbeitet in der Kärntner Straße. Eines Tags, es muss 1971 gewesen sein, ist er zusammen mit der Elfie

Semotan ins Geschäft hereingekommen und hat sich wegen einem Fotopapier erkundigt. Ich bin grad von Amerika zurück gewesen, und so haben wir Englisch geredet. Er hat erzählt, dass er Fotograf ist und einen Film dreht. Wie der dann in der Fertigstellung war, hat er mich eingeladen, da hab ich bei ihm z'Haus den Rohschnitt von *Ich schaff's einfach nimmer* gesehen. Das hat mich sehr fasziniert, wie der einfach einen Film macht, und so ist zwischen Kunde und Verkäufer dann rasch eine Freundschaft entstanden.

Das klingt, als hätte er längere Zeit an dem Film geschnitten; waren Sie auch bei der Premiere dabei?

Boselmann: In der Albertina, ja. Da hat's angefangen. John Cook, total nervös. Nein, er kann da jetzt unmöglich still drin sitzen bleiben. Rennt in den Augustinerkeller nebenan und leert ein paar rote Spritzer runter. Ich soll dann rüberkommen und ihm sagen, wie die Stimmung ist. Nachdem ich den Film vorher nur am Schneidetisch gesehen hab, bin ich drinnen geblieben und erst fünf Minuten vorm Schluss hinüber. Steht er dort gemütlich im Lokal und redet mit alle möglichen Leut. Sag ich: John, dein Film ist grad aus, das Publikum applaudiert! Schließlich ist er mitgegangen, vor die Tür, und hat gehorcht, ob's den Leuten wirklich gefallen hat.

Dann war Langsamer Sommer. *Wie hat er Sie dazu gebracht, dass Sie eine der Hauptrollen übernehmen?*

Boselmann: Film hat mich interessiert, der John hat mich also net lang überzeugen brauchen. Dadurch, dass wir so ein kleines Team gewesen sind, haben wir immer wechseln müssen, je nachdem, wer grad frei war: Spielen der John und ich, macht der Michael die Kamera, ist der Michael auch drauf, macht die Susi die Kamera. Licht aufstellen, passt, und dann wird gedreht. Der John hat damals für seine Zeit einen Meilenstein gelegt mit *Langsamer Sommer.* Er hat gezeigt, was man mit diesen ganz einfachen Mitteln, mit denen wir da gearbeitet haben, alles machen kann. Es war eine schöne G'schicht und ich steh noch immer hinter dem Film.

Cook hat nie eine Filmschule besucht, er war Autodidakt. Ihr technisches Know-how kam da vermutlich nicht ganz ungelegen?

Boselmann: John hat die Bilder gesehen. Also seine Bildsprache, die war da. Er hat gesagt, so, die Kamera stellen wir dort hin, weil den oder den Ausschnitt möcht ich haben. Dann ist er neben der Kamera gestanden, hat geschaut, ob der Ablauf passt, dass man net aus dem Bild rausmarschiert und so weiter. Eigentlich hat man selber dann nur mehr auf den Auslöser drücken müssen. Er war also nicht nur Regisseur, sondern jede Kameraeinstellung war seine Kameraeinstellung. Wenn du bei dem Film einen einzelnen Kader herausnimmst, dann ist das ein fertiges Bild. Ich hab irrsinnig viel von John gelernt, vor allem über das Licht, dass man auch mit ganz bescheidenen Lichtmitteln sehr viel machen kann.

Haben Sie beim Drehen viel geprobt?

Boselmann: Bei einzelnen Szenen, ja, da hat's manchmal acht bis zehn Durchläufe gegeben, bis er das gekriegt hat, was er wollte. Er hat ein Wahnsinnstalent gehabt, einen Menschen, der net sauer ist, sauer zu machen, dass er aggressiv wird in einer Szene, wenn er's braucht. Da ist geprobt worden und geprobt, bis die Türen geknallt haben. Das aus Laiendarstellern herauszuholen ist natürlich irrsinnig schwierig. Ich weiß noch die eine Szene, wo der John, die Eva und der Michi mit dem Taxi fahren. Das war ein echter Taxifahrer, den er engagiert hat, aber der war ihm viel zu sanft und John hat ihn dieselbe Strecke noch einmal und noch einmal fahren lassen, bis es dem endlich zu blöd geworden ist und er sie aus dem Wagen geschmissen hat.

Das hätte ich nicht gedacht. Langsamer Sommer *macht den Eindruck, als wäre da locker vor sich hin improvisiert worden, grad auch in den Szenen mit Eva Grimm.*

Boselmann: Die ursprüngliche Idee war eine andere. Das kurze Treatment, das beim Ministerium eingereicht worden ist, war noch ganz eine andere Geschichte. Es sind viele Sachen halt erst beim Drehen entstanden. Eva Grimm war damals in Wien ein Fotomodel, die war *das* Haarmodel schlechthin. John hat sie gekannt und als Model verwendet gehabt bei den Plakaten, die er für Römerquelle gemacht hat. Eva hat in dem Film mitspielen müssen, also hat er eine Rolle für sie eingebaut. Schwierig war halt, dass wir nicht chronologisch haben drehen können und sich alles über längere Zeit erstreckt hat. Zuerst gab's die Szenen am Lugeck und im Stadtpark, wo sie lange Haar hat. Irgendwann, mittendrin, ist sie zum Dreh gekommen und hat auf einmal Schneckerl gehabt. Also haben wir rasch improvisieren müssen und diese Geschichte erfunden: dass sie einen Pepi aufhat, weil sie bei einem Fototermin am nächsten Tag mit kurzen Haaren arbeiten muss.

Eine der witzigsten Szene finde ich die, in der sich John und Michael gemeinsam „Walk on the Wild Side" anhören, weil Michael keine Platte von James Brown hat.

Boselmann: Für damalige Verhältnisse war sein Musikgeschmack ziemlich extrem. John hat immer LPs aus Kanada mitgebracht, die man bei uns oft noch gar nicht bekommen hat, manchmal auch so Sprechplatten; er war ein

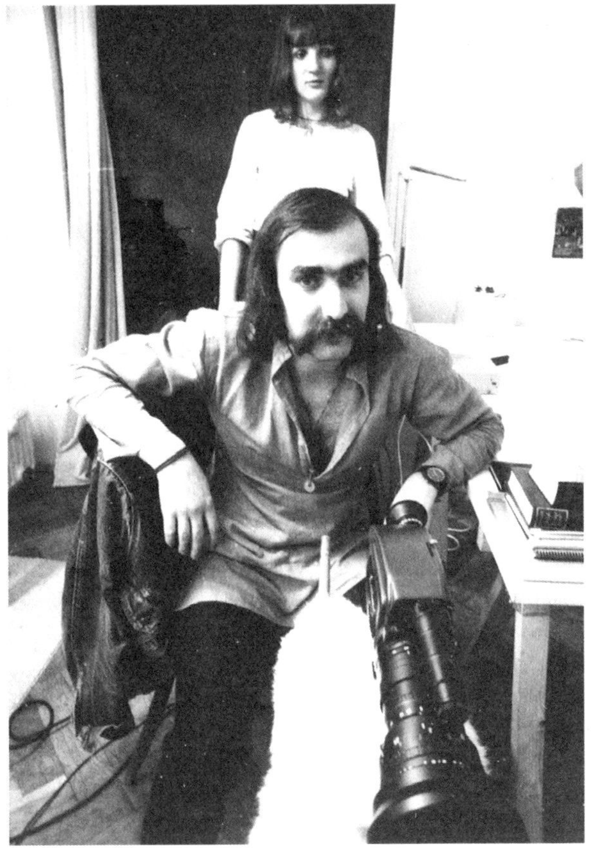

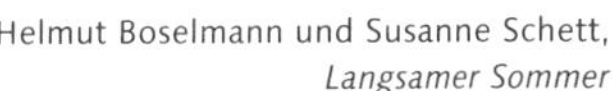

Helmut Boselmann und Susanne Schett,
Langsamer Sommer

irrsinniger Fan von Bill Cosby, die hat er dreimal hintereinander durchgespielt. Eins seiner Lieblingslokale war das Café Lugeck und in der Nacht sind wir halt ins Montevideo gegangen, in der Annagasse. Das war das einzige Lokal, wo sie James Brown aufgelegt haben, die lange Version von „Sex Machine". Der war sein absoluter Hero, deshalb kommt das im Film auch vor: „I want James Brown."

Sie haben auch bei den folgenden beiden Filmen mitgearbeitet; bei Schwitzkasten *haben Sie die Standfotos gemacht,* Artischocke *basiert auf einer Geschichte von Ihnen und Sie spielen auch wieder mit …*

Boselmann: Jeder, mit dem John bekannt war, hat auch irgendwo mitspielen müssen. In *Langsamer Sommer* hat meine Mutter mitspielen müssen, in *Schwitzkasten* meine beiden Eltern und in *Artischocke* dann wieder ich. Auch die Wohnung, in der John und ich uns den Super-8-Film anschauen, war die meiner Eltern; sogar die Tapeten sind da authentisch. Der zweite Film war dann die Verfilmung von *Froschfest* von Helmut Zenker, der leider auch nimmer unter uns weilt. Das war auch wieder eine schöne Zusammenarbeit, die sich dann später noch weiter ausgewachsen hat, weil: Schreiben hat der Helmut nämlich können.

Haben Sie zusammen am Drehbuch von Artischocke *geschrieben?*

Boselmann: Das hat alles sehr rasch gehen müssen, wegen der Einreichung für eine Filmförderung, nur hat weder der Helmut noch der John eine G'schichte gehabt. Ich bin mit dem John in der Wiedner Hauptstraße im Kaffeehaus gesessen und hab ihm von einem Erlebnis mit einer Französin erzählt. Hat er gesagt, aufhören, nach Haus, auf Tonband aufnehmen, der Helmut muss sofort herkommen. Das war, glaub ich, am 28. März, und am 31. ist das fertige Treatment eingeschickt worden. Der Helmut hat dann halt seine Sachen noch dazugeschrieben, zum Beispiel die Geschichte mit der Zeitung, dass die Hauptfigur bei einer Zeitung arbeitet und so. Das hab ich zwar nicht getan, aber die Grundstory, die ja meine eigene Geschichte war, die ist schon geblieben.

Ja? Warum heißt es im Vorspann dann „nach einer Erzählung von Helmut Maria Boselmann"?

Boselmann: Beide, der John und ich, mochten den Klaus Maria Brandauer net. Deshalb haben wir gesagt, also gut, nach einer Erzählung von Helmut Maria …

Der erste Teil des Films hat mir schon immer besser gefallen als der zweite, der in Frankreich spielt, vor allem die Szenen im Böhmischen Prater.

Boselmann: Das war typisch Helmut Zenker, dort war er z'Haus. Er hat richtig in Bildern geschrieben; da kannst mit dem Film net woanders hin, da musst in den Böhmischen Prater gehen.

In späteren Jahren hat sich John Cook sehr über den Produzenten beklagt und gemeint, es sei ein kapitaler Fehler gewesen, dass er sich mit „Profis" eingelassen habe. Inwiefern haben diese Schwierigkeiten die Dreharbeiten beeinflusst?

Boselmann: Dafür, dass wir auf 35mm gedreht haben, war nur ein sehr beschränktes Budget da. Man muss von vornherein aufpassen, dass möglichst viel ins Material hineinfließen kann. Es hat lautstarke Auseinandersetzungen mit dem Produzenten gegeben, weil der ihm zeitweise den Geldhahn abdrehen wollte. Da weiß ich, dass der John und der Michael Wolkenstein sich Schreiduelle geliefert haben, die man von der Kirchengasse bis am Stephansplatz gehört hat. Für mich war das rote Tuch so ein Produktionsleiter, der die meiste Zeit über im Porsche mit seiner Freundin spazierengefahren ist. Das hab ich mies gefunden, diese Einstellung, und das war auch der Grund, dass ich dem John immer zugeredet hab: Du bist der Captain, bitte, du musst das jetzt zusammenhalten, sonst geht der ganze Film unter. Es hat also schon ein angespanntes Verhältnis geherrscht beim Drehen, die Stimmung im Team war nicht besonders gut. Dazu gab's dann noch private Geschichten, die auch nicht sehr günstig verlaufen sind. Ich glaub, ein anderer hätt irgendwann wahrscheinlich die Nerven weggeschmissen, aber der John hat dann seine ganze Energie aufgewendet und diesen Film doch noch rübergebracht.

Für etliche der Beteiligten war Artischocke *ein wichtiger Karriereschritt.*

Boselmann: Gar keine Frage, viele Leuten haben durch ihn die Chance bekommen, etwas zu machen im österreichischen Film. Danny Krausz, zum Beispiel. Auch der Michi Riebl. Ich hab den John später einmal gefragt, warum er ihn eigentlich in der Hauptrolle besetzt hat, drauf sagt er: „Du, der hat ausgeschaut wie der Björn Borg." Damals hat der John grad leidenschaflich gern Tennis gespielt.

Gibt es so etwas wie eine Lieblings-Cook-Geschichte?

Boselmann: Hunderte. Was net schlecht war, bei *Schwitzkasten* wollt der John ein Buffet machen: Chili con Carne. Er hat natürlich keine Ahnung davon gehabt, kauft sich einen Topf, fünfzig Liter oder so, gut. Sag ich: John, du weißt eh, dass es mit Chili so ist wie mit dem Gulasch von meiner Großmutter. Damit's richtig schmeckt, wird's am Tag vorher gekocht, dann bleibt's über Nacht stehen, aber ohne Deckel, weil dir der sonst um die Ohren fetzt. Ja, ja, ja. Um drei in der Früh läut' bei mir das Telefon: Helmut, der Topf ist explodiert, was mach ma jetzt? Das war so „typisch John" in seinem chaotischen Dasein; die Kuchel hat er neu ausmalen müssen, aber man hat ihm manchmal net bös sein können.

~

Ich hab schnell Feuer gefangen an der Sache

Gespräch mit Michael Pilz (4.11.2005)

Michael Pilz ist einer der wesentlichen Protagonisten des österreichischen Films, obwohl er mit dieser Bezeichnung, „österreichischer Film", vermutlich bis heute nicht wirklich etwas anfangen kann. Kompromisse, davon zeugt sein gewaltiges Werk, fallen ihm schwer, und als sein eigener Produzent hat er gelernt, gut auch ohne sie zu auskommen. *Himmel und Erde* (1979–82), *Feldberg* (1987–90), *Was übersetzt ist noch nicht angekommen* (1996), *Windows, Dogs and Horses* (2006): vier wichtige Stationen in seiner Karriere, mehr noch, vier wichtige Filme – und dazwischen Dutzende andere mehr.

Neben seinem eigenen Filmemachen hat Pilz befreundeten Kolleginnen und Kollegen bei ihrer Arbeit oft und gerne weitergeholfen. So auch John Cook bei *Langsamer Sommer*, bei dessen Entstehung er vor und hinter der Kamera eine der treibenden Kräfte war. Das Gespräch wurde gemeinsam mit Olaf Möller geführt.

Michael Omasta: *Ihre allererste Begegnung mit John Cook fällt mit dem Ende seiner ersten Karriere zusammen. Warum hat er das Fotografieren seinerzeit aufgegeben?*

Michael Pilz: Das war für den John damals vorbei, und zwar aus ganz eindeutigen Gründen, wegen dem, was er als Fotograf in Frankreich mit den Models und so erlebt hat. Er hat gesagt, das ist so ein knochenharter Job, der macht die Mädel nur kaputt, dass er einfach aussteigen wollte. Die ganze Branche, der Zynismus der Werbebranche, hat ihn überhaupt nicht mehr interessiert. Er wollte weg aus Paris, einen Schlussstrich ziehen, und ist zusammen mit der Elfie Semotan nach Wien gekommen. Ich hab den John, glaub ich, 1973 über Christian Reder kennen gelernt, meinen besten Jugendfreund. Der hat mir eines Tags gesagt: Du, es gibt da einen Kanadier, den John Cook, der ist sehr interessant, und ich glaub, der könnt zu dir passen. So war's dann auch. Wir haben uns getroffen und schnell verstanden. Wir waren halt irgendwie auf derselben Linie. Das letzte Mal, dass er mit Werbung zu tun hatte, war bei der GGK, für die ich damals getextet hab. Dann haben wir die Römerquelle gekriegt und dieses Sujet entwickelt, das eigentlich heut noch immer plakatiert wird. Da hats einen Staatspreis gegeben, aber mit Fotografie hat er nix mehr am Hut gehabt. Wir haben uns auch kein Copyright gesichert, sondern waren froh, dass wir ein bissel Kohle hatten.

Was genau meinen Sie, welche Interessen haben Sie gemeinsam verfolgt?

Pilz: Ich hab schnell Feuer gefangen an der Sache, die er gelebt und vorgetragen hat, das hat mir einfach getaugt. John hat einen anderen Wind hereingebracht. Ich hab da in der Stadt eh immer Probleme mit den Filmschaffenden oder depperten Strukturen gehabt und rasch gemerkt, dass wir auf demselben Trip waren. Richard Leacock hat am MIT eine Abteilung für Super-8 gehabt, die eine eigene Zeitung verlegt hat, was man sich alles für Geräte besorgen kann und so weiter. Das hat den John interessiert, da haben wir gut kooperieren können und viele Sachen ausprobiert, Video, Super-8, alles Mögliche ... Es war zu der Zeit schon der Anfang von dem Wickel mit der Elfie, die einfach alle Leitungen gekappt hat, und der John wollte dann sehr schnell etwas machen. Das war eigentlich klug von ihm, dass er sofort zu arbeiten angefangen hat. Seine ganze Wut ist in die Arbeit gegangen, er hat sie nicht in sich hineingefressen, sondern rausgeschaufelt, wie's nur gegangen ist. Wir haben dann verschiedene Ideen gewälzt, wie man das Material, das er von der Elfie gehabt hat – Videos und Fotos und weiß ich was alles –, verwenden könnte. Es war eine sehr persönliche, eine ganz subjektive Geschichte, die er machen wollte.

Aus diesem unvollendeten Portrait eines Modells *hat sich dann* Langsamer Sommer *entwickelt?*

Pilz: Genau, obwohl wir im Endeffekt überhaupt nichts von dem Material verwendet haben. Etwas, das der John von Anfang an gesagt und mir auch sehr getaugt hat, war: möglichst unabhängig von den Strukturen hier und von so genannten Professionisten arbeiten. Sehr zum Ärger der Filmförderung haben wir uns nur Leute ausgesucht, die nichts mit der Branche

John Cook & Michael Pilz
Halbgasse 7/34
A-1070 Wien
Austria
Europe

To
Mr. Richard LEACOCK
Massachusetts Institute of Technology
Cambridge
U.S.A.

Vienna, 11-9-73

Dear Mr. Leacock,

We are independant professional film makers and we are very interested in the work you have been doing recently with Super 8. There is at the moment a strong possibilty that the Austrian TV could be convinced to accept serious documentary films if they were made in Super 8 to a <u>high quality standard</u>.

The basic problem is the marriage of sound and picture as usual, and you apparently know more about these things than anybody else. This is a lot to ask - but is there any easy way to pick your brains? Do you knowof any excellent complete(and preferably European or Japanese) camera and sound systems on the commercial market? And what about crystal sync - or a converted 16mm crystal sync arrangement?

There are too many questions in the end. Still we would be very obligedfor any and all information that you can give us... or source of complete information which you could direct us to.

I hope we are not asking you for the impossible --in any case thank you for your time.

Yours sincerely,
John Cook

Brief an Richard Leacock, ein Antwortschreiben ist leider nicht überliefert

Hilde, Miriam und Katharina Pilz

zu tun hatten. Nach eineinhalb, zwei Jahren hat sich das ganze Projekt dann so weit verdichtet, dass wir gesagt haben: Okay, wir drehen jetzt mit der Beaulieu, machen den Ton mit einem gewöhnlichen Kassettenrekorder – so hatschert das ist, irgendwie wird's gehen. So einen Anspruch auf „Professionalität", den hat der John nie gehabt, schon gar nicht den Anspruch, der damals gegolten hat. Er wollte da ganz woanders hin. In der Schlussphase, wie es um ein Blow-up auf 35mm gegangen ist und darum, den Ton halbwegs zu synchronisieren, erst dann haben wir uns bei der Filmförderung angestellt.

Woraus hat Cook seine Ideen über Film entwickelt? Ist er viel ins Kino gegangen, ins Filmmuseum zum Beispiel?

Pilz: Wir waren ein paar Mal gemeinsam im Filmmuseum, aber im Gegensatz zu mir war er sicher kein Stammkunde dort. Ich hab eher den Eindruck, dass er eigentlich net so oft ins Kino gegangen ist. Es hat ihn mehr interessiert, was er selber macht. Er hat ja nach einer anderen Form gesucht, nämlich seiner Form, da hätten ihn andere Filme wahrscheinlich eher irritiert. John hat einfach ganz ein anderes Herangehen an die Realität gelebt, deshalb haben wir uns nach meinem Dafürhalten auch sehr gut verstanden: Weil er was anderes gesehen hat – und weil er's anders gesehen hat.

Es ist zum Teil ein sehr hartes Bild, das der Film von Ihnen und Cook zeigt. Hatten Sie beide damals so ein gebrochenes Verhältnis zu sich selbst?

Pilz: Das war die Differenz, die der John zu diesem Wienerischen hatte. Er hat oft gesagt, bis München halt' er's ja grad noch aus, aber in Wien hat ihn das „Slawische" überschwappt, da sauft sich jeder nieder und jeder plärrt und ist so wehleidig. Das hat er nur ganz schwer ausgehalten und schon auch thematisieren wollen: Wie man sich selber fertig macht. Damit haben wir bewusst gespielt, so zum Beispiel, wenn ich ihn bei mir daheim frag: „Willst a Musik hör'n?". Und er: „Ja, ‚Walk on the Wild Side'." Und drauf sag ich, gut, das hab ich grad da, brauch ma wenigstens net nach New York fahren … Ich mein, eine gewisse Larmoyanz hat er durchaus gepflegt. Er hat sich gern eine Kiste Bier gekauft und weggetrunken. Ich bin kein Bier-Trinker, nie gewesen, mir war das eher unheimlich.

Inwieweit hat dieses leicht angespannte Verhältnis, das im Film ja ziemlich witzig dargestellt ist, auch eine reale Situation widergespiegelt?

Pilz: Ich war damals 31 Jahre alt, 32, und sowohl privat als auch was meine Arbeit betroffen hat in einer Phase des Suchens, des Herauskommenwollens. Während des Drehens hat es dann, zumindest meinerseits, zunehmend eine Konkurrenz gegeben.

Wir waren gute Freunde, haben uns täglich getroffen und dann hat er auf einer Party die Susanne Schett kennen gelernt. Natürlich hat er mit ihr bald mehr Zeit verbracht als mit mir. Sie hat sich sozusagen zwischen unsere Freundschaft gezwängt, und auf das war ich eifersüchtig, zudem er sie dann, und das fand ich unfair, noch so weit in die Produktion hineingehievt hat, dass sie mit ihm zusammen den Schnitt macht. Da bin ich bös geworden, und das war auch später leider nicht mehr wirklich reparabel. Ich hab ihm über die Jahre immer wieder einmal Material oder einen Brief geschickt nach Südfrankreich, aber da hat er nie drauf reagiert.

Wie hat sich die offizielle Rollenverteilung schließlich ergeben? Langsamer Sommer, *ein Film von John Cook, in Zusammenarbeit mit Susanne Schett …*

Pilz: Das war ein schwieriger Prozess, aber der John hat absolut darauf bestanden. Schließlich hab ich gesagt: Okay, ich versteh das mit der Susi, so ein guter Freund bin ich, dass ich dir das nachsehen kann. Und ich find den Film ja lustig. Wir haben den gespielt im Action-Kino auf der Lerchenfelder Straße. Ich war jeden Abend dort, die Leute haben diskutiert, manchmal auch bis um zwei in der Früh.

Das heißt, die Rolle des Produzenten wurde nachträglich für Sie erfunden?

Pilz: Das ist im Nachhinein verbalisiert worden, ja, aber ich hab schon vorher diese gewissen Produktionsgeschichten übernommen – die Organisation, das Finanzielle, die Einreichung und Abrechnungen mit dem Ministerium. Später haben wir uns den Purzl Klingohr noch als offiziellen Produzenten dazugeholt; der Grund dafür war, dass wir gesehen haben, der Film kommt an, den müssen wir jetzt auch an Festivals verschicken. Das war eigentlich mein Betreiben, weil der John hat eher gesagt: Na gut, wir haben den Film gemacht, machen wir den nächsten. Ich war da schon mehr dahinter, aber dafür haben wir ein Ursprungszeugnis gebraucht, weil sonst kannst den Film nicht exportieren. Das kriegst aber nur, wenn du eine Firma und Mitglied der Kammer der Gewerblichen Wirtschaft bist. Dass der Purzl als „ausführender

Produzent" zeichnet, war also nur ein Formalakt, aber ich hab für mich immer Wert drauf gelegt, dass die „Credits" einigermaßen der Realität entsprechen. Es hat ein jeder von uns Kamera gemacht, Ton gemacht; beim Schnitt war's tatsächlich so, dass der John daheim gesessen ist und verschiedene Leute dazu eingeladen hat. Er hat ständig so Previews gemacht und diskutiert und sich angehört, was die Leute davon halten. Das hat er gemocht. Eigentlich war er ein Mensch, der eine große Familie wollte, dass man sich austauscht und wo man beinandsitzt und über alles Mögliche redet – natürlich auch über die Arbeit.

Kann man sagen, welchen Stellenwert dieser Film damals hatte?

Pilz: Also das im Action-Kino war super, das war jeden Tag bummvoll. Aber so die Branche, denen war das ziemlich egal, was wir da gemacht haben, die haben sich überhaupt nicht interessiert. Es hat einzelne Leute gegeben, die ihn schätzten. Peter Konlechner, als Freund von John und Mensch mit weitem Horizont, hat sehr früh erkannt, was da fertig wird; Herbert Holba, Bernhard Frankfurter, aber das waren die Ausnahmen. Natürlich haben sich die Leut aus der Branche oder so, die geglaubt haben, sie haben mit Film irgendwas zu tun oder kennen sich aus, irrsinnig an diesem grobkörnigen Schwarzweiß gestoßen: unscharf, asynchron, da stimmt ja was net! Diese nachsynchronisierten Gschichten, die waren schon wild. Wir haben irgendein halbkaputtes Mikro auf einen Tisch gestellt; einer von uns hat immer am Fenster stehen bleiben müssen und aufpassen, dass in der Sonnenfelsgasse net grad ein Auto vorbeifahrt: Jetzt geht's! Sag den Satz! Drei-, vier-, fünfmal, länger, kürzer und so. Und dann war das auf der Kassette drauf. Das ist ein Film, bei dem gibts keine Perfo-Mischung. Wir haben die Mischung am Tonband gemacht, über Nagras, also mit wirklich russische Methoden, aber das war uns vollkommen egal. Und da haben sich die Leut schon echauffiert. Ich hab *Langsamer Sommer* dann ziemlich rasch dem ORF angeboten – die haben das in den Keller rasseln lassen, das war überhaupt kein Thema. Als ich zehn Jahr später ein bissel mit dem Wolfgang Ainberger zu tun gehabt und ihm das nochmals angeboten hab, da hat er mir zurückgeschrieben, ganz lakonisch: Also, bitte, wir sind inzwischen technisch viel woanders. Inzwischen könn' ma scharfe Büldeln machen.

~

Er war unerhört schnell im Kopf

Gespräch mit Susanne Schett (15.11.2005)

Cutterin Susanne Schett gehörte zu John Cooks engsten Vertrauten. Zusammen mit Eva Grimm stand sie ihm Modell bei einer Kampagne für Römerquelle, danach hat sie an vier seiner fünf Filme mit ihm gearbeitet. Nach dem Scheitern von *Brömmer oder Die weite Reise* führte ein Engagement sie nach Berlin, wo sie seit 1987 lebt. Schett hat unter anderem bei Filmen von Käthe Kratz (*Atemnot*), Peter Patzak (*Kottan ermittelt*) und Peter Keglevic (*Der Bulle & das Mädchen; Der Skipper*) sowie mehreren deutschen Fernsehspielen den Schnitt gemacht.

Michael Omasta: *Stimmt es, dass Sie durch John Cook und* Langsamer Sommer *zum Film gekommen sind?*

Susanne Schett: Ja, damit hat das für mich angefangen. Ich war Schauspielerin bis dahin und sehr frustriert zu dem Zeitpunkt, als wir uns kennen lernten. Es war eine wunderbare Gelegenheit, etwas anderes zu machen. Film hat mich schon immer interessiert und es war wirklich ein Geschenk, dort einsteigen zu können.

Wie haben Sie sich kennen gelernt?

Schett: Das war bei einer ganz dämlichen Party, die Art von Großparty, zu der weder er noch ich normalerweise jemals hingegangen wären. Dort sind wir ins Gespräch gekommen. Ich bin in den Staaten aufgewachsen und so haben wir uns ziemlich bald auf Englisch unterhalten. Das hat der John, glaube ich, sehr genossen, weil es seine Muttersprache war und er sich darin halt am besten ausdrücken konnte.

War das Stottern ein Handicap für ihn?

Schett: Ein großes. Er hat mir ganz am Anfang gesagt: Ich bitte dich eines, versuch nie einen Satz für mich zu beenden, das macht mich wahnsinnig. Und das hab ich mir auch gar nicht erst angewöhnt. Es war ein großes Handicap, Sie können sich das vorstellen. Anlässlich von *Schwitzkasten,* zum Beispiel, hätte er fürs Fernsehen ein Interview geben sollen, und allein die Stresssituation mit der Kamera verschlimmerte es sofort. Das hat ihn sehr beeinträchtigt. Nicht im Privaten, im ganz Privaten, aber ich mein, es ist durchaus auch passiert, dass die Trafikantin bei uns im Haus mit ihm wie mit einem Volltrottel gesprochen hat, als sie das Stottern zuerst bemerkte. Das hat schon genervt.

Hatte das mit der Schulzeit zu tun oder mit seiner Familie?

Schett: Schwer zu sagen. Er hatte eine knallharte, britisch orientierte Schulbildung, wurde ganz früh, mit sieben Jahren, glaub ich, in ein Internat gesteckt mit Militärdrill und Kirche und diesem ganzen Tralalala. Dort ist er auch einmal von einem Pfaffen belästigt worden, drum hatte er auf die Kirche später eine Riesenwut. So wie der John mir das erzählt hat, war er halt ein zartes Kind und sein Vater hatte das Gefühl, aus dem muss man einen „Mann" machen. Kann sein, dass es noch andere Ursachen gab, aber das weiß ich nicht: John hatte einen Zwilling, der bei der Geburt gestorben ist. Ich weiß nur, dass seine Eltern ihm alles an Therapien haben zukommen lassen, was damals möglich war, und das hat alles nichts genützt.

Wenn man sich ansieht, wie er Mitarbeiter für seine Filme rekrutiert hat, so dürfte er trotz dieses Handicaps nicht grad ein schüchterner Mensch gewesen sein. Hat er schnell Freunde gefunden?

Schett: Erstens das, denn er war ein sehr humorvoller Mensch. Das war er wirklich, ich hab selten mit jemand so viel gelacht wie mit ihm. Und zweitens war er unerhört schnell im Kopf – was Leuten, die ihn nicht gut gekannt haben, wegen des Stotterns vielleicht oft nicht bewusst wurde. Er war wirklich sehr vif, sehr offen, sehr sensibel für Menschen, für Stimmungen. Später, bei der *Artischocke,* sagen wir, da wurden ja durchaus normale Castings gemacht. Aber selbst da wars dann so, dass aus manchen dieser Arbeitsbeziehungen sehr schnell Freundschaften wurden – und bis auf wenige Ausnahmen waren es lebenslange Freundschaften.

Sie waren bei vier der fünf Filme von John Cook mit dabei. Was ist Ihnen von dieser Arbeit am stärksten in Erinnerung geblieben?

Schett: Die sehr angenehme Arbeitsatmosphäre. Sicherlich mag das für Leute, die schon in dem Geschäft waren, nicht immer ganz einfach gewesen sein, weil er viele Sachen ganz spontan, aus dem Bauch heraus, entschieden hat. Wenn er beim Dreh das Gefühl hatte, dass etwas nicht so funktionierte, wie er sich's ursprünglich dachte, hat er durchaus auch mal blitzschnell improvisiert, und da ist nicht jeder unbedingt mit Begeisterung dabei. Was, denke ich, ganz wichtig ist: Er war ein Humanist. Ich glaube, dass sich der John die Menschen, mit denen er gearbeitet hat, immer schon daraufhin ausgesucht hat, dass eine gute zwischenmenschliche Beziehung da ist. Er mochte die Figuren, die er inszeniert hat, und genauso die Menschen, mit denen er gearbeitet hat. Am meisten gelangweilt im Kino hat ihn das Vorhersehbare, sowohl, was die Struktur eines Films anbelangt als auch das Wissen, wenn dieser oder jener Star mitspielt, dann wird diese Figur garantiert nicht nach fünf Minuten umgebracht. In derlei Schablonen zu denken, lag ihm überhaupt nicht, deshalb hat er sich immer Laiendarsteller gesucht, mit denen er realisieren konnte, was er im Kopf hatte; dabei war's ihm eben sehr wichtig,

John Cook und Susanne Schett beim Dreh von *Langsamer Sommer*

dass da auch möglichst viel Persönliches hereinkommt.

Angeblich gab es bei Schwitzkasten, *wo Sie allein für den Schnitt zeichnen, fast zwanzig Stunden belichtetes Material. Inwiefern haben Sie da auch inhaltliche Positionen eingebracht?*

Schett: Weiß ich gar nicht mehr. Ich glaube, wir hatten ein Drehverhältnis von 1:8 oder 1:10, wie es damals noch durchaus üblich war. Wir waren so knapp, für mehr hätten wir gar nicht Geld gehabt. Wir hatten zum Beispiel keinen Filmarchitekten und haben die Kostüme, die Motive und alles selber gesucht und zusammengestoppelt. Was die Arbeit betrifft, bin ich es sowieso gewohnt, dass ich den „ersten Rohschnitt" allein mache, der sozusagen dann als Diskussionsgrundlage für alles Weitere dient. Ich denke schon, dass ich da Sachen von mir aus beigesteuert hab, weil's nach meiner Erfahrung immer so ist, dass man im Schneideraum gewisse Nuancen herausholen kann, die beim Drehen vielleicht gar nicht mal so vorrangig erschienen sind. Aber die Geschichte, ihr Aufbau, die Ellipsen, da möcht ich jetzt nicht für mich in Anspruch nehmen, dass ich den John auf irgendwelche großartigen neuen Ideen gebracht hätte. Das war sein Ding, auf alle Fälle.

Wie würden Sie die Position von John Cook als Filmemacher in Österreich damals beschreiben?

Schett: Fällt mir nicht ganz leicht, das zu sagen. Von den ganzen Filmemachern, zum Beispiel, mochte er den Peter Patzak sehr gern, was möglicherweise einfach deshalb zustandekam, weil sie beide mit dem Helmut Zenker zusammengearbeitet haben. Das war ein kollegiales Miteinander, wenn die sich trafen, und wir haben auch ein paar Abende zusammen verbracht, Patzak mit Frau, John und ich. Ansonsten gab's, meiner Erinnerung nach, aber kaum nennenswerte persönliche Beziehungen zu Leuten aus der Branche. Er hatte mit der Szene einfach nichts am Hut. So einen Stil, wie ihn der Novotny kultiviert hat, dieses Exaltierte und Exzentrische, lehnte er für sich selbst vollkommen ab. Diese ganze Welt ist ihm, wahrscheinlich grade weil er die *swinging sixties* als Modefotograf in

Paris und London ja miterlebt hat, echt tierisch auf die Nerven gegangen.

Spätestens bei Artischocke *hat er doch mit der Branche zu tun bekommen, und prompt erwies die Produktion sich als nicht ganz einfach. Hat man den Stress bei den Dreharbeiten gespürt?*

Schett: Allerdings. Ich kann mich an eine Szene erinnern, eine Bettszene, wo er sehr unglücklich war, wie das lief. Irgendwie kam nicht die Stimmung auf, die er sich vorgestellt hatte, und da gab's dann eine Situation, wo er das ganze Team aus diesem Hotelzimmer rausgeschickt hat: „Halbe Stunde Pause, ich muss jetzt nachdenken, irgendwas muss mir noch einfallen." Das ist halt so eine Sache, wenn ein abgebrühter Aufnahmeleiter so etwas hört, geht der im Karree. Ganz schwierig war auch die Schlussszene, da wollte der John eine ganz bestimmte Abendsonnenstimmung haben, aber irgendwie hat das Licht nie gestimmt. Also das waren schon Momente, wo Stress aufkam, was bei den vorherigen Filmen und den noch kleineren Teams so eben nicht der Fall war. Da hätte man gesagt: Leute, für heute packen wir zusammen, probieren wir's morgen noch einmal. Ich glaube, der John hat sich immer am wohlsten gefühlt, wenn er wirklich ganz intime Drehbedingungen haben konnte.

Insofern kann man nur spekulieren, was aus Brömmer *tatsächlich geworden wäre. Anscheinend war dieses Filmprojekt ja schon weit gediehen, denn 1982/83 gab es bereits eine Förderzusage über vier Millionen Schilling. Was ist dann passiert?*

Schett: Das ist das, worüber ich mich im Zusammenhang mit der österreichischen Filmförderung bis heute am meisten empöre, und das hängt alles an einer Person: und zwar dem damaligen Fernsehspielchef Szyszkowitz. Es gibt in diesem Gewerbe ja etliche nicht sehr anständige Leute, aber einem Menschen von so eiskaltem Zynismus bin ich sonst in meinem Leben überhaupt nie mehr begegnet. Auch mein Herzblut hing an dem Projekt. Ich war von Beginn an involviert, weil der John immer englisch geschrieben hat und ich verschiedene Drehbuchfassungen ins Deutsche übertragen hab. Wir haben also die Zusage von der Filmförderung gehabt, und dann ging es zum ORF, die ja auch immer zustimmen mussten. Und da hat der Herr Szyszkowitz das gekippt. Wir waren der Meinung, dass es ein ziemlich gutes Buch war, und völlig von den Socken: Dass es am ORF scheitern würde, hatten wir wirklich nicht erwartet. John hat also einen Termin gemacht und mich gebeten, ihn zu begleiten. Gut, ein paar Tage später dann sitzen wir dort in dem Büro und der John sagt, er hätte sehr gern gewusst, mit welcher Begründung das Buch abgelehnt worden sei, denn wenn's Dinge seien, die er unterschreiben könnte, wäre er auch bereit, Änderungen zu machen. Und, wollen Sie wissen, was der Szyszkowitz dazu gesagt hat? Schaun's, Herr Cook, wann Sie wie der Novotny im Gasthaus auf'n Tisch steigen und si ausziagn, dann wär'n Sie wer für uns – wenn nicht, dann nicht. Und der John wurde kreidebleich, wir sind aufgestanden und gegangen, und noch am Gang draußen hat er zu mir gesagt: Das wars, in dem Land da brauche ich mir nichts mehr zu erwarten, ich wandere aus. Na, jedenfalls, das ist passiert. Ich find's auch heute noch schade. Es wär ein Krimi geworden, ein guter Krimi.

Soweit ich weiß, hätte es die Geschichte eines Entrepreneurs vom Schlage eines Udo Proksch werden sollen.

Schett: Ja. Sie beschrieb die Karriere eines jungen Menschen, der in die Fänge der organisierten Kriminalität gerät und keinen Ausweg mehr findet: Wie er langsam, ganz subtil angefüttert wird, und plötzlich ist er dann mittendrin und hat sich keine Rechenschaft drüber abgelegt, was da mit ihm passiert. Ich fand es ganz eine tolle Geschichte.

Jahre später hat Cook in Frankreich noch einen letzten Film gemacht, José Manrubia Novillero d'Arles. *Sie werden im Nachspann als „Guest Editor" angeführt, ein sehr charmanter Titel …*

Schett: Das ist nun wirklich eine ungebührliche Verneigung, denn so bedeutend war mein Beitrag nicht. Ich kann mich erinnern, er hatte eine Beta-Cam und so auch ein Schnittgerät, an dem wir mal ein paar Stunden gemeinsam verbracht haben, ist aber ewig her und typisch John: Er konnte außerordentlich charmant sein.

Er war also schon auch ein „Frauenversteher"?

Schett: Oh, ja! Er war ein, wie soll ich sagen, ein Liebhaber der Frauen. Er hat mal erzählt, dass er ein etwas dickliches, nicht besonders hübsches Kind war, und dann als junger Mann, in der Pubertät, ganz schnell begriffen hat, dass er sich immer ein bisschen mehr würde bemühen müssen, um an diejenigen Frauen heranzukommen, die ihm gefallen haben. *(lacht)* Nein, also, er hat Frauen geliebt, ganz klar. Und ich finde, er hat auch viele unheimlich schöne Fotografien von Frauen gemacht.

Danke für das schöne Gespräch.

Schett: Gern. Ich vermisse den John sehr. Ich denke, alle seine Freunde vermissen ihn. Er hat wirklich eine Lücke hinterlassen. Sie können sich vorstellen, grad wenn man auch noch eine private Beziehung hatte und es möglich ist, daraus eine wirklich gute Freundschaft weiter aufrechtzuerhalten, dann spricht das doch auch sehr für ihn.

~

So eine Beobachtungsgabe haben nur ganz wenige
Gespräch mit Danny Krausz (9.11.2005)

Danny Krausz ist als Produzent österreichischer Erfolgsfilme weithin bekannt. Die frühen Arbeiten von Wolfgang Murnberger (*Ich gelobe*), Michael Glawogger (*Die Ameisenstraße*) und Stefan Ruzowitzky (*Die Siebtelbauern*) gehen ebenso auf das Konto der DOR Film wie der Boom an heimischen Kabarettfilmen (von *Indien* bis *Die Viertelliterklasse*) oder internationale Co-Produktionen wie *Schlafes Bruder* (Joseph Vilsmaier), *Sunshine* (István Szábo) und *Gripsholm* (Xavier Hutter). Weniger bekannt ist, dass Krausz sehr gut mit John Cook befreundet war und ihm dieser vor 25 Jahren seinen ersten Job beim Film verschaffte – genau genommen waren es deren sogar gleich mehrere.

Michael Omasta: *Was einen Film wie* Artischocke, *der weder besonders erfolgreich war noch als wirklich gelungen galt, nachträglich doch sehr interessant macht, ist, dass er ganz erstaunliche Folgewirkung entfaltet hat, indem er Karrieren, darunter auch die Ihre, mitbegründet hat. Wie sind Sie an John Cook geraten?*

Danny Krausz: Privat hab ich den John schon Jahre davor gekannt, sogar noch bevor er *Schwitzkasten* gemacht hat. Wir sind täglich im Café Krugerhof gesessen. Es gab eine Runde von ein paar Leuten – Helmut Boselmann war dabei, Susanne Schett, der Georg Prohaska, der ums Eck bei Turkish Airlines gearbeitet hat –, und eines Tages hab ich den John da kennen gelernt. Wir haben viel Billard gespielt und geredet. Was mich an ihm fasziniert hat, war, dass er mir praktisch als gleichaltrig erschienen ist, obwohl er in Wirklichkeit derselbe Jahrgang wie meine Mutter war. Er war irrsinnig fortschrittlich in seiner Auffassung und ist sehr schnell zu einem Freund geworden, der doch einer anderen Generation angehört hat, ohne dass man das gespürt hätte. Man hat nur gemerkt, der Mann ist irgendwie belesen, hat schon viel hinter sich gebracht in seinem Leben, auch Wunden davongetragen, wie seinen Sprachfehler – der immer wieder, nach außen hin, ein Problem für ihn war. Im engeren Kreis war das Stottern weg, da hat man das gar nimmer mehr gemerkt, nur gab's halt gewisse Sachen, die er nicht sehr gern gemacht hat. Telefonieren, zum Beispiel.

Was haben Sie damals gemacht, studiert?

Krausz: Ich hab alles mögliche gemacht. Nachdem mein älterer Bruder Musiker geworden ist, gab's eine Zeit lang eine relativ angespannte Situation zu Hause, weil ich dann eigentlich ins Geschäft meiner Eltern hätte eintreten sollen. Einmal hab ich mir eingebildet, ich muss unbedingt in Psychologie inskribieren. Dann hab ich

John Cook und Susanne Schett
im Café Krugerhof © Helmut Boselmann

zwei Jahre auf freiwilliger Basis in der ersten Drogen-Beratungsstation mitgearbeitet, das war so eine Selbsthilfe-Einrichtung, die Dialog geheißen hat; irgendwann hab ich gemerkt, dass mir die Belastung zu groß wird, und hab den Gedanken aufgegeben, da noch weiterzumachen. In dieser Zeit war der John als Ansprechperson immer da für mich und ist mir immer mit Rat und Tat zur Seite gestanden. Ich hab mitbekommen, was er macht, und war von seinen fotografischen Arbeiten fasziniert. Er hat sein Badezimmer zur Dunkelkammer umfunktioniert gehabt und hat mir dann so die einfachsten Schritte in der Schwarzweiß-Entwicklung beigebracht. Ich glaub nicht, dass ich besonders talentiert dafür war, aber er hat sich irrsinnig viel Mühe gegeben, hat mir seine Fotos gezeigt und halt so Tricks, wie man was macht. Das war alles spannend für mich. Ein ganz eigener Mikrokosmos, der mich mit einer Welt in Berührung gebracht hat, die ich so nicht kannte.

Hat er zu dem Zeitpunkt noch professionell als Fotograf gearbeitet?

Krausz: Nein, die Kampagne für Römerquelle und diese Sachen kenne ich eigentlich alle nur mehr von seinen Erzählungen her, genauso die Auseinandersetzung mit der Elfie Semotan. Er war sehr verletzt darüber, wie das gelaufen ist, das weiß ich, weil's immer wieder zur Sprache kam. Allerdings war der John schon auch ein impulsiver Typ. Das hat man so vielleicht nicht gemerkt, aber wenn ihm der Kragen geplatzt ist, dann hat's ganz schön gekracht. Er war ein sehr eifersüchtiger Mensch, was Frauen betrifft, da hat man vorsichtig sein müssen, dass er nicht irgendwelche Dinge falsch versteht. Und er hat auch sehr bizarre, lustige Beziehungen geführt, einfach welche Konstellationen sich da ergeben haben. Als ich ihn kennen gelernt hab, war der John grade mit einer Tschechin zusammen, die einen Kopf größer und irrsinnig bemüht, aber in Wirklichkeit viel zu mütterlich veranlagt für ihn war. Auf der einen Seite hat er das förmlich angezogen, auf der andern Seite wollte er das gar nicht; also es gab ziemliche Ambivalenzen in seinem Umgang mit den Frauen und wir, so die Jüngeren um ihn herum, wir haben das halt immer still beobachtet. Aber von diesem früheren Umfeld, der Werbebranche, hat er sich völlig absentiert. Dieses ganze Milieu hat ihn in einer Form ausgespuckt, kann man sagen, wo er, fertig und verletzt, noch länger dran laboriert hat.

In den Credits von Artischocke *werden Sie in mehreren verschiedenen Funktionen genannt, unter anderem als Tonassistent. Wie kam das?*

Krausz: Na, ja, der John hat gesagt, er macht jetzt wieder einen Film, und ihm ist das Wichtigste, dass er vertraute Leute um sich hat, die er mag, und ob ich denn nicht mittun will. Dann hat er sich irgendetwas überlegt, das ich tun könnte, und mich der Produktionsfirma vorgeschlagen. Die haben auch nicht so recht gewusst, was sie eigentlich mit mir anfangen sollen, schließlich hab ich dann so Sachen wie Assistenz und Aufnahmeleitung gemacht. Das war in Wien, aber der Dreh war ja geteilt mit Frankreich, und da hat's zuerst geheißen: Na, der kann auf keinen Fall mit, das ist viel zu teuer – und dann bin ich mitgefahren als Tonassistent. Zwischen diesen beiden Drehblöcken musste ich bei Othmar Eichinger erst einmal lernen, wie man eine Nagra überhaupt bedient, wie man angelt und so weiter. Das hat mir alles sehr viel Spaß gemacht. Ich hab das nachher auch noch ein bissel weitergemacht.

Was, meinen Sie, war das Entscheidende an seinem Zugang zum Film?

Krausz: Es war eine komplett andere Arbeitsweise, als ich sie später beim Film dann kennen gelernt hab. Schon allein, dass er immer mit Laien arbeiten wollte, weil er Schauspieler als kapriziös und prätentiös angesehen und eigentlich verabscheut hat – wobei ich glaube, dass der John vielleicht auch nicht zurechtgekommen wäre mit ihnen als Regisseur. Er war ein unglaublich guter Beobachter, der immer möglichst viel aus den von ihm geschaffenen Stimmungen während der Dreharbeiten selbst gewinnen wollte; er hatte ein absolutes Sensorium für die Menschen um ihn herum.

Nur scheint sich bei Artischocke *die Geschichte des Films auf eher unvorteilhafte Weise auch aufs Team übertragen zu haben …*

Krausz: Mir haben diese Spielchen keinen Spaß gemacht, aber das war schon recht konkret. Manchmal sind die Fetzen geflogen. Dieser ganze Dreh in Frankreich, das ist kaum mehr vorstellbar, wie das abgelaufen ist. Es war halt eine extrem bewegte Geschichte, jeder war auf seine Art total individualistisch unterwegs.

Wie haben Sie die Dreharbeiten, auch die Probleme dabei, erlebt?

Krausz: Das war so ein Kontrast zu meinem sonstigen Leben, dass ich die Probleme gar nicht

Was tun, wenn's brennt?
Maryline Abecassis und Michi Riebl in *Artischocke*

richtig wahrgenommen hab. Meine Eltern haben im vierten Bezirk ja ein Möbelgeschäft, und ich hab einige Zeit davon gelebt, dass ich Möbel restauriert hab. Ich erinnere mich, dass ich einmal für irgendeinen Schweizer Industriellen einen Uhrkasten hergerichtet hab, wo ich ein halbes Jahr allein an der Werkbank gesessen bin und vom Ziffernblatt bis zum Resonanzkasten alles repariert hab: Danach als Teil eines zwanzigköpfigen Teams bei dem Film mitzuarbeiten, das war ganz etwas anderes, wirklich, ein hundertprozentiger Kontrast. Was ich wahrgenommen hab, war, dass es beim John eine Geschichte gegeben hat in Bezug auf seine Nationalität, worüber er auch sehr lange philosophiert hat, zum Teil in ausgesprochen witziger Form. Wie er mir das erzählt hat, war es so, dass bei *Artischocke*, der ursprünglich ja noch bei der Filmabteilung des Unterrichtsministeriums angesiedelt war, während den Dreharbeiten eine gesetzliche Veränderung erfolgt ist, die dazu geführt hat, dass die Produktion nur dann weitere Mittel zur Verfügung gestellt bekommt, wenn der Regisseur österreicher Staatsbürger ist. Ich glaub, es war in der Drehpause zwischen Wien und Frankreich, wo es ziemliche Wogen gegeben hat deshalb und der John halt einfach zur Kenntnis nehmen hat müssen, dass er auf dem kürzeren Ast sitzt und die Staatsbürgerschaft annehmen muss. Eigentlich wars ihm ja powidl, aber dazu gezwungen worden zu sein, hat er nie wirklich verwunden. Dass ein Staat ihm seine Identität aberkennt und ihm eine andere mehr oder weniger aufzwingt, das hat er ganz einfach nicht verstehen können, dafür war er viel zu kosmopolitisch veranlagt und es war ihm absolut nicht wohl in seiner Haut. Obwohl, wie's dann vorbei war, war's halt vorbei: Dann hat er wieder Witze drüber gemacht, aber es war schon auch der Moment, wo er sich langsam von Österreich zu verabschieden begonnen hat.

War er beim Drehen immer Herr der Lage?

Krausz: Ich fand das eigentlich alles sehr faszinierend. Es war nicht unanstrengend, weil in Frankreich war's heiß und man hat einfach ein

Pensum zu erfüllen gehabt, das nicht so ohne war. Der John war sicherlich nicht einfach zu koordinieren. Er hat oft sprunghafte Ideen gehabt und wollte mit den einzelnen Situationen möglichst flexibel umgehen, um der jeweiligen Stimmung zu folgen. Es war ein Potpourri von Menschen, wo man zum Teil gar nicht gewusst hat, wo die herkommen, dann die Sibylle Kos, der Michi Riebl und dazu noch alte Freunde aus Wien wie die Johanna Froidl, also Personen, die schon einen gewissen Stellenwert in seinem Leben hatten und die in die Arbeit miteingebunden wurden. Dementsprechend familiär war die Atmosphäre. Was ich beobachtet hab, war, dass der John sehr, sehr viel Wert auf das Bild gelegt hat, die Art und Weise, wie das Licht gesetzt wird, und es ihm wichtig war, Tagesstimmungen möglichst wenig manipuliert einzufangen. Er hat da, von der Fotografie her kommend, schon ganz konkrete Vorstellungen gehabt – was nicht selten Konflikte mit dem Kameramann zur Folge hatte, weil der Helmut (Pirnat) sich natürlich auch unter Beweis stellen wollte und sich in seiner Gestaltungsfreiheit schon ein bissel eingeengt gefühlt hat.

Was genau meinen Sie mit sprunghaften Ideen, sind Ihnen da bestimmte Szenen in Erinnerung?

Krausz: Es hat einfach Sachen gegeben, die zwar im Drehbuch angelegt waren, aber erst während des Drehens, aus der Situation heraus, wirklich erarbeitet worden sind. In der Pension am Meer zum Beispiel, diese Geschichte, wenn der Michi Riebl und die Französin in dem Hotelzimmer den Aushang über das richtige Verhalten im Fall eines Brands lesen: Da ist eine wunderbare Szene entstanden, die vorher so nicht im Drehbuch stand und die mit ihrer Leichtigkeit dieses Frühstück, das in dem Bett da stattfindet, sehr bereichert hat. Dass man sich derlei Sachen widmet und einfach aus der Situation heraus etwas entstehen lassen will, dafür haben nicht alle Verständnis gehabt. Für manche war das schon auch eine harte Geduldprobe.

Ich habe den Eindruck, dass John Cook oder vielmehr seine Filme eigentlich keine Wurzeln geschlagen haben. Sie sind ohne Nachfolge geblieben, was mit einer gewissen Professionalisierung des österreichischen Kinos zu tun haben mag, die sicherlich auch notwendig war. Wäre seine Arbeitsweise heute überhaupt noch möglich?

Krausz: Aus heutiger Sicht würde ich meinen, dass es nur ganz wenige gibt, die in Wirklichkeit so eine Beobachtungsgabe haben, wie er sie beispielsweise in *Schwitzkasten* zum Ausdruck gebracht hat, und wo den Charakteren in ihrer Herkunft, ihrer Authentizität so aufs Maul geschaut wird, wie er das gemacht hat. Das war eine unglaubliche Stärke, die er besessen hat:

Menschen in ihrem Wirken zeigen zu können, ohne sie verbiegen zu müssen, und auch scheinbar losgelöste Situationen, die sich dabei entwickelt haben, mit dem weiteren Verlauf der Geschichte in Zusammenhang zu bringen. Das ist eine Form der Gestaltung, die heute nicht mehr machbar ist. Wenn ich heute ein Drehbuch vorlegen muss und anhand dieses Drehbuchs beurteilt wird, dann hab ich nicht mehr im selben Maße die Freiheit zur inhaltlichen Gestaltung wie es dem John eben noch möglich war, sich ganze Handlungsstränge erst im Zuge des Machens einfallen zu lassen, aus spontanen Situationen oder auch der vorher nicht absehbaren, überraschenden Begabung einer Person heraus. Ich wüsste nicht, wer sich freiwillig auf so etwas einließe, auch von der kreativen Seite her. Ähnliches gilt, glaub ich, für's Publikum: Sich auf die Leichtigkeit dieser Filme so einzulassen, wie der John das gerne wollte, dazu sind nur wenige Leute wirklich in der Lage. Ich kann mich gut erinnern, nach der Premiere von der *Artischocke* tauchte diese Frage öfters auf: Was ist die Message? Was ist die Geschichte? Dabei hat der John seine Position ja immer wieder kundgetan: Was die Leute gesagt haben, wie sie's gesagt haben und wie sie vor der Kamera gestanden sind, darin hat sich viel von seiner politischen Haltung ausgedrückt – das war der Film.

Es gab ein weiteres Projekt, aber leider keinen weiteren Film mehr in Wien ...

Krausz: Ich kannte das Drehbuch für *Brömmer,* weil der John die Titelfigur und auch das Ambiente zu einem Gutteil aus unser beider Leben rekrutiert hat. Im zehnten Bezirk, kurz vorm Verteilerkreis, gab's rechter Hand noch die Schleierbaracken, das war ein altes, aus Holzhütten bestehendes Industriegebiet: sehr viel Grün, Bäume, Gärten, komplett verwildert. Ich hab zeitweise drin gearbeitet, weil sich dort die Tischlerei meiner Eltern befunden hat, und die Umgebung hat ihn halt dazu inspiriert, diese Figur des Brömmer da anzusiedeln. Wir haben sehr viel fotografiert, das wäre einer der Hauptschauplätze gewesen. Obwohl der John dann eigentlich schon weg ist, hat er immer weiter an diesem Buch geschrieben, sogar in Frankreich noch.

Hat er daran gedacht, eventuell noch einmal zurückzukommen?

Krausz: Im engeren Freundeskreis hat John, in dem Moment, wo er fort war, wirklich eine Lücke hinterlassen. Die war auch nicht zu kompensieren. Und mein Wunsch war's dann immer zu schauen, dass hier trotzdem noch etwas passieren kann. Offiziell hatte seinen Weggang ja kaum jemand wahrgenommen, es wäre also ein Leichtes gewesen, wiederzukommen und zu sagen: Da ist das nächste Projekt, versuchen wir das halt jetzt hier zu finanzieren. So weit ist es dann aber nie gekommen. Ich hab bis heute ein Projekt bei mir im Schreibtisch, *Old Boys* von James Fitzgerald. Das ist ein Roman, der einem auch viel über John, seine Herkunft, vor allem diese verhasste Schulzeit in Kanada erzählt. Den hätte er sehr gern noch verfilmen wollen.

~

Das, was man sieht, das bin halt ich

Gespräch mit Sibylle Kos (8.11.2005)

Sie spielt in *Artischocke* die Liesl, und die Art und Weise, wie Sibylle Kos das tut, weist sie als legitime Enkeltochter jener Wiener Mädel aus, die früher einmal von Elisabeth Bergner, Luise Ullrich, Magda Schneider verkörpert wurden. Dennoch sollte die Bühne ihre eigentliche Domäne bleiben, und sie trat unter anderem am Volkstheater, bei den Wiener Festwochen und zuletzt in Bruno Max' geglückter Inszenierung des *Impresario von Smyrna* (Goldoni) in der Scala auf.

Sibylle Schellmann-Kos lebt in Mödling bei Wien. Das Gespräch fand im Café Anzengruber statt, in das sich auch John Cook seinerzeit manchmal verirrt haben mag.

Michael Omasta: *Wie sind Sie zu der Hauptrolle in* Artischocke *gekommen?*

Sibylle Kos: Das war überrschend einfach. In einer Zeitung gabs so eine Annonce, „Laiendarsteller für Kinofilm gesucht". Ich selber hab sie gar nicht gelesen, sondern ein Freund von mir, und dann sind wir halt zu dem Casting hingegangen. Das war bei der Satel-Film in der Kirchengasse und keine große Affäre: Vor der Kamera halt ein bissel was erzählen und zeigen, wie man so ist. Mehr war's nicht. Dann bin ich wieder gegangen und ein paar Tage später haben die angerufen und mich gefragt, ob ich nicht die Hauptrolle spielen will ... Es war also schon ein bissl wie aus einem Märchen, aber so bin ich dazu gekommen. Und der Michi Riebl, der die zweite Rolle gespielt hat, auf dieselbe Weise. Wir haben dann noch ein paar Probeaufnahmen zusammen gemacht. Für die hat der John Cook daheim, in der Wiedner Hauptstraße, die Kamera aufgestellt, und dann haben er und die Susanne Schett eben gefunden, dass wir gut in den Film hineinpassen. Das war alles wirklich überraschend einfach.

Haben Sie vorher schon als Schauspielerin gearbeitet?

Kos: Nein, überhaupt nicht. Ich wollt eigentlich lieber Clown werden und bin nach Locarno gefahren, um die Aufnahmsprüfung an der Clown-Schule zu probieren, bei der ich aber mit Bomben und Granaten durchgefallen bin. Gar nix hab ich gemacht, herumgejobbt hab ich.

Sibylle Kos, Michi Riebl

Ist es Ihnen leicht gefallen, sich vor der Kamera zurechtzufinden?

Kos: Na, ja, ich hab zunächst einmal überhaupt nicht gewusst, was ich tun muss und wie das geht. Ich hab zum Beispiel eine irrsinnige Mimik am Anfang, bis ich dann kapiert hab, dass man da eben gar nicht so viel machen muss, weil Film halt ganz anders ist als Theater. Aber der John war sehr nett, er hat das Ganze ziemlich familiär gehalten.

Nur kann mit „nett" allein so ein Dreh auch schnell einmal aus dem Ruder laufen, oder?

Kos: Wahrscheinlich, aber dazu ist es nach meiner Erinnerung nie gekommen. Er hat doch immer auch enge Verbündete wie die Susi um sich gehabt. Ich mein, es gibt ja Männer, die so Genie-artig sind, und dann gibt's immer wen drumherum – meistens sind's halt Frauen –, die alles richten und alles montieren und alles machen. Und so einer war er schon auch.

Die erste Hälfte von Artischocke *spielt in Wien, die zweite in Frankreich. Ist dieser Übergang reibungslos verlaufen?*

Kos: An die Szenen in Wien kann ich mich kaum erinnern, außer, dass der John da sehr mit dem jungen Mädel zusammen war, das die Französin spielt. Ich war da noch nicht so integriert in die ganze Geschichte. In Frankreich war's dann anders, da hat sich die gesamte Crew in so einer Pension am Meer eingemietet. Sehr präsent hab ich auch noch, dass wir in Südfrankreich verschiedene Drehorte besichtigt haben, und manchmal bin ich halt mitgefahren.

Wo haben Sie dann gedreht?

Kos: Irgendwo an der Côte d'Azur, direkt am Meer. Das war sehr schön. Eigentlich hab ich ihn dort auch erst näher kennen gelernt. Da hat er dann kein Verhältnis mit der Fanzösin mehr gehabt, warum auch immer, ich hab keine Ahnung, und hat sich mit mir ein bissel was angefangen. Ich mein, er war schon ein witziger Kerl. James Brown war seine Lieblingsmusik, auf den ist er voll gestanden. Er hat geraucht wie ein

Einser und auch getrunken, Bier vor allem, Unmengen von Bier. Deshalb ist er wahrscheinlich ja auch nicht sehr alt geworden. Er hat einfach gern gelebt.

Von den Problemen mit der Produktion haben Sie gar nichts mitbekommen?

Kos: Wegen dem Geld, ja, aber nur sehr am Rand. Die haben das natürlich alles von uns ferngehalten, weil, Hauptsache wir sind gut drauf. Für den John dürft's schon auch schwieriger gewesen sein. Man hat immer wieder gehört, dass es mit dem Geld schlecht ausschaut und so. Allerdings haben wir's uns in Frankreich auch sehr gut gehen lassen. Wir haben Vollpension gehabt dort und buchstäblich gefressen wie die Bogauner. Nach den vier Wochen hab ich zehn Kilo mehr gehabt.

Wie viel haben Sie selbst beim Drehen noch in die Rolle eingebracht?

Kos: Nicht besonders viel. Es hat ein Drehbuch gegeben, das war fertig, an dem hat sich nicht viel geändert. Das, was man sieht, das bin halt ich, aber so vom Text her waren das nur Kleinigkeiten in der Satzstellung vielleicht. Auch sonst war das alles ordentlich. Wir haben jeden Tag die Dispo gekriegt und im Großen und Ganzen ist die auch eingehalten worden.

Manchmal soll John Cook länger geprobt haben, bis ihm die Darsteller böse genug für die Szene waren.

Kos: Er hat so lang geprobt, bis die Szene für ihn gepasst hat, das schon, aber solche Sachen hab ich selber ja nicht wirklich spielen müssen.

Stimmt, die Liesl ist total nett.

Kos: Sie ist total nett, immer gut drauf, so pumperlg'sund und rund. Ich hab nicht sehr aus mir herausgehen müssen oder so. Wir haben geprobt und gedreht, sobald alles gepasst hat.

Wie haben Sie die Reaktionen auf den Film erlebt?

Kos: Die waren durchwegs eigentlich ganz positiv. *Langsamer Sommer* war sicher ein mehr herausragender Film. Dann im Nachhinein hab ich mir gedacht, dass *Artischocke* vielleicht doch ein bissel ein Kompromiss ans Kino war. Ein bissel mehr halt. Ich mein, die Kritiken waren ja gar nicht einmal schlecht. Dafür, dass wir Laiendarsteller waren, haben sie uns eigentlich recht gut davonkommen lassen. Es war also net nix, aber so ein Renner war's auch nicht, dass jetzt ganz Wien hingepilgert wär …

In die Urania …

Kos: In die Urania, genau. Da hat mein Vater noch gelebt, der ist neben mir gesessen bei der Premiere, und ich bin fast gestorben wegen der Nacktszenen. Mir war das irrsinnig peinlich, ich hab die ganze Zeit gedacht: Jessasmaria, mein Vater! Aber der hat's gar net so arg gefunden.

War der Film für Ihre weitere Arbeit hilfreich?

Kos: Na, sicher. Im Herbst drauf hat mich ein

Freund aus Berlin angerufen und mir erzählt, dass er da einen Regisseur kennt, der grad einen Low-Budget-Film macht und eine Hauptdarstellerin dafür sucht. Ja, und das hab ich dann kurzerhand auch gemacht.

Das war Frontstadt *von Klaus Tuschen …*

Kos: Puh, das hätt ich jetzt nicht mehr gewusst. Es war halt so eine Geschichte über Leute, die von außerhalb nach Berlin kommen, und wie die sich da in der Stadt irgendwie zurechtfinden. Das war sehr Low-Budget, mit ganz wenig Geld, aber wär die *Artischocke* nicht gewesen, hätt mich der nie angerufen. Wie ich aus Berlin zurück war, bin ich dann erst in die Schauspielschule gegangen und hab die ganzen Prüfungen abgelegt. Insofern war *Artischocke* sicher ausschlaggebend für das, was ich später gemacht hab. Ich hab schon gedacht, dass es so in diese Richtung gehen soll, nur hab ich mir das vorher nicht zugetraut und gar nicht gewusst, wie, was, wann.

Sie haben dann eine Zeit lang viel Fernsehen gemacht, jetzt, die letzten paar Jahre aber fast nur mehr Theater. War das eine bewusste Entscheidung?

Kos: Sagen wir so, man nimmt, was kommt. Während der Schauspielschule war drei Jahre lang erst einmal nix, weder Theater noch Film noch sonstwas. Es war jetzt nicht so, dass mich die gesehen und gesagt hätten: Pfau, die müssen wir gleich noch fünfmal besetzen. Aber wie ich mit der Schule fertig war, hab ich eigentlich viele Fernsehgeschichten gemacht, *Tatort* und so Sachen. Da hab ich eine Zeit lang relativ viel zu tun gehabt, aber in den Neunzigerjahren ist das langsam immer weniger geworden und verebbt. Filmmäßig tut sich jetzt gar nix. Warum und wieso, weiß ich nicht, aber ich bemüh' mich auch net sehr drum. Ich bin seit 1984 freischaffende Schauspielerin am Theater – und jetzt mach ich halt auch wirklich nur mehr Theater.

Sind Sie viel ins Kino gegangen?

Kos: Immer, das Kino hat mich immer interessiert. Wie ich 16 war, bin ich sicher zwei- bis dreimal die Woche ins Filmmuseum gefahren, weil damals haben's sonst ja keine g'scheiten Filme g'spielt. Das normale Kinoprogramm war uninteressant. Da hab ich mir alle Hitchcocks, alle Chaplin-Filme angeschaut, alles, was es halt so g'spielt hat, immer wieder. Ich bin irrsinnig viel ins Kino gegangen, besonders die zehn Jahre, die ich in Wien gewohnt hab, in der Nähe vom Admiralkino. Da hat's super Filme gespielt damals, auch weiter unten in der Burggasse im Star. Wenn ich kann, geh ich nach wie vor total gern ins Kino.

~

Früher oder später sind alle seine Freunde dem Film verfallen

Gespräch mit Michi Riebl (12.11.2005)

Wiewohl er als Peter Brantner in *Artischocke* keine schlechte Figur macht, ist es müßig darüber zu spekulieren, ob Michi Riebl als Schauspieler weiterhin Erfolg gehabt hätte. Er fing an, Kameras zu reparieren, wurde binnen eines Jahres zum Kameraassistenten befördert und fotografierte 1986 seinen ersten Film. Seither gehört er zu den verlässlichen Größen im österreichischen Kino.

Riebl hat unter anderem Kinofilme von Anton Peschke (*Zeit der Rache*), David Rühm (*Der Umweg*), Michael Schottenberg (*Averills Ankommen*), Robert Dornhelm (*Der Unfisch*) sowie das Spielfilmdebüt von Ulrike Schweiger (*Twinni*) fotografiert.

Zuletzt arbeitete er an Dornhelms international besetztem Fernsehzweiteiler über Kronprinz Rudolf. Das Gespräch fand an einem drehfreien Samstag statt.

Michael Omasta: *Wie haben Sie den Weggang von John Cook aus Wien miterlebt? War das ein radikaler Schnitt oder mehr ein Abschied auf Raten?*

Michi Riebl: Ich glaube, endgültig weg ist er 1986. Das kleine Haus in Arles hat's schon ein paar Jahre früher gegeben, dann hat er angefangen, es herzurichten, und mit der Zeit hat sich der Lebensmittelpunkt halt zunehmend mehr nach Frankreich verschoben, bis er irgendwann gemeint hat: So, es reicht, in Wien hält mich nichts mehr, ich verlasse dieses Land.

Heißt, er hatte bis 1986 noch ein Quartier hier?

Riebl: Genau. Das ist heut noch immer meine Wohnung. Im selben Haus in der Wiedner Hauptstraße wohnt oben noch der Bob Adrian, der ihm diese Wohnung damals, in den frühen Siebzigerjahren, wie der John nix gehabt hat, verschafft hat. Alle seine Filme, mit Ausnahme des ersten und des letzten, sind mehr oder weniger auch dort entstanden.

Bob Adrian ist Robert Adrian X, dieser Medienkünstler?

Riebl: Ja, der mit dem Picasso-Auge am Donaudampfschifffahrtsgebäude, ebenfalls Kanadier. Vor ein paar Jahren hat's eine Ausstellung über sein Lebenswerk gegeben, wo auch ein Film von einer Kunstaktion gelaufen ist, die der Bob einmal gemacht hat; für die hat er Hunderte kleine Segelschiffe gebaut und im Teich am Karlsplatz schwimmen lassen. Und da gibt's einen Film drüber, wo der John im Hintergrund mit seiner alten Rolleiflex herumrennt und die ganze Zeit fotografiert. Die zwei waren sehr gut befreundet. Es gibt vom Bob so Männchen aus Fimo, die alle Berufssparten zeigen, in denen er jemals gearbeitet

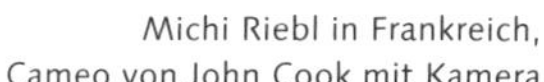
Michi Riebl in Frankreich, Cameo von John Cook mit Kamera

hat. Die hat auch der John für ihn fotografiert, beim ihm zu Hause in der Badewanne und so.

Kannten Sie den John schon, bevor Sie die Rolle in Artischocke *bekommen haben?*

Riebl: Überhaupt nicht. Ich war zwanzig, hab Zivildienst gemacht. Ein Freund von mir wollte unbedingt zu einem Casting bei der Satel-Film gehen, ich wusste gar nicht, was das ist, ein Casting, und hab gesagt: Das ist langweilig, was machen wir dort? Sagt er: Nein, nein, die suchen jemand für einen österreichischen Film. Wir sind da hinmarschiert und in der Beletage der Satel in der Kirchengasse saßen eine sehr hübsche Schweizer Regieassistentin, die Susanne Schett, und ein stotternder Kanadier – eben der John –, und der erzählt mir, ja, es geht um die Geschichte von irgendeinem jungen Fotografen, der immer Schwierigkeiten mit Frauen hat: mit einer Freundin in Wien und einer Französin in Wien und einer Französin in Frankreich. Das ganze Casting war eigentlich nur ein Gespräch mit ihm, und dann hat's geheißen, ich soll nach Hause fahren und sie rühren sich bei mir. Und wirklich, am nächsten Tag ruft mich die Susanne Schett an und sagt, sie hätten gern, dass ich diese Rolle in dem Film spiele.

Wie ist sich das mit dem Zivildienst ausgegangen?

Riebl: Indem in Wien nur an den Wochenenden oder sonst halt in der Nacht gedreht wurde. Für die Drehzeit in Frankreich bin ich mit großem Aufwand für vier Wochen vom Zivildienst befreit worden. Die schönste Geschichte an dem Film war die, dass ich mich furchtbar in die Susi Schett verliebt hab, und als ich wegen dem Zivildienst an einem Montag zurückfahren hätt' sollen, hab ich gesagt: Nein, ich mag nicht, ich bleib noch drei Tage da. Die hab ich dann nachsitzen müssen; bis Zivildienstschluss bin ich jeden Tag zwei Stunden länger im Innenministerium in einem Büro gesessen und hab mich gelangweilt.

Sie haben einen großartigen Satz in dem Film: „Von Frankreich kenn i bisher nur die Gemüsesuppe von Iglo. Hat mi net sehr überzeugt …"

José Manrubia Novillero d'Arles

Riebl: War das die Gemüsesuppe? Es hat schon ein Drehbuch gegeben, aber mit den Dialogen sind wir sehr frei verfahren, wenn sie dem John nicht gepasst haben. Ich hab mich bei den Dreharbeiten gefühlt wie im Schlaraffenland, aber in Wahrheit war das ein sehr kleiner Film. Mir ist das alles sehr geordnet vorgekommen, den Profis war's aber doch ein bissel zu wild. Manchmal hat der John zu Mittag eine Stund' lang Ruhe haben wollen, das haben die nicht verstanden. Auch mit dem Helmut Pirnat, der schon bei *Schwitzkasten* die Kamera gemacht hat, gab's öfters Reibereien, weil er mit seinem professionellen Anspruch, mit dem er an die Sache herangehen wollte, nicht wirklich durchgekommen ist. Ich mein, der John war schon sehr speziell. Er hat mir eine Geschichte erzählt, dass er auf Mallorca einmal irgendwelche Bademoden fotografieren hat müssen – und weil ihm so gegraust hat dort, hat er die Models nicht am Strand herumlaufen lassen, sondern alle Fotos in einem Hotelzimmer gemacht.

Hat es später Versuche gegeben, wieder zusammenzuarbeiten?

Riebl: Es war eine sehr intensive Freundschaft, und wir haben gemeinsam immer wieder Projekte versucht. Es gab viele Drehbuchideen. Am weitesten gediehen war sicher *Brömmer oder Die weite Reise,* der ja auch eingereicht wurde, aber das ist bekanntlich schief gelaufen. Ich glaub, in Wirklichkeit hat sich der John mit Wien nie richtig anfreunden können, er war viel zu geradeheraus. Und einen Film noch einmal selbst zu finanzieren, wie *Langsamer Sommer,* das wollt' er hier dann auch nimmer, das haben wir erst in Frankreich wieder gemacht. Für uns war er damals schon eine Vater-Figur, weil er einen so begeistern konnte mit seiner unkorrupten Art. Das war eine Zeit, wo eigentlich jeder österreichische Regisseur zumindest einen tollen Film gemacht hat: Lauscher den *Kopfstand,* Patzak den *Kassbach,* der John den *Schwitzkasten.* Dann haben sie alle versucht, einen Weg mit der neuen Filmförderung zu gehen, wo doch auch wirtschaftliche Aspekte zu berücksichtigen waren und alles ein bissel gerader oder ein bissel mehr „Inhalt" haben musste. Und dann ging's komplett bergab, auf Jahre hinaus.

Ich würde das sofort unterschreiben. Bevor die Professionalisierung der Förderung produktiv geworden ist, hat sie zunächst einmal begradigend gewirkt.

Riebl: Und da hat der John einfach seinen Platz verloren. Das ging dann nicht mehr. Viele haben sich auch später wieder aufgerappelt, nicht aber der John, der nicht mehr so arbeiten hätte können, wie er gern wollte. Er war auch zu stur, er musste es nicht.

Ist er damals viel ins Kino gegangen?

Riebl: Nicht viel, soweit ich mich erinnere, aber der John hat immer einen gewissen Antiamerikanismus hochgehalten; diese Gorettas, Rohmers, Bressons waren seine Welt. Was das europäische Kino betrifft, hat er schon eine Filmbildung gehabt. Und ich glaub, das hat sich ja auch verändert: Das, was ihm die meiste Freude gemacht hat, diese Rohmers und diese stille Anschauerei, die haben im Kino ein bissel ihren Platz verloren. *Schwitzkasten* war in Wahrheit ja wie ein österreichischer Rohmer.

Über die Entstehung von John Cooks letztem Film weiß ich kaum etwas, außer, dass diese Geschichte des Stierkämpfers José Manrubia ursprünglich wohl eine größere Sache hätte werden sollen.

Riebl: Eine viel größere Sache, ja. Die Manrubias sind aus Spanien nach Frankreich zugewandert. Der Vater von José war Maurer und hat dem John dabei geholfen, sein Haus in Arles herzurichten. So haben die sich überhaupt erst kennen gelernt, und der John ist ein absoluter Stierkampffanatiker geworden. Da gibt's eben diese Novilleros, das sind die Lehrlinge, die haben Stiere, die jünger und leichter sind, ansonsten ist es das gleiche strenge Ritual wie bei jedem Stierkampf, nur halt noch viel brutaler, weil die oft nicht richtig treffen und das Tier wirklich leidet; mir hat das überhaupt nichts gesagt, ich hab das mit großem Ekel gefilmt. Was den John an dieser Geschichte am meisten interessiert hat, war die Ausbildung von José zum Novillero, in die der Vater sehr viel Geld reingesteckt hat; der hat die ganze Zeit irgendwelche Häuser renoviert, damit er dem Sohn am Wochenende einen Stierkampf finanzieren kann. Und als der José dann an einer Tournee durch Spanien teilnehmen hätte sollen, um zu beweisen, dass Arles eine ganz gute Arena hat, während in Südfrankreich sonst eigentlich überall nur grölende Deutsche in furchtbaren Stadien herumsitzen, haben wir auf Super-16 zu drehen angefangen: die Vorbereitungen, die Reise nach Spanien, den Besuch bei einem Stierzüchter. Und dann gab's den ersten Stierkampf, und der José hat sich die Hand gebrochen. Damit war das Projekt einmal für ein Jahr auf Eis gelegt.

Ein Cook'sches Schicksal!

Riebl: Genau. Für den José war das wirklich das

Schlimmste, das passieren konnte: als Novillero aufzutreten und dann zu scheitern. Er und seine Familie sind eine Zeit lang fast wie Aussätzige behandelt worden.

Wie ist es mit dem Film dann weitergegangen?

Riebl: Na, ja, der John, der Wahnsinnige, hat sich eine Beta-Kamera gekauft und einfach weitergemacht. Er war immer so gierig nach diesen modernen Sachen. Er war der Erste, der sich eine Mini-VHS gekauft hat, er war der Erste, der auf Beta drehen wollte, er war der Erste, der den Computer genutzt, sich einen Scanner zugelegt und seine Fotos gedruckt und nicht mehr in der Dunkelkammer entwickelt hat; er wollt' immer von diesen mühsamen Sachen weg. Ich hab so viel gearbeitet in dem Jahr und den Jahren darauf, dass er dann allein mit dem José weitergetan hat. Aber das hat mit der Zeit auch nicht mehr so funktioniert, weil der für einen Novillero eigentlich schon zu alt geworden ist.

Ich erinnere mich, dass Sie zu der Retrospektive im Filmmuseum gekommen sind; haben Sie und John Cook sich auch in Frankeich noch öfter gesehen?

Riebl: Die letzten Jahre nicht mehr, leider, aber in Arles haben wir ihn und Maria oft besucht. Eigentlich ist das mit der Maria eine tolle Geschichte, weil die hat ja über zwanzig Jahre auf den John gewartet. Einer der schönsten Momente war – ich glaub, es muss 1991 gewesen sein –, als ich mit meiner Frau, ihrer Schwester und deren Freund unten war. Es ist Sonntag, wir sitzen beim Frühstück, da steht die Maria, die Italienerin und eine tief religiöse Frau ist, auf und sagt: „John, ich muss gehen, du weißt, wohin." Es war Sonntag Vormittag, Messe. Worauf der John in seinem netten, unnachahmlichen Wienerisch – die Füße waren bei ihm zum Beispiel automatisch die Fußi – sagt: „Lass eam schean griaßen."

Ein guter Schlusssatz, danke für das Gespräch.

Riebl: Faszinierend für mich war, wie der John es geschafft hat, Leute fürs Kino zu begeistern. Susi Schett ist Cutterin geworden, Danny Krausz einer der angesehensten Produzenten im Land, ich selbst hab's zu einer Kamera gebracht. Früher oder später sind alle seine Freunde dem Film verfallen.

Michael Omasta

Biografie & Filmografie

Ausgewählte zeitgenössische Pressestimmen
Mit zwei Originalbeiträgen von Peter Nau und Constantin Wulff

Ich schaff's einfach nimmer (1972/73)
Langsamer Sommer (1974/76)
Schwitzkasten (1978)
Artischocke (1982)
José Manrubia Novillero d'Arles. L'apprentissage d'un matador de toros (1990/96)

John Cook, Mitte der Siebzigerjahre
© Susanne Schett

John Verner Cook wird am 26. November 1935 in Toronto geboren. Sein Vater ist Buchhalter, seine Mutter, vormals Bankangestellte, führt den Haushalt. Er selbst beschreibt seine Eltern später als extrem konservativ. Der harte Drill, den er in nach britischem Vorbild geführten Schulen, Internaten und schließlich einer freiwilligen Ausbildung bei der Armee erfährt, wird ihn sein ganzes Leben lang beschäftigen.

1958 bricht Cook vorzeitig sein Jusstudium ab, reist eine Zeit lang durch Europa und lässt sich in Frankreich nieder. Er schreibt Romane, die nie veröffentlicht werden. Im Sommer 1962 heiratet er Heather Maggs, eine Kanadierin, die er von der Universität her kennt; der Ehe entstammen zwei Kinder, Hilary (geboren 1962) und Jesse (geboren 1964). In diese Zeit fallen auch seine ersten Versuche als Filmemacher. Es sind Amateurspielfilme, die Cook zunächst mit einer alten 16mm-Bolex, später mit einer 8mm-Kamera dreht; kurze stumme Grotesken (*Moose*) und häusliche Melodramen (*The Rape*), in denen Freunde wie Ross Heward, Serge Peronnet, Jane Brierley und Monique Metrot oder auch gleich die jungen Eheleute selbst die Hauptrollen spielen. „Johnny war der *metteur en scene.* Wir waren sein Material", erinnert sich Heather Cook, und über einen im Oktober 1962, kurz vor der Geburt ihrer Tochter entstandenen Film ohne Titel schreibt sie in ihren Memoiren: „Johnny filmte mich beim Einkaufen, Zuschneiden und Nähen des Leinens, wie ich es am Körbchen befestigte, mit Karskaya im Café saß und bei einem Mittagessen mit Jane tratschte. Ich redete mir nicht ein, dass er von *mir* besessen war. Es war die *Kamera,* die er kennen und lieben lernte."

Cook beginnt in Paris als professioneller Fotograf in der Werbung und für internationale Modemagazine zu arbeiten: *Jardin des Modes* (Paris), *Harper's Bazaar* (New York), *Nova* (London), *twen* (München). Mitte der Sechzigerjahre begegnet er dabei Elfie Semotan, einem aus Österreich stammenden Model, und trennt sich von seiner Frau; die Ehe wird 1968 geschieden. Im gleichen Jahr übersiedeln Cook und Semotan nach Wien. Sie arbeiten zusammen an Fotoaufträgen und verschiedenen Filmprojekten, darunter auch zwei Werbefilmen für die Schuhmanufaktur Rieker in Tuttlingen, die in Zusammenarbeit mit Max Peintner und Heinz Geretsegger entstehen. Der besser gelungene der beiden, so Peintner, ging auf eine Idee von Cook zurück: Ein Mann (Ross Heward) sitzt an einem Tisch in einem Café und hält einen Damenschuh in der Hand, wozu man „Sittin' on the Dock of the Bay" von Otis Redding hört – „zwanzig Sekunden, schwarzweiß, ein No-Action-Spot, dieses Minimalistische war typisch John". 1969/70 übernimmt Cook die Kamera bei *Peter Altenberg,* einem Kurzspielfilm von Dagmar Koschu, der im Umkreis der Wiener Filmakademie entsteht.

1972 realisiert Cook mit Semotan seinen ersten veröffentlichten Film, *Ich schaff's einfach nimmer.* Parallel dazu arbeiten sie an einem Beitrag für *Impulse,* einem „Jugendmagazin" des ORF, mit: *Das Fest – Wiener Milieu der enteren Gründ'* wird vom Fotografen Lui (auch: Louis) Dimanche gestaltet und zeigt eine halbe Stunde lang einigermaßen skurrile Begegnungen mit älteren Wienern und Wienerinnen an einem Wochenende im Prater. Ein weiteres gemeinsames Filmprojekt von John Cook und Elfie Semotan, Arbeitstitel: *Portrait eines Modells* (1972/73), bleibt nach ihrer Trennung unvollendet.

Mit einer Kampagne der Agentur GGK für Römerquelle, die 1975 mit dem Österreichischen Staatspreis Werbung ausgezeichnet wird, zieht Cook einen Schlussstrich unter seine Karriere als Fotograf. „Eines Tages habe ich für das Fotografieren keinen Ausweg mehr gesehen", sagt er später in einem Interview. „Die Fotos wurden zu Kunstobjekten in Kunstbüchern, Kunstausstellungen, Zeitschriften oder in der Werbung eingefroren. Das hat mein Interesse an der Fotografie als Ausdrucksmittel abgetötet. Fotografie ist für mich langsam aber sicher immer mehr zu einem Geschäft geworden."

Cook widmet sich nun ausschließlich dem Filmemachen. In der Folge entstehen seine „Wiener" Filme *Langsamer Sommer, Schwitzkasten* und *Artischocke.* Nach dem Scheitern des nächsten Projekts – *Brömmer oder Die weite Reise* wird 1984 seitens des ORF die Förderung aus Mitteln des Film/Fernsehabkommens verweigert – lässt sich Cook im französischen Arles nieder, wo sechs Jahre und etliche unrealisiert gebliebene Filmpläne später doch noch eine weitere, frei finanzierte und auf Video gedrehte Arbeit fertig wird: *José Manrubia Novillero d'Arles.* 1992 heiratet er Maria Coretti, eine Sprachlehrerin aus Italien, die er zwanzig Jahre vorher bei einem Besuch in Wien kennen gelernt hat.

Im Mai 1996 zeigt das Österreichische Filmmuseum erstmals alle fünf Arbeiten von John Cook, der zu diesem Zeitpunkt zwar gelegentlich noch Ideen für neue Filme wälzt, sich ansonsten jedoch verstärkt anderen Dingen zuwendet. Er fotografiert Gemälde befreundeter Künstler, schreibt Kurzgeschichten, plant Fotoausstellungen, kauft sich ein ausrangiertes Küstenwachschiff und erstreitet das Sorgerecht für seine zweite Tochter, Dinah (geboren 1985), die einer Beziehung mit einer Korsin entstammt. In den späten Neunzigerjahren ziehen die Cooks nach La Capelle-Farcel, ein winziges Dorf im Landkreis Aveyron; die Wintermonate verbringen sie an Bord der Miss Muffet, die in Port Camargue vor Anker liegt.

John Cook stirbt am 21. September 2001 völlig unerwartet an einem Gehirnschlag. Zu seiner kanadischen Heimat und zu seinen Kindern hat er bis zuletzt immer Kontakt gehalten. Tochter Hilary lebt als Rechtsanwältin in Toronto, Sohn Jesse ist erfolgreicher Musiker, Dinah studiert in Madrid und Toulouse.

Dank an Max Peintner für wertvolle Hinweise und an Heather Cook, die mir Einblick in *French Notes*, ihre unveröffentlichten Memoiren, gewährt hat.

Ich schaff's einfach nimmer

Österreich 1972/73

REGIE John Cook
KAMERA John Cook
SCHNITT Stefanie Schulz
TON Elfie Semotan
SPRECHERIN Elfie Semotan
MITARBEIT Clemens Duniecki, Rixta Kloss, Franz Merlicek, Harald Scholz
PRODUKTION John Cook, Elfie Semotan
50 MINUTEN / SCHWARZWEISS / 16MM
URAUFFÜHRUNG 15. Februar 1973, Wien (Österreichisches Filmmuseum)
KINOSTART IN ÖSTERREICH keiner
FERNSEHAUSSTRAHLUNG 9. März 1973 (ORF) *

* Für das österreichische Fernsehen wurde unter Mitarbeit von John Cook eine auf 38 Minuten gekürzte, teilweise neu montierte und mit einem neuen, von einem professionellen Sprecher gelesenen Kommentar versehene Fassung hergestellt.

Dies ist die Geschichte des jungen Zigeuners Petrus, der eine Karriere als Boxer machen will, und seiner Frau Gisi, die Hausbesorgerin ist und auch um ihren Platz als respektables Mitglied der Gesellschaft kämpft. Der Film wurde 1972 von einem kleinen und jungen Filmteam gedreht und ist eines der bemerkenswertesten Dokumente des jungen österreichischen Films.

AZ radio- und fernsehwoche, in: Arbeiter-Zeitung (9.3.1973)

Petrus' Frau Gisi war unsere Putzfrau. Eines Tages kam sie dazu, als ich mir am Monitor einen Kampf von Muhammad Ali anschaute, und erzählte mir, dass ihr Mann ebenfalls Boxer sei. Am nächsten Abend haben wir sie zum Nachtmahl eingeladen und ich hab meinen ersten Film angefangen.

Petrus war „Zigeuner", sehr physisch und sehr emotional. Er lachte gern und wir hatten viel Spaß zusammen. In der Gesellschaft von Leuten wie Gisi und Petrus hab ich mich bedeutend wohler gefühlt als in dem Wiener Künstlermilieu dieser Zeit, das mir sehr inzestuös vorgekommen ist.

Als wir den Film angefangen haben, wusste ich nicht, ob auch nur geringste Aussichten bestanden, dass sich Petrus' Träume von einer Boxkarriere erfüllen könnten – aber ich wollte sie eine Zeit lang mit ihm teilen, um es herauszufinden.

John Cook, unveröffentlichtes Interview von Michael Omasta (Mai 1996)

„Ich versuchte allem aus dem Weg zu gehen, was dramatisch sein könnte, und nur zufällige Szenen des Alltagslebens aneinanderzufügen, in der Hoffnung, dass das Publikum die Tristesse dieser Art Leben spüren möchte." (Yasujiro Ozu über seinen Film *Früher Frühling,* 1956)

John Cook porträtiert einen jungen Zigeuner, Petrus, der mit einer ungefähr doppelt so alten Frau zusammenlebt, die als Hausbesorgerin in einem vornehmen Wiener Bezirk arbeitet. Drei Kinder, wenn ich mich recht erinnere, vervollständigen den Haushalt.

Große reine Linien durchziehen den Film: einerseits die unruhigen Schwarzweißbilder, ohne Ton, und andererseits, von den Bildern getrennt, der Redefluss von Petrus und der Frau im authentischen Wiener Dialekt. Hohe Geschwindigkeit über die gesamten fünfzig Minuten. Petrus redet viel über seine Zeit in einer berüchtigten Erziehungsanstalt, über die Zustände dort; die Frau, die schon bessere Tage gesehen hat, über ihre schwere Arbeit als Putzfrau, über Petrus und die Kinder.

Petrus, der für Cassius Clay schwärmt, boxt in der Provinz herum. Einmal begleiten wir ihn. Das heisere Brüllen der fünfzig bis siebzig Zuschauer. Petrus verliert nach Punkten.

Es ist gut für ihn, dass er stark ist, aber das Starksein allein genügt nicht. Er findet keine richtige Arbeit. Der Anzeigenteil einer Zeitung, ein großes schwarzes Telefon, und Petrus fährt in der Stadtbahn durch das verschneite Wien zu einem weit entfernten Treffpunkt. Aber es sieht so aus, als ob diese Gänge ihm nichts mehr nützten und ganz andere nötig würden.

Gern richtet die Polizei ihren Blick auf Zigeuner, weshalb es besonders angebracht ist, dass Petrus' Familie ihr Leben in der umsichtigsten und ordentlichsten Weise führt.

Der Beruf einer Hausbesorgerin stellt nicht unerhebliche Anforderungen an die Mutter und Hausfrau: Abends ist sie zu kaputt, um sich noch viel um die Kinder kümmern zu können. Sie schafft's einfach nimmer. Petrus, der abends nach der Arbeit immer trainierte, hört aus demselben Grund damit auf.

Die traurigen großen Augen des einen Kindes, wenn es für ein Faschingsfest geschminkt wird: Kinder wie dieses treten ins Leben wie frische Rekruten in durch feindliches Feuer gelichtete Bataillone.

„Herr K. wartete auf etwas einen Tag, dann eine Woche, dann noch einen Monat. Am Schluss sagte er: ‚Einen Monat hätte ich ganz gut warten können, aber nicht diesen Tag und diese Woche.'" (Brecht)

Peter Nau

Langsamer Sommer

Österreich 1974/76

REGIE John Cook, in Zusammenarbeit mit Susanne Schett sowie Helmut Boselmann, Peter Erlacher, Gerti Fröhlich, Thomas Kloss, Herbert Koller, Michael Pilz, Helga Wolf
IDEE John Cook
KAMERA John Cook, Helmut Boselmann, Michael Pilz
TON John Cook, Helmut Boselmann, Michael Pilz, Susanne Schett
MUSIK Mathias Rüegg (Titel)
PRODUZENT Michael Pilz
PRODUKTION Michael Pilz Film, in Zusammenarbeit mit Interspot-Film Wien (Rudolf Klingohr), gefördert aus Mitteln des Bundesministeriums für Unterricht und Kunst
DARSTELLERINNEN John Cook (John), Helmut Boselmann (Helmut), Eva Grimm (Eva), Hilde Pilz (Hilde), Michael Pilz (Michael), Günter Duda (Erster Taxilenker), Elisabeth Boselmann (Helmuts Mutter), Ernst Kloss (Ernst), Marieli Fröhlich (Marieli), Franz Madl (Zweiter Taxilenker), Miriam und Katharina Pilz
84 MINUTEN/SCHWARZWEISS/35MM (BLOW-UP VON SUPER-8)
URAUFFÜHRUNG 23. April 1976, Wien (Österreichisches Filmmuseum)
KINOSTART IN ÖSTERREICH 10. Jänner 1977, Wien (Action-Kino)
FERNSEHAUSSTRAHLUNG keine
Arbeitstitel: *Goodbye/See You Down the Road a Piece/ Meet You Down the Road a Piece*

Langsamer Sommer entsteht unter abenteuerlichen Umständen, mit privat geborgtem Geld, aufgenommenen Krediten und billigem Super-8-Material, das auf 35mm hochkopiert wird. Freunde übernehmen die Hauptrollen und arbeiten gleichzeitig in verschiedenen Funktionen am unorthodoxen, teils mühsamen Entstehungsprozess des Films mit, eine Periode, über die Cook sagt, sie hätte ihm das größte Vergnügen bereitet, das er je beim Filmemachen empfunden habe. Ein Vergnügen im Übrigen, das im Sehen des Films ständig wiederzuerkennen ist. *Langsamer Sommer* hält auf wundersame Weise die Balance zwischen Autobiografie und Fiktion, dokumentarischem Touch und Inszenierung. Künstlermilieu. Ein Sommer in Wien, Gespräche. Spaziergänge. Sich anbahnende oder im Sand verlaufende Beziehungen. Stationen einer Freundschaft. Ausflüge aufs Land. Nichts an *Langsamer Sommer* wirkt forciert oder gemäß den Konventionen einer Dramaturgie aufbereitet. Lange Sequenzen, in denen sich die Präsenz der Personen, das Tasten und Stocken der Gespräche oder das Spiel von Licht und Schatten an einem heißen Nachmittag selbst genügen. Eine filmische Sprache des Ganz-Einfachen und erfrischend Ziellosen, das offen für die Wunder des Unaufwendigen und „Nebensächlichen" bleibt. Ein Klima gelebter Erfahrungen prägt diesen gelassenen, behutsamen und melancholischen *film privé,* den sein Regisseur, Autor und Primus-inter-pares-Hauptdarsteller mit dem Wort „Kommunikations-Poem" umschrieben hat.

Harry Tomicek, in: „Retrospektive John Cook", Presseaussendung des Österreichischen Filmmuseums (Mai 1996)

Der köstlich deutsch radebrechende Fotograf John Cook aus Kanada, Künstler Michael, seine Frau Hilde und der in einem Fotogeschäft angestellte Helmut verbringen gemeinsam einen Sommer in Wien und im Waldviertel. Man weiß nicht genau, was sie zusammenbringt. Vage Projekte, Angst vorm Alleinsein, ein verschwommenes Zugehörigkeitsgefühl zur Wiener Boheme? Anfangs treffen sich John und Helmut, um über den Sommer entstandenes Super-8-Material mit Kommentar zu versehen. Der Zuseher nimmt an ihrer privaten Vorführung teil und findet sich plötzlich in einem lippensynchronen Tonfilm, der von den beiden hin und wieder erläutert wird. John wurde von einer Freundin aus der Wohnung geschmissen. Er versteht die Welt nicht mehr. Künstler Michael produziert am laufenden Band platte Aphorismen und ist recht selbstbezogen. Hilde kommt mit der Ehe und den Kindern nicht zurecht – manchmal gehen sie ihr so auf die Nerven, dass sie sie aus dem Fenster schmeißen möchte. Helmut ist resigniert, er ergibt sich seinem faden Job und spendet Trost mit seiner einfachen Art.

Michael Hopp, „1. Österreichische Filmtage Velden, 29. September bis 2. Oktober 1977", in: Neues Forum (November 1977)

Cook kennt die Wiener Kulturszene genau. Trotzdem verließ er sich nicht auf deren filmischen Appeal. Seine „Heroes" bewegen sich nicht im Hawelka, diskutieren nicht bei schicken Vernissagen, greifen weder nach LSD noch nach der Mao-Bibel und sind überhaupt unfilmisch. Sie benützen alte Vehikel, leben in schlecht möblierten Wohnungen und schlagen sich mit Problemen herum, die auch dem Nichtkünstler geläufig sind. Ihr Anderssein der „Masse" gegenüber drückt sich alleine darin aus, dass sie bewusst und unmittelbar in einen Veränderungsprozess eingreifen wollen und hierfür ihre individuellen Begabungen zur Verfügung stellen. Das elitäre Bewusstsein des Künstlers, Masche und Ideologie im hierzulande dominierenden bürgerlichen Film, geht ihnen gänzlich ab. Sie sind Mitglieder einer Künstlergemeinschaft, die spürt, dass sie sich von der Abhängigkeit vom kapitalistischen Arbeitgeber befreien müssen, um eigene Intentionen realisieren zu können: Suchende auf dem Weg zur Selbstverwirklichung.

Langsamer Sommer demonstriert in jeder Szene Leben, jene „besondere Bewegungs- und Existenzform der Materie, die durch Stoffwechsel, Reizbarkeit, Fortpflanzung und Wachstum gekennzeichnet ist". Die Protagonisten des scheinbar regellosen Spiels geraten dementsprechend an-, zu-, gegen-, doch niemals auseinander. Sie sind zu universell, zu körperlich, zu wahrnehmbar, um nur „Filmfiguren" zu sein.

Der langsame, vergangene und trotzdem stets gegenwärtige Sommer will dem Herbst seinen Platz abtreten: Man erinnert sich an Erinnerungen, vollzieht Trennungen nach, sucht den Stein der Weisen – und findet das Salz des Lebens.

Dass und wie Cook sich von Filmemachern mit ähnlichem Anliegen unterscheidet, ist leicht erkennbar: Er kalkuliert nicht, sondern lässt Ideen wachsen; er „montiert" nicht, sondern spürt optische und verbale Verbindungen auf; er verzichtet auf dramaturgische Finessen und setzt an deren Stelle die Glaubwürdigkeit des Augenblicks. Wie ein Poet, der die Selbstbeobachtung zu ordnen versteht, demonstriert Cook diese besondere Form menschlicher Tätigkeit, der eine signifikante Rolle im Erkenntnisprozess zukommt, über den Weg der Kamera- und Tonbandaufzeichnung. Deshalb ist *Langsamer Sommer* auch nicht zum Film, sondern zur Wahrnehmung geworden.

Herbert Holba, „John Cook, das Wienerische und die Wahrnehmung durch Beobachtung", in: ACTION-dossier Nr. 11 (1976)

Die wichtigste Lektion für mich war, dass es tatsächlich möglich ist, die sonst übliche Kinomaschinerie auf einen Bruchteil ihres Gewichts zu reduzieren. Zu diesen Lasten zähle ich Geld, einen großen technischen Stab, eine komplizierte Ausstattung, die sehr unterschiedlichen Ansprüche professioneller Egos – alles Faktoren, die überhand nehmen und so manch guten Film ruinieren. (…)

Wir haben einen handgearbeiteten, persönlichen kleinen Film gemacht. Seine Mängel kann man eher unserer Unwissenheit und Unerfahrenheit zuschreiben als dem Fehlen von Geld. Vielleicht werden die Leute, die ihn sehen, mögen. Jedenfalls hat die Arbeit daran viel Spaß gemacht, und das heißt schon eine ganze Menge heutzutage.

John Cook, Pressemitteilung (März 1976). Englisch im Original

Weitere Texte (Auswahl) – Franz Manola: „*Langsamer Sommer*" (*Die Presse*, Beilage 17.–23.4.1976) und „Der alternde Photograph und der neue Film" (*Die Presse*, 8./9.5.1976), Friedrich Eugen: „John Cooks *Langsamer Sommer* – Der Versuch eines österreichischen Films" (*Volksstimme*, 18.1.1977)

Schwitzkasten

Österreich 1978

REGIE John Cook
DREHBUCH John Cook, Helmut Zenker, nach dem Roman *Das Froschfest* von Helmut Zenker
KAMERA Helmut Pirnat
SCHNITT Susanne Schett
TON Herbert Koller, Peter Paschinger
MISCHUNG Peter Müller
REGIEASSISTENZ Susanne Schett
KAMERAASSISTENZ Kurt Mayer
LICHT Volkmar Voitl
SCRIPT Susanne Schett
AUFNAHMELEITUNG Peter Kellner, Johann Schmidt
PRODUZENT Rudolf Klingohr
PRODUKTION ebf-Film Wien, gefördert aus Mitteln des Bundesministeriums für Unterricht und Kunst
DARSTELLERINNEN Hermann Juranek (Hermann), Christa Schubert (Vera), Franz Schuh (Ehrlich), Waltraud Misak (Rosi), Johanna Froidl (Frau Gretl), Karl Martinek (Chalupa), Ernst Neuhold (Chauffeur), Elisabeth und Josef Boselmann (Eltern Holub), Werner Juranek (Hermanns Bruder), S. Marion (Junge Prostituierte), Ernst Frühmann (Standesbeamter), Friedrich Schlarbaum (Amtsdiener), Heidi Grundmann (Journalistin), Rudolf „Purzl" Klingohr (Herr Ingenieur), Käthe Weindl-Staller (Großmutter Holub), August Haas (Firmenchef Freilich), Anton Weiss (Fleischhauer), Joschi Jelinek (Krüppel), Franziska Nowak (Alte Prostituierte), Karl Umgeher, Franz Seidl, Leopold Gottwald (Gartenarbeiter), Helmut Zenker und Gustav Ernst (Polizisten), Manfred Keglovits (Postbeamter), Berta Umfogl und Andy Kastelik (Trauzeugen)
97 MINUTEN / FARBE / 16MM
URAUFFÜHRUNG 11. Oktober 1978, Wien (Österreichisches Filmmuseum)
KINOSTART IN ÖSTERREICH 30. November 1979, Wien (Studio)
FERNSEHAUSSTRAHLUNG 19. August 1980 (ORF)
Arbeitstitel: *Der Aufenthalt*

Wir orientieren uns nicht auf eine Richtung, wie sie Bergman etwa im Film repräsentiert, sondern auf jene Tendenz, die der italienische Neoverismo vorgezeichnet hat. Es geht dabei nicht um das Vorzeigen des ästhetischen Vermögens des Regisseurs; vielmehr versucht er seine Möglichkeiten in den Dienst der Wahrheit zu stellen, um bestimmte Inhalte möglichst genau zu transportieren.

John Cook, nach: „Ein Arbeiter spielt einen Arbeiter. Gespräch über einen österreichischen Film" von Lutz Holzinger, in: Volksstimme (2.10.1977)

Hermann Holub, Mitte zwanzig, lebt immer noch bei seinen Eltern, zusammen mit älterem Bruder und Großmutter. Hermann ist als Gartenarbeiter beschäftigt, verlässt aber seinen Arbeitsplatz, als ein Arbeitskonflikt unausweichlich ist (der Vertrauensmann der Gartenarbeiter soll im Beisein eines Vorgesetzten gewählt werden). Hermann trifft sich noch eine Zeit lang mit der Büroangestellten Vera, Anfang dreißig, die in der Gartenverwaltung beschäftigt ist. Schließlich taucht er auch bei ihr nicht mehr auf.

Er nimmt vorübergehend – aufgefordert von seinem Vater – eine Stelle bei der Post, danach eine als Prospektverteiler an: Immer wieder scheitert er.

In einem Kaffeehaus trifft er auf Ehrlich, der mit ihm in der gleichen Volksschulklasse war und mittlerweile ein halbwegs erfolgreicher Schriftsteller geworden ist. Dieser interessiert sich zwar oberflächlich für Hermanns Probleme, letztlich möchte er aber nur die „Aussprüche" Hermanns in seinen Dialektgedichten verarbeiten.

Daheim wird Hermann von seinem Bruder nach einem eher harmlosen Streitgespräch mit einem Revolver bedroht. Hermann schlägt ihn nieder und flüchtet in Veras Wohnung, wo er von der Polizei verhaftet wird. Vera ist enttäuscht, weil sie angenommen hatte, er sei „wegen ihr" wiedergekommen.

Nach sechs Monaten wird Hermann aus dem Gefängnis entlassen und bewirbt sich bei einem Fleischhauer als Verkäufer. Er braucht einen Meldezettel, den der Vater dem „Kriminellen" zwar ausstellt, ihn aber schnell wieder aus der Wohnung weist.

Wieder steht er vor Veras Wohnungstür. Vera, die inzwischen ein Kind von einem anderen erwartet, nimmt ihn schließlich auf, zumal er auch ihr Kind akzeptiert. Hermann findet eine Stelle als LKW-Chauffeur und hat inzwischen gelernt, nicht beim ersten Konflikt aufzugeben. Langsam beginnt er, sich nicht nur als Opfer zu fühlen.

Informationsblatt 7, „Schwitzkasten", 9. Internationales Forum des Jungen Films (Berlinale 1979)

Was daraus werden kann, wenn ein sensiblerer Regisseur als Peter Patzak einen Zenker-Roman verfilmt: Nach Zenkers *Froschfest* hat sich der kanadische Wahlösterreicher John Cook auf den Alltag eines jungen Wiener Hilfsarbeiters eingelassen – mit Behutsamkeit und liebevoller Genauigkeit. Er zeigt die Ohnmacht und Chancenlosigkeit eines Ungelernten, der nicht skrupellos genug ist, sich auf Kosten anderer durchzuschummeln, aber politisch wach genug, um zu durchschauen, wie er ständig übervorteilt wird. Immer gefährdet von der Kleinkriminalität, erlebt dieser Holub, wie schuftig und wie solidarisch Arbeitskollegen sein können. Ein zärtlicher Film, voll verborgener bitterer Pointen und mit einer scharf geätzten Studie eines Wiener Linksschriftstellers, der die Arbeitswelt rechts vermarktet.

S. L. (Sigrid Löffler), „Zärtlich und ätzend", in: Profil (49/1979)

Ehrlich ist eine Figur, die im Unterschied zu den wirklich interessanten Leuten mit sich ganz identisch ist und nur eine ganz einfache Spaltung erleidet, nämlich die zwischen seiner Wirklichkeit und dem, was er zu sein beansprucht. Über diese Diskrepanz sind sich diese unehrlichen Ehrlichs oder ehrlichen Unehrlichs ganz im Klaren. Die sind da gar nicht zerrissen oder in schwieriger Art und Weise mit sich selbst uneins, sondern sie sind auf ganz gewöhnliche Art und Weise zwiespältig.

Es handelt sich dabei um einen Schriftsteller, der unter dem Vorwand sozialer Interessen eigentlich nix anderes ist als ein ziemlich spießiger Propagandist seiner selbst; und da ich, sagen wir, immer so satirische Interessen hatte, diese Differenz zwischen Ideal und Realität zu verkörpern, war ich natürlich gleich einer der Ersten, der mit dieser schleimigen Würde vorspielen konnte.

Ich kann mir natürlich keinen Text merken, bin völlig undiszipliniert und im Grunde wie eine blödsinnige Billardkugel vor dieser Kamera und diesem Mikrofon auf- und abgetaumelt, aber ich hab da praktisch die Möglichkeit gehabt, mir selbst den Dialog auszudenken. Und das kann ich im Notfall ja ganz gut, auf jeden Fall viel besser als diszipliniert einen Text zu gestalten.

Franz Schuh, unveröffentlichtes Interview von Michael Omasta (April 1995)

John Cook in den Siebzigerjahren: Seismograf, Film-Detektiv, poetischer (feiernder, aber auch scharfsichtiger) Chronist eines banalen, kaum aus- und abgrenzbaren Universums namens Wien. Nach der Sanftheit von *Langsamer Sommer* und dessen Selbstdarstellung im Freundeskreis ein mehr von außen kommender Blick, bestimmt von Neugierde auf Details und Beharren auf Nebensachen, die sich in einer solchen Art des leisen Kinos zu Hauptsachen wandeln dürfen, ähnlich und doch ganz anders wie bei Eustache und Rohmer, den monumentalen Betrachtern des französischen unaufwendigen Lebens. Eine Proletenhochzeit, alle Trauer des Kommenden in sich tragend. Die Brachländer und Gärten des Gewöhnlichen, um die sich das Kino üblicherweise wenig kümmert. Mit seinen Geschichten sei dieser Film (so Drehbuchautor Helmut Zenker) durch und durch dem Alltag verschworen – und nicht trotz dieser Tatsache, sondern gerade deshalb interessant und spannend.

Harry Tomicek, „Schwitzkasten“, in: Mitteilungen des Österreichischen Filmmuseums (Dezember 2001)

Weitere Texte (Auswahl) – Karl Khely: „Stationen aus dem Dasein“ (*Profil*, 35/1977), Ursula Schaaf: „*Schwitzkasten*“ (*Spandauer Volksblatt*, 1.3.1979), Franz Manola: „Den Hermann gibt es nur bei uns“ (*Die Presse*, 1./2.12.1979)

Artischocke

Österreich 1982

REGIE John Cook
DREHBUCH Helmut Zenker, Dominique Eudes, John Cook, nach einer Erzählung von Helmut Maria Boselmann
KAMERA Helmut Pirnat
SCHNITT Susanne Schett
TON Othmar Eichinger
MUSIK Chaos de Luxe („Dealing with Love"), Paul Leviolette
MISCHUNG Kurt Schwarz
AUSSTATTUNG Peter Manhardt, Helmut Hribernigg, Johannes Slapa
REGIEASSISTENZ Susanne Schett
ZWEITE ASSISTENZ Hilary Cook
SCRIPT Caroline Weihs
AUFNAHMELEITUNG Eduard Meisel, Daniel (Danny) Krausz, Pia Gota
PRODUKTIONSLEITUNG Herbert Reutterer
PRODUZENT Michael Wolkenstein
PRODUKTION Arabella Filmproduktions-Ges.m.b.H., in Zusammenarbeit mit Satel-Film, gefördert aus Mitteln des Bundesministeriums für Unterricht und Kunst, des Österreichischen Filmförderungsfonds und des ORF
DARSTELLERINNEN Michael Riebl (Peter Brantner), Sybille Kos (Liesl Grubauer), Catherine Dressler (Madeleine), Maryline Abecassis (Simone), Johanna Froidl (Anita), Brigitte Lehmann (Verena Strittich), Eva Pilz (Mutter Brantner), Herbert Brunner (Vater Brantner), Christian Psenner (Chefredakteur), Herbert Klinke (Lokalredakteur), Helmut Boselmann (Roth), Heinrich Kohout (Moll, Maler), Flora St. Loup und Christian Fillitz (Ein französisches Ehepaar), Wolfgang Schett (Simones Verlobter), Walter Maitz (Ein Hausbewohner), Josefine Lakatha und Josef Boselmann (Besitzer des Kleidergeschäfts), Christa Pichler (Erika, Liesls Freundin), Gustav Ernst und Heinz Gneist (Polizisten), Erika Kneiseder (Opernsängerin), Mohammed Zin (Hotelmanager), Chaos de Luxe (Eine Musikgruppe)
113 MINUTEN / FARBE / 35MM
URAUFFÜHRUNG 4. November 1982, Viennale, Wien (Künstlerhaus Kino)
KINOSTART IN ÖSTERREICH 5. November 1982, Wien (Urania)
FERNSEHAUSSTRAHLUNG 29. Mai 1984 (ORF)
Arbeitstitel: *Anlaufen / Nasse Schenkel / Tageslicht*

„Also, angefangen hat alles mit der Französin, nicht in Frankreich, sondern in Wien." Denn dort lernt der etwas lasche Peter (Michael Riebl) eine französische Studentin kennen und verliebt sich in sie. Er verliert den Job bei der Zeitung und die Beziehung zur treuherzigen, rotbackigen Liesl (Sybille Kos) geht darüber in die Brüche. Trotzdem fliegt er mit ihr in den Pauschalurlaub nach Südfrankreich. Nach kurzer Bekanntschaft mit einer knackig-braunen Strandschönheit steht sein Entschluss fest, in Frankreich zu bleiben.

Kay Hoffmann, „Artischocke",
in: Film-Echo / Filmwoche (15/1984)

Eine Liebesgeschichte im Österreich der Achtzigerjahre? Dass dies möglich ist, ohne in Klischees zu verfallen, zeigt dieser Film von John

Cook. Dieses Gelingen hat verschiedene Ursachen: eine Geschichte, die keineswegs die beiden Protagonisten aus ihrem sozialen Umfeld heraushebt (Peter arbeitet in der Dunkelkammer einer Zeitung, seine Freundin Liesl in einem Reisebüro), und ein wohltuend fehlendes Pathos der „Laien"schauspieler.

Peter und Liesl wollen ihren Urlaub in Frankreich verbringen. Bevor es so weit ist, kommt einiges dazwischen. Peter lernt eine Französin auf Urlaub in Wien kennen. Dieses außergewöhnliche Ereignis lässt ihn den täglichen „Frust" in der Arbeit umso härter empfinden. Nachdem eine Geschichte über die Hintergründe des Selbstmords einer Hausbewohnerin vom zuständigen Redakteur wegen des mangelnden Marktwerts brüsk abgelehnt wird („Is eh nur ein Selbstmord, einer von zehn im Monat"), schmeißt Peter alles hin. Cook moralisiert nicht in seiner Zeichnung des neuen Verhältnisses von Peter. Cook verteilt seine Sympathien wechselseitig. Liesl wendet sich nicht unbedingt gegen die spontanen Gefühle Peters, aber gegen jene üblen kleinbürgerlichen Tricks, mit denen er sie zu verbergen versucht. Liesl bleibt hart; den Urlaub verbringen sie in Einzelzimmern.

Jene Beziehung, die Peter im Urlaubsort mit der ortsansässigen Simone eingeht, ist ein gelungenes Bild für Peters unter dem Alpdruck der Jahrhunderte geprägtes Verhalten. Er verfällt Simone, ohne ein Wort mit ihr sprechen zu können, versteht es nicht, dieses Erlebnis in seiner Wertigkeit zu sehen – er will im Süden bleiben und die Urlaubsillusionen zur „Realität" machen.

Liesl meint: „Genauso wenig wie du Französisch verstehst, hast du begriffen, was Liebe ist."

John Cook lässt den Schluss offen: Peter bleibt im Süden, mit dem Verständnis Liesls, und trotz der Urlaubsphilosophie einer Wienerin, die ihn versucht auf den Boden der Realität zurückzuholen. Die Bewältigung von Rollenverhalten kann nicht über den Kopf alleine „laufen", muss durch Erfahrungen errungen werden. Diese Erfahrungen dürfte Peter im Süden machen, doch dies ist bereits ein anderer Film.

Robert Streibel, „Liebe zwischen Realität und Illusion", in: Volksstimme (5.11.1982)

Es gibt kaum etwas Einfacheres, als eine Artischocke zu essen. – Wenn man weiß, wie.

Hauptfigur Peter ist zwanzig, Wiener, ein wenig schlaksig, ein wenig tolpatschig und der Prototyp des „Hans im Unglück". Was immer er auch anpackt, bei der Arbeit, in der Liebe, irgendwie gerät das Ergebnis seiner Bemühungen ganz entgegen seinen Vorstellungen.

Peter ist kein Versager, es fehlt ihm auch nicht an Gefühl. Er ist bloß der geborene Misserfolgsmensch. Dabei richtet er mit seiner Patschertheit nie großen Schaden an. Sogar seine Misserfolge sind fast bemitleidenswert unbedeutend: Peter verkörpert die Ente im Porzellanladen. (...)

John Cook zieht zwar ständig das Melancholieregister, lässt aber seinen Peter trotz Schwermut niemals den beinahe naiven Mut für einen nächsten Versuch verlieren. Ganz gleich, ob bei der Eroberung unerreichbarer Frauen oder auf der Jagd nach heißen Storys.

Eigentlich komisch, dass der Film trotz der darin zahlreich enthaltenen heiteren Enttäuschungen niemals ironisch wirkt. Vielleicht ist Ungeschicklichkeit zu menschlich. Übrigens: Artischocken isst man mit der Hand.

Heimo Lercher, „John Cooks ‚Artischocke'", in: Neue Zeit (10.4.1983)

Ich habe Gäste aus dem Ausland. Man muss sich vor ihnen für so einen Film schämen.

Zuschauerinnenreaktion von Sybille Hirak, 1220 Wien, in: Kurier (3.6.1984)

Manche Leute meines Alters (oder älter) könnten die Geschichte, die ich in meinem Film erzähle, als unmoralisch empfinden. Die Moralvorstellungen haben sich in den letzten Jahren wesentlich geändert und ich wollte die „Gefühlserziehung" eines Zwanzigjährigen in der neuen Freiheit unserer Zeit schildern. (...)

Wir „im Norden" leiden unter dem langen, kalten Winter und wenn der Frühling und die Sonne kommen, tun wir oft verrückte Dinge. Und wenn man dazu noch bedenkt, das uns ein Flugzeug in nur neunzig Minuten zur Côte d'Azur bringt – es ist ein Schock!

Der Film bot mir aber auch Gelegenheit, meine eigene „Gefühlserziehung" zu überdenken. Ich bin in den Fünfzigerjahren in Nordamerika aufgewachsen, seither habe ich mehr als die Hälfte meines Lebens in Frankreich und Österreich verbracht. Ich wollte auch überprüfen, ob ich mir genügend von diesen Kulturen – französisch und österreichisch – angeeignet hatte, um sie auf der Kinoleinwand einander gegenüberzustellen.

Für uns, die wir in Wien arbeiten, sind solche Gegenüberstellungen notwendig, da wir hier wie in einem Kopfbahnhof leben und uns leicht in eine gewisse „Provinzialität" verirren.

John Cook, „Zu diesem Film", in: Presseheft zu „Artischocke" (1982)

Weitere Texte (Auswahl) – Gerald Sturz: „Film aus Österreich: Die schöne Armut" (*Wiener* 11/1982), Gino Wimmer: „*Artischocke*" (*Kronen-Zeitung*, 4.11.1982), Christl Stadler: „Österreichischer Aussteiger" (*Präsent*, 46/1982), David Marinelli: „Cook's Latest: Tasty But Underdone" (*The Danube Weekly*, 50/1982)

José Manrubia Novillero d'Arles

L'apprentissage d'un matador de toros

Frankreich 1990/96

REGIE John Cook
KAMERA Michael Riebl (Film), Francois Pages (Video)
SCHNITT Aline Boi
GUEST EDITOR Susanne Schett
TON Laurent Lafran
MUSIK Ausschnitte aus Werken von Giacomo Puccini („Che gelida manina", *La Bohème*, und „E lucevan le stelle", *Tosca*), Manolo Caracol („Toitas las mares tienen penas"), Isaac Albéniz („Almeria" und „Asturias", *Suite Iberia*)
DOLMETSCHERIN Juliette Celdran
REGIEASSISTENZ Bernadette Alessandroni
KAMERAASSISTENZ Ortrun Bauer
PRODUKTIONSLEITUNG Denise Muraccioli mit Claude Martin (Spanien)
PRODUKTION Camargue Films
60 MINUTEN / FARBE & SCHWARZWEISS / VIDEO
URAUFFÜHRUNG 20. Mai 1996, Wien (Österreichisches Filmmuseum)
KINOSTART IN ÖSTERREICH keiner
FERNSEHAUSSTRAHLUNG keine

José Manrubia Novillero d'Arles: Im Titel steckt bereits der ganze Film. John Cooks einstündiger Dokumentarfilm ist das Porträt des jungen Spaniers José Manrubia; er zeigt die Bemühungen dieses „Novizen", das Handwerk des Stierkämpfers zu erlernen; und er ist eine Annäherung an die vitale spanische Community im südfranzösischen Arles. Der Untertitel *L'apprentissage d'un matador de toros* („Lehrzeit eines Stierkämpfers") ergänzt lakonisch das Sujet des Films: die minutiöse Beobachtung der Stierkampf-Schulung, die angesichts des lebensgefährlichen Metiers über das bloße Erlernen des Handwerks hinausgeht. „Stierkämpfer sein", sagt José Manrubia einmal, „ist der schönste, aber auch der schwierigste Beruf der Welt."

José Manrubia Novillero d'Arles beginnt mit Ansichten des mediterranen Arles: Straßenzüge, Platanen, das Meer. Der kurze Einstieg führt zum Elternhaus von José Manrubia, wo dieser mit Vater, Mutter und Schwester lebt. Ausführlich werden die Vorbereitungen seiner Abreise gezeigt und man erfährt, dass Manrubia und sein Vater neuerlich auf dem Weg zu einem Stierkampf sind. Kommentiert werden die alltäglichen, familiären Situationen von Manrubia selbst und von seiner Mutter: Er erzählt, wie aufwendig es sei, Stierkämpfer zu werden, und dass er nach Spanien müsse, um weiterzukommen, und dass ihm jeder Abschied von seinerFamilie schwer fiele; sie sagt, sie sei natürlich stolz auf ihren Sohn, aber sie habe immer Angst um ihn und wäre froh, wenn er damit aufhören würde.

Später sieht man, wie Manrubias ehrgeiziger Vater mit seinem Sohn Kampfszenen probt; und zu den Bildern von einer Stierkampfarena hört man zum ersten Mal Musik von Puccini.

In dieser Anfangssequenz von *José Manrubia Novillero d'Arles* hat Cook einige seiner Themen etabliert: den ökonomischen Hintergrund (die kostspielige Ausbildung wird durch die Familie ermöglicht; der Stierkampf ist ein schwieriges Business); den schmalen Grat zwischen Scheitern und Erfolg (damit verbunden die stets präsente Todesgefahr); die kulturelle Isolation der spanischen Minderheit in der französischen Provence; und schließlich den Gegensatz zwischen erträumtem Lebensglück und der Wirklichkeit des Alltags.

Danach geht Cook daran, detailliert zahlreiche Aspekte rund um die Corrida zu dokumentieren: Er zeigt den Transport der Stiere vom Land in die Stadt; das langwierige Ankleiden des Matadors vor dem Kampf („der schönste und schwierigste Moment für einen Stierkämpfer"); schließlich kurze erste Szenen eines Stierkampfs, in dem Manrubia in Schwierigkeiten gerät und verletzt abtransportiert werden muss. Der Unfall, erfährt man später, zwingt Manrubia zu einer Pause und belastet ihn vor allem psychisch sehr. Er kehrt nach Hause zurück und Cook befragt ihn nach seinen Sehnsüchten (und bekommt Manrubias Liebeserklärung an eine „andalusische Venus" geschenkt). Dann führt Cook Manrubia mit einem ehemaligen Stierkämpfer aus der Region zusammen, Ramon Beranger, und dieses Gespräch, in dem es auch um Träume geht, steht im Dialog mit einem in der Camargue gefilmten Fest der Familie und Freunde Manrubias. Das gemeinsame Kochen, Essen, Singen und Tanzen gibt eine Ahnung davon, was Manrubia als Grund anführt, warum der Stierkampf seine Leidenschaft geworden sei, und führt schließlich zur fulminanten, nahezu zehnminütigen Schlusssequenz: In bewundernswerter Klarheit zeigt Cook den äußerst kunstfertigen, eleganten Manrubia, der in der Arena einen erfolgreichen Zweikampf absolviert. Das Ende des Films gehört jedoch nicht dem siegreichen Manrubia, sondern dem Veteranen Ramon Beranger: In charmant-gespieltem Erstaunen wundert er sich, warum er nicht Maler oder Bildhauer geworden sei, sondern dieses kleine Tier in seinem Kopf sein Leben so bestimmt habe. Dann, zu den Schlusstiteln, wieder Puccini: „E lucevan le stelle."

Constantin Wulff

John Cook in Wien, 1970er Jahre © Hilary Cellini-Cook

John Cook

The Life

I've gone home to Toronto almost every year since I left in 1958. The train station and the airport are at opposite ends of the city. Yet whether I train or plane in I know the taxi driver will run me past the Toronto General Hospital, the building in which I was born.

Inside those brick walls it all began for me. Now, returning home slumped and jet-lagged in the back seat of an airport taxi, I only want the trip to be over. So I ride by, leaving stock-taking for another day.

Until I became a bored adolescent my mother rarely failed to show me, as we drove past, which hospital window had been ours. She pointed with her finger, "There! That one!" And I always said, "Yes I know". But there were so many windows side by side I really didn't know at all.

My twin brother didn't survive the day but it still must have been a happy one for my parents. My father joked a lot and he wrote "plenty!" into the box marked Sex on my birth certificate.

The family doctor came by, looked at my baby feet and predicted that I would be very tall indeed. I am five foot nine which was never tall for a Canadian, not even then. Doctors' smallest utterances were taken seriously in those days, particularly in our house.

My father was an accountant for the Canadian National Railroad, yet he disliked government run enterprises. Ten years later when the office employees unionized he quit.

My mother had been a bank teller until she married him. They had gone to Upper Canada and Bishop's Strachan's, two expensive private schools. Now, at the end of November 1935, in the Toronto General Hospital, I had arrived to bless their union, so to speak.

They took me home in my swaddling clothes to Forest Hill Village. For a good-natured person the architecture of the Village has a funny side. In the 'thirties the rich were usually of British descent and they were drawn to granite. Many castles were built. On the highest ground, on the hill above Bishop Strachan and Upper Canada College, there are a slew of little baronial manors. English Canadians knew Mother England mostly from Hollywood movies. They really wanted aristocratic looking homes—even when it meant scaling their building plâns to fit small lots. This meant that the tiny turrets and crenellated towers on the corners of their castles were just big enough to keep cats in.

Farther down in the city Sir Henry Pelton managed to build his Casa Loma full scale, but the detail work was crude. He was ruined before it was finished, and the city was stuck with an untaxable white elephant.

Our part of Forest Hill was to the west of the castles. West of Spadina, Tudor ruled. This meant wood planks were worked into brick facing, granite only appeared sparingly as trim. Leaded windows were a feature. But our family's Glenayr Road was not for tiny lords or earls in this Ontario fantasy version of the British class system. Here was a street for rich people in trade. The work on our house was completed in 1934. In all but colour there were three other homes identical to it within the next two blocks. The builders flopped the plans left to right on every second copy.

A child living in Toronto's Forest Hill swims in purity. The green, green lawns are rolled pool-table flat, and the breasts of the robins dancing about the sprinklers are round and rosy. And the place is quiet. Empty and quiet. Even now, at century's end, these weekday streets seem lost in a long ago protestant Sunday. You can hear your heart beat. It is amazing the way the residents stay off the streets by common accord. The cleaning ladies moving to and from the bus stops appear to have special dispensations.

My sister's baby carriage was a classier vehicle than the family Chrysler Royal and nearly as big. It gleamed with Simonize and, with Nanny pushing it in her starched white uniform and me trotting along in my sailor suit, we were a picture. Towards the end of the afternoon we would park hub to hub under a big maple tree for awhile to chat with other English nannies.

That was Forest Hill around 1940. Or now perhaps. Fifty years later I ride the Forest Hill bus through the area and feel part of a long-running science fiction tale. Nothing outward and material worth counting has changed since those days. So pure. An occasional long, long car with a silent atomic motor glides by. The glass of its windows are tinted so dark that any people inside are invisible. Maybe the car is empty except for a tiny silver computer at the wheel—from Birks.

The successful English Canadians who lived there then, so many of the financial rulers of the Dominion, were at ease with life and full of themselves. Like Old Testament prophets they tended to talk downhill and in absolute terms to their wives and kids and servants.

Immigrants, later called New Canadians, worked the flower beds and built tiny rock gardens out in front of the houses. Groups of happy strollers on the weekend would have enlivened the streets, but the prowl cars of the Forest Hill police force discouraged this. A working-class outsider would probably have felt lower than the smallest piece of crap left in the road by the bread and milk wagons.

Most Torontonians from down the hill came to know the Village only from the hearsay of visiting gardeners and milkmen. In the fall and spring there were one day invasions of those "men-who-change-the-storm-windows". Through their work these specialists managed some minute-long glimpses of the interiors of the overstuffed houses as well.

"The Jews are moving in, the Jews are moving in", was a sort of grace said at dinner. This was not anti-semiticism, it was concern for the Jews' best interests—that they might not feel well in Forest Hill was a constant Christian concern. The Jews did feel fine there though, they kept coming and they prospered too. The result was that by the late forties you occasionally met someone, usually with an accent, who had traveled and knew something of the world. You heard other languages than English in the Village shops and knew you were not to stare at those people.

The Jews next door to us were doctors and when my father died they sent over a large hamper of food, according to their custom. When their daughter married years later they invited my mother to the wedding party in their garden. She was overwhelmed by such kindness. Later I had a Jewish girl friend for a time in university and my mother quietly said one day, "I like her. If you want to marry her I won't mind."

I was a long way from marrying anybody, but her saying that let a cleansing wind—more of a cyclone—blow through the house.

My first school days were in a Toronto girl's school, St. Clement's. This looked fine to me. I don't remember any other little boys there. Just some little girls, the nuns and me. Until then I had had the full attention of my young mother, had recently acquired a British nanny, and now for several hours a day I was surrounded by angels.

In St. Clement's we had lovely young Anglican angels. They wore starched, clean-smelling linen. Blond hair, silk skin and sparkling teeth. Life was all blue skies and fluffy clouds there. I remember much laughter and how they hugged me to them tightly. They passed me steadily from bosom to bosom. My guess is that it was such treatment that marked me as a heterosexual for life.

My parents were conservatives but not fascists. They flirted with modernity when the stakes weren't too high. After St. Clement's and before Upper Canada I did a year at Windy Ridge where the teachers were running liberal educational experiments. In their kindergarten the children were supposed to find their own entry levels. My mother dropped by one day to see if I had found mine. Up front two rows of children sat at desks copying the alphabet from a blackboard. Behind them more children were using poster paints. Farther back still others were modeling plasticine. Mom found me up against the wall at the back of the room. I was playing on the floor with a wooden train. Choo choo.

Mrs. Milsom of UCC I remember as round and brown like a badger. I entered UCC through the portals of her kindergarten and she was the last women teacher I saw for the rest of my school life. Her job was to wean me post-haste from Mommy's influence, to fit me out for the maleness of prep school life. Had not the angels of St. Clement's already messed with my psyche so successfully, she might have had more success. So Mrs. Milsom only distressed me briefly.

I had been put down on Upper Canada's waiting list at birth. My father was an Old Boy and was confident that, once inside the place, everything gone amiss since babyhood would be set right. Was Mrs. Milsom's crucial task difficult for her? The older kids tried to scare us with talk of her wooden spoon. But at six we didn't have much experience of physical punishment to work from.

The first wooden spoon I got went well because of this. I was talking to a friend at the back of the classroom illicitly.

"John Cook, come up to my desk and take your punishment."

I stood in front of her and her big wooden spoon rose above my outstretched palm. I was uneasy but not worried. Mrs. Milsom looked her usual friendly self. Then she brought the spoon down. I couldn't believe the pain. I stumbled back to my desk, clasping my red hand between my knees. I may have wet myself as well. That and stuttering were my first lines of defense in a crisis.

The second time I got the wooden spoon was worse. I extended my palm as before and just before she struck—remembering the pain from last time—I withdrew it.

"John Cook you will now get two whacks instead of one. And should you withdraw again, I will increase it to four." My St. Clement's bulwarks held. Anyway, the wooden spoon was a baby punishment. From the next year on, I would have all male teachers with straps and canes in their arsenals.

Outside of school I don't recall much. And yet it was the best of times, I'm sure of that. I remember my mother's face a lot, always smiling and young in a way that it never quite was later on.

I remember kiddy bric-a-brac: sleighs, toboggans and snowsuits, some rope swings and getting big boils on my knees. I remember the sand on the shore of Lake Ontario, I saw the bloated body of a big fish there and it stunk horribly. I remember people smoking a wasp's nest out of a tree. In the summer, ice cream came in tight little cylinders that were tumbled out of a paper covering into the cone. Mello Rolls they were called. They must have gone on until I was around ten. I remember chanting "Up your hole with a Mello Roll!" at the time.

I often wonder if it wasn't a Mello Roll that started me stuttering. We rented a stucco cottage in Lorne Park out beyond Port Credit during the war years. One day the adults bought me an ice cream at the village store and I walked back to the car licking it. I was told to give it to my mother while I climbed up onto the seat—and she would hand it back to me once I was sitting. I refused and when she insisted I stuck the whole Mello Roll into my mouth and swallowed.

I was out for an hour. I woke up on the kitchen table back at the cottage, Nanny and Mom's heads were big between me and the light bulb. I guess you could die that way. I remember my brain hurt awfully. But I've hardly had a headache since, maybe the ice-cream overdose vaccinated me. Of course, if the same ice-cream started me stuttering, it's a poor exchange.

Having a stutter is not all bad. It forces a sense of humour on you, you will hardly survive your stutter without one. Some people are bound to laugh in your face for sure, and not always from meanness. Just to relieve their tension. Really they would just as soon be somewhere, anywhere else than standing in front of you. The best thing stutterers can do for all concerned is to convert this moment of agony into stand-up comedy. This takes real talent and much practice. Of course some of the people laugh in a stutterer's face because they feel superior. Bystanders may approve if the stutterer successfully puts his fist in the creep's face. Not all creeps are bad fighters, so judgment is called for.

The other positive thing about stuttering is that it tended to keep me honest. A crook who can't talk himself out of things doesn't get far. I knew one stutterer who was a swindler and he got caught. Big surprise. Most of the stutterers I've known were incessant talkers and avid for employment in the media. I once met a blind painter too.

I dreamed of being a cowboy for years partly because talking smoothly reportedly wasn't big with them. And cows don't care what you talk like anyway.

I announced a radio program in university once. Starting in kindergarten I fought like a lion to get into every theatrical performance going.

My last time on the stage was in a mammoth production of *Peer Gynt* at the University of British Columbia, I played several trolls and a southern slave owner. We rehearsed for months and right up to dress rehearsal I reeled off my memorized lines without a hitch. The scale of the undertaking abruptly overwhelmed me on opening night. I worked a little stutter into my southern drawl and scared myself half to death. I took the boat for Europe soon after that. One of the pleasures of starting a new life was always the hope "this one will be without the goddam stammer."

New lives bring disruption and a hungry stammer feeds on that. I went to France to learn French and it was four months before I could buy my Gauloises any other way than by pointing at them on the shelf with my finger. I don't recommend French as a second language for a stutterer. The French are as highly strung as race horses. Any disability in others is liable to make them shy or bolt.

Upper Canada's Cadet Corps are gone now. Those dead-black Falangist uniforms were heart stoppers. In the early 'forties I remember our First Form teacher Mr. Gault reading us long pages of the Siegfried legend every afternoon. I find that curious now, we were at war with Germany at the time—but I'm not going to doubt his patriotism. In any case we little boys loved the whole wartime atmosphere. We would never have bothered to ask which side the school was on as long as it continued looking armed and ready.

In the 19th century an earlier generation of UCC boys had actually gone to the front, had lined up in full kit to stop the Fenian Invasion. Their red coated appearance in the distance looked real enough and did the trick, no shots were fired. Thus the school obtained its battle colours and had a flag to fly over-head during church parades ever after.

My father had been wounded twice in World War One and lost the sight in his left eye. In Ontario we maintained the same devotion to the Empire during the Second World War as we had in the First. Our politicians saw to it that Canadians were among the first troops to be landed in Europe, at Dieppe. We took tremendous losses there. My mother said once that she thought of herself as a British subject first and a Canadian second.

At UCC, in our short pants, we marched alongside the Cadet Corps band while it practiced. They paraded around in the college grounds and sometimes over to the girl's school, Bishop Strachan's, and back. We straggled at their sides stiffly swinging our little arms. A blue blazer with a silver crest on the pocket was a uniform too in its way. I remember that the tall boy carrying the big bass drum had a leopard skin over his shoulders.

We all thought guns were neat but we didn't get to see them often enough. As a dramatic highlight to the Annual Prize Giving, a platoon of cadets stormed across the Oval and took two or three mock-German prisoners. The parents stood, fathers in crested blazers and mothers in big hats, and cheered and applauded. The Brens, Stens and Lee Enfields firing blanks made a lovely racket. A couple of thunderflashes were set off, a smokescreen preceded the final attack. Spent .303 cartridges rattled in my pockets for weeks.

Ontario public school boys received little manly preparation. They didn't have the compulsory bodily contact sports that we had in the afternoon. They didn't have boxing lessons followed by a championship in the spring. They didn't get strapped or caned for their mistakes. Our parents pointed out that we were very favoured and that the school fees were high but justified. The bigger, hardier UCC boys agreed with them enthusiastically and said they would send their own sons here one day. The rest of us soldiered on and dreamed secretly of public schools, girls and freedom.

The genius of the finely tuned UCC system saw to it that every happening in our school lives turned to our advantage. For example, if a kid rarely won anything in the constant sporting competitions he became a "good loser". Many adults claimed to admire this quality in a child. I honestly doubt their word in this.

I had a great pal named Kerry. He was blond and fair-skinned too. When we were small we were often taken for brothers. He was the most resolutely honest kid I knew—maybe ever have known. For me it posed a problem that he was taller, better looking, stronger and more athletic than I was. Of course he hadn't a trace of a stutter either. These differences became accentuated as we got older, yet we remained fast friends in spite of my jealousy. He had an excellent character.

It wasn't his fault that he had been born in Boston and that his parents had moved to Canada a few weeks later. He was determined to remain American. I disagreed bitterly with this. It seemed clear to me that he owed Canada his loyalty—and not the U.S. where he had only been born and lived but a few days.

Kerry's citizenship remained open until he was twenty-one. In the weeks following his birthday he became an American citizen. When he graduated from Harvard he got his commission in the U.S. Navy and got married as well. He really went the whole mile.

Canada versus the U.S. is a sterile subject unless you are a kid. A small country alongside a big one with the same language is bound to develop a similar culture. Yet, for me, Kerry going over to the Yanks had something gutless about it, like someone cheering for the Red Wings after they had won the Stanley Cup several years in a row. Above all I saw it as disloyal to me personally. By becoming an American he was disavowing all the childhood hours we had spent together. He seemed to be saying that he should have spent his growing up south of the border surrounded by anyone but the likes of me.

Canadian feelings about Americans are complex and contradictory. My mother's mother was an American, but it didn't prevent her from pointing out how loud and showy Americans were compared to us. Jews got accused of that too. That was why I laughed the day someone described Canadians as "decaffeinated Americans".

My feelings about the Yanks were schizophrenic enough. In Canada they played "God Save the King" and later "the Queen" at the end of all those American movies we were watching. A young Elizabeth in a red Guards uniform sat her horse proudly and stared out over our heads—while movie actor U.S. Marines continued to win the war for us. All rose for the anthem. Later during the Vietnam debacle I told my Uncle George that I was glad we had, for once, stayed out of a war. The Viet Minh had mauled the French army badly at Dien Bien Phu. It could happen again I said. Sternly he said, "Never forget that the Americans are our allies."

Kerry and I were much into guns. The cinemas on Yonge Street above Eglinton showed a lot of war movies for a time and Kerry and I saw them all. *Guadalcanal Diary, The Sands of Iwo Jima, The Fighting Lady, The Purple Heart*. I can still remember the plot lines to some of them. I was as familiar with John Wayne's face as my father's. After Hiroshima we moved seamlessly onto cowboys, Indians and the U.S. Cavalry. John Wayne re-enlisted, with the help of a time-machine his helmet was now a Stetson and the same Stars and Stripes waved above the smoke at battle's end. When the lights went up Kerry looked proud as he rose to his feet.

We weren't sarcastic, cynical little boys. If we had known what our parents intended when they told us how "privileged" we were we might have become that. But we really weren't following their talk very closely. We were totally taken up with trying to have fun within, or in spite of, the taut disciplinary atmosphere of UCC. Our physical and emotional worlds collided constantly when we were that small. The day they issued us our first soccer boots or football uniforms we were proud little champions.

In the Canadian Fall and Winter climate a small kid is changing clothes all day long. I was issued a locker in the Parkin Building basement to keep my sports equipment in, and a combination lock to put on its door. It was nearly hopeless trying to dress or undress in a maelstrom. Clothes and football boots flew through the air, everything possible was swiped and hidden for the fun of it. There was a steady din of shouting and screaming. Of course I forgot my lock's combination ... all those numbers ... to the right once, back around twice ...

My mind often went numb under the weight of so much detail. I would arrive home in the evening missing a glove, my cap or my scarf. My father raged at me and turned dark red. My mother, Nanny and even the maid tried to cover for me. I stuttered away wildly until Dad eventually left the room.

From October to April a lot of my bodily warmth went into the drying out of my clothes. We threw snowballs on the way to school, had massive snowball fights during recess, and usually played hockey for a couple of hours in the afternoon. We got out at 4:35 p.m. You could easily stand in the dark for three quarters of an hour at the Forest Hill bus stop. My gloves were soaked, my boots were drenched, someone had stuffed snow down my back—and now I had to take a leak ... badly.

Spring was beautiful. We wore our black galoshes open and flopping and we let any bookish concentration seep into the grass with the melting snow. All we asked was to be left alone now. That suited the teachers, they were happy to see less of us, to watch the buildings empty out.

Over the noon hour we lolled around with our lunch pails on the playing fields between the Upper and Lower schools. My mother made the best egg salad sandwiches in the world. With the sun on them the onion, mayonnaise, chopped eggs and green grass smells melded. I had two of those gooey sandwiches every noontime. I could have traded them for other kids' sandwiches but didn't. From 11 a.m. on every school morning, nailed behind my desk, my mind was on those sandwiches. I would still walk a mile for one. I never was a thin little boy.

Once the boxing competitions were over, sporting excellence sagged. Only the people on the First cricket team managed any conviction. Many of my kind goofed off with a vengeance. Football and hockey had mobilized us all right in the somber seasons. Cricket could never do that in fine weather.

No doubt: cricket is very, very British. The clothes are white on white and there's a language to learn that goes with it. It's all funny and ducky English. The red ball is the same size as a baseball, ninety five times as hard, and they only let you wear gloves behind the wickets. Try catching three hard driven cricket balls in an hour with naked hands and you'll need surgery. Some sports are convivial and fun to do even if you are lousy at them. Skiing and tennis for example. Others, like golf and cricket, are Satan's work in my experience.

The return of the sun gave rise to crazy talk. I remember demented, springtime conversations lying on a field among our lunch pails in our crested blazers, wax paper and bits of sandwiches strewn around us in the grass. We were older then, eleven or twelve, these are among my last Upper Canada memories.

There must have been ten or so of us sprawled in a broad circle. We were watching a kid talking earnestly with a teacher in the distance. Finally the teacher moved on, the kid came over and sat down.

"He says the school has a problem. Brown's parents phoned the head and demanded to know why we have nicknamed their son 'Asshole Brown.' They're very upset, really upset, he said, and absolutely want an answer. I told him I'd talk to you guys and we'd try to help."

We lay back on our elbows, chewed our sandwiches and thought about it. With the silence of collective concentration I could see Brown's pinched face floating in the sky above me.

"It's because ..." finally someone said.

"He's such an asshole!"

When we crossed national borders at the time, things looked stranger than they do now. Going to the States a kid noticed the bikes. The American dream bike of the time was the Schwinn. There were ads for it in all the comic books. Our Canadian bikes were over-sturdy and heavy, but light compared to the Schwinn. It was big, bulbous and gleaming with chrome. The bulging tires looked like pink sausages—or rolls of belly fat oozing over a belt. This was maybe a carry-over from the automotive esthetics of the period. I don't think even Kerry wanted a Schwinn.

Kerry lived just north of St. Clair and Yonge, my first cousins on Lonsdale Road next to UCC. Both houses were a half hour ride for me at the most. There wasn't so much traffic then, we rode our bicycles everywhere. The house on Lonsdale, which had belonged to my grandfather, had a vast garden. The sector behind the house had rows of vegetables, I remember carrots and huge rhubarb leaves. There was a double garage with a little apartment over it where the chauffeur lived. He had a cap and moved around the car polishing, polishing. By the end of the war maids or chauffeurs were unavailable. The wartime factory pay had raised servants' expectations beyond what our parents were prepared to pay.

At one point I had a friend named Tom Wharton who lived in what was open country then, Richmond Hill. His family invited me up many times. They had a big black Labrador dog. Tom's mother was very pretty and kind, she talked to us seriously and listened to what we said in turn. Tom's father had been a major in the army during the war and he had a military aura about him which kept us in awe. He was very earnest and slightly severe, very safety conscious too.

It was strange that he kept his 9mm German Luger in his bottom drawer, not locked away. Tom thought he remembered how to strip it, together we took it all to pieces on the bed. There was no reassembling it. Several springs had flown about the room, we hoped we had found them all again when we put the Luger pieces back under the shirts where we had found it. Neither of us got shot.

The Ontario countryside can be rocky and hilly in a wild, gravity-defying way that I have never seen in Europe. I remember whirring down country roads that had been slashed deep into the ground, the orange of the clay banks rising high above our heads. The road was slanted, the horizon tilted crazily in the distance. Sometimes we were not sure if we were riding up or down. It was thrilling and frightening.

One day we parked our bikes and crossed a broad field to the edge of a densely planted forest of fir trees. We climbed two adjoining trees on the perimeter and spent the rest of the afternoon, until it got dark, crossing the woods by swaying each tree top over to the next and then changing mounts. It was a big forest and we got a mile across it without once setting foot to ground.

Tom's mother who was so pretty and gentle used to have long talks with us in front of the farmhouse fire while we waited for the major to come home from work. She had a big collection of pamphlets warning of the communist conspiracy in the United States. We were shocked to learn that Charlie Chaplin and just about every other movie actor we had heard of—but not John Wayne—were fifth columnists working for the Russians. For a while we were premature McCarthyites, we saw the Red Menace before most Canadians knew McCarthy existed.

Six to twelve was an unquestioning time. Upper Canada Prep was the school where I went. I thought no more about that than I question the pyramids now. The school ran busily, ineluctably onwards and the teachers' styles were efficient and impersonal. Mr. Rafael was a dark, lean, impassive master—his style set the tone of the Prep school as much as any man's. I remember him meting out justice more often than other masters did, all the school's boarders were under his personal surveillance to begin with. He had me up to his room, pants down—two, four or six strokes of the cane—and I was back out in the sunlight before my mind had caught up. The trick was that the welts and bruises would be there for a week, throbbing reminders of my sins—yes, I really had taken that very painful beating.

1949 looked to be a fine year. UCC skipped Kerry and me from the Lower over the Upper Remove and into the Upper School. We had gained a school year. We were twelve turning thirteen, our childhood was being shut down on us before we were quite ready. But we did like the idea of cadet uniforms and guns and it was flattering to be able to look downhill across the fields towards the Prep where the little kids with snot on their ties were kept.

The Upper School didn't run with the trim efficiency of the Prep at all. There was now a British "house" system in place and a layer of stewards and prefects had been added as a first line disciplinary force. We twelve year olds were invisible in the big shouldered chaos of the crowd, invisible except to the hard cases in my class who were bored out of their minds and looking for fun.

Another androgynous creature and myself had our notebooks torn up several times in the first weeks by these guys. The biggest of them

John, Tally (his mother) and Ann (his sister), Glenayr Road, Toronto

was Whitehead and the smallest was Grant. They warned us not to talk but that wasn't necessary. We had learned way back in our first year with Mrs. Milsom that "squealing" was anathema in UCC. My father was very much of an Old Boy about that. He wasn't listening to any tales at home either. So the other little jerk and I were faced, apart from our fears, with a serious practical problem. With no notes to study from we began to fail our weekly tests. Mid-term exams, when they came would be disastrous for us.

As the fall term wore on the boredom of the toughies increased and things got more physical. They took to putting us out on the fire escape at the beginning of a class, knowing we would stay out there all morning if that's the way they wanted it. Cold it was. By escaping up or down the fire escape we would attract the attention of masters in the classrooms above or below—and that would be tantamount to squealing. This was a lose lose situation.

Then one day in the showers the smallest of the older guys, Grant, spit on my cock. There was no way out of this one, I took a swing at him. Three of his friends followed me into the locker room. They tried to squeeze me into a narrow steel locker and I fought back frantically. I fell to the floor, hitting the corner of a bench with my head on the way down. I was out for awhile. They were gone when I came to. I went up to the infirmary and the nurse sent me home.

I had a headache the next morning and felt like vomiting. My mother said I could stay home. I knew I would be doing that from then on in. I would be sick every morning and go to school no more. There was no sense in pursuing this project further. My father stayed out of it, stayed out of my way entirely. He didn't come up to see me in my room when he got home from work. I imagine he was disgusted. I was ashamed and terrified of him—but I was more intimidated by that gang in my class. There were three or four of them and each was bigger than Dad by a lot.

Staying home sick was not as much fun as it had been when I was smaller. My mother didn't read to me any longer, I could read to myself now. My mother's choice of books had been better than what I now chose for myself. I was reading everything I could find about horses and cowboys, a lot of Zane Grey and The Hardy Boys. When Mom had been reading to me her warm voice had added a dimension and depth to my pleasure. She had picked books with magic in them, fairies and pirates and princes and princesses. I remember a squeaky clean version of *The Arabian Nights*.

I loved stories indiscriminately, all kinds. I started following the soap operas on the radio and they ran continuously all day. They were stickily sentimental and pitched directly at housewives but that didn't disturb me. The last one of the afternoon was *Stella Dallas*, it followed *Our Gal Sunday* and I liked those two the best. After five hours of masterful men, overwrought women, soap commercials and much organ music I was strung out when dinner came. Thank God there were comedy shows in the evening to ready me for sleep.

I remember best Red Skelton, Bob Hope and a weird program with voices I could hardly understand, Amos 'n' Andy. You nearly never saw blacks on the streets of Toronto then. After many years I finally saw a Negro up close and heard him talk, a sleeping car porter on a train.

My mother and father had once danced to Louis Armstrong's band in the States and they remembered it well. "Those people have sure got rhythm", was always a dutiful part of the memory.

Sunday night was fun because of Jack Benny and Phil Harris. My mother made a huge plate of sandwiches, canned lobster mixed with chives and mayonnaise, and we all gathered in our dressing gowns in the sun-room around the Westinghouse to listen. The programs were brought to us by Lucky Strike and Rexall Drugs respectively. My father found those comedians hilarious and he was right. Behind that unassuming Catskills humour was a Central European sensibility which tickled our dour Ontario funny bones.

A neighbour across the road liked fiddling with the stock market as did Dad. In the good weather he and his wife were either drinking in our back garden or my parents were over drinking in theirs. They became ever closer friends and finally took season tickets together for all the Argonaut football games. Their son was an amateur magician who sometimes put on shows at children's parties and he showed me some card tricks. There were some surprisingly good books in the public library about the art and I soon read everything available. I wasn't interested in the big illusion stuff. I liked the non mechanical conjuring with cards and coins. It's all manipulation and skill. Fortunately I never liked games of chance much, card-sharping can be tempting once you know some moves.

1949 had looked to be such a great year. It became the worst of years for us. Possibly it was the worse year since the Cooks had left England a century earlier. A steady course had apparently been set at the time and then stuck to for a hundred years. But there was a risk involved in concentrating all the leadership in my father's hands alone.

Of the three Cooks I knew well, my father was the most imperious. When my mother was engaged to him they had dinner at her home and her mother made an insensitive joke about the twelve year difference in their ages. He immediately got up from the table and wordlessly left the house. He swore he would never set foot there again and he never did. After their marriage my mother broke all contact with her parents and her eleven brothers and sisters. Every time she told the story she seemed shocked anew by how implacable my father had been—but in what he considered a matter of honour he was the sole judge.

Maybe any family that makes a lot of money and manages to hang on to it for two generations starts thinking in dynastic terms. If the family elders manage to pass along the project behind their riches their pride becomes even greater. My father was a businessman as his father had been and they both saw business as a vocation of great value to the country. There is a nicely made photograph of my grandfather in the Canadian *Who's Who* for 1920. He looks the benevolent patriarch my mother described him as. Honest, loyal. God-fearing and a teetotaler, John Jeremiah Cook was all of a piece as she told it.

He has a fine broad moustache and a friendly face that looks ready enough to smile. His is one of the friendliest faces in that strange book in fact, a protestant Canadian notable who may have been *nice* as well as successful. He had started as a farmer and the exploitation of his Crown Land Grant made a businessman of him. *Who's Who* calls him a "colonizer".

I've studied that portrait often and have never found a trace of my father's or my own physical features. My father was christened John Verner and he passed that name on to me. I dropped the Verner living in Europe, people kept asking me if I were German.

Although a farmer's son my father was sickly when he was small. John Jeremiah built his large estate on Lonsdale Road but soon decided to move the family up to Thornhill because of John Verner's ill health. The cold country air would strengthen the little boy they said. My father never forgot those long freezing walks to and from school. His health did improve. However at eighteen he was too spindly for the Canadian Army. When World War One came they rejected him as underweight. He worked out in a gym—and I guess ate a lot. A year later he was shipped to England as a gunner in an artillery battery.

Dad and his brother George were certainly patriotic. They were proud to be British subjects, England's battles would always be theirs. But maybe they didn't like the military much, maybe they despised the officer caste with its gleaming insignia and various other pretentions. I don't know how else to explain that with their social standing and education they made no effort to become officers. Maybe my father felt too good for all that, didn't want to lower himself to ask any favours. The Cooks were notables in Toronto, had two streets named after a family member—and of course were Upper Canada Old Boys. But that wasn't necessarily compatible with carrying a swagger stick and returning salutes.

Both of them had good heads for figures and good memories. They used to set mathematical problems every week and mail them to each other just for the fun of it. My father apparently made a lot of money playing poker on the troop ship over. After the war ended, he never played cards again.

He avoided horses too. He encouraged me to ride, would drive me to a livery stable out in the country but would never mount up himself. My mother said he had horrible memories of what happened to the horses on the battlefield. The artillery men had to move their big cannons through the muck at whatever the cost, often they had to flog the horses to do it. He was wounded two or three times. The last time the concussion from an explosion destroyed an optical nerve and he went blind in his left eye. I never saw him wear his medals or march in a parade. All he brought back from Europe was chronic ill health, high blood pressure—and a handful of cockney and pigeon-French phrases with which it amused him to lard his speech when he was joking. I don't remember him ever talking about the war directly.

My head full of John Wayne I tried to get war stories from Dad anyway but he refused. Once he gave me a copy of Audy Murphie's *To Hell and Back*. Those violent pages were full of the kind of things he wouldn't tell me about himself.

I don't know whose idea it was to take me to a shrink. Of course I was only told that I was seeing a doctor for my headaches and vomiting. Even at twelve I recognized a shrink when I saw one, they were now much in fashion and they stuck out. But the man was young and friendly and I was relieved to finally have someone to tell my tale of woe to. He was neither a school teacher nor a member of my family. I could tell all without being accused of "squealing".

This visit must have been about early November. My mother told me later that when the doctor talked with them afterwards he said that something had gone really wrong among us—that my stutter and my fear of Dad was a less than ideal situation. He must have been very persuasive because my father immediately set to organizing a cruise on a ship for us—just he and I—so that we could have the time alone to start over again.

Over the next weeks things moved fast. My mother wanted to get out more and she hired a nineteen year old girl from Quebec as a maid. Her name was Lorna and she was pretty. The preadolescent that I was was overawed. She was very friendly and charming with me and told me mildly dirty jokes while she was cooking. I went to the kitchen as often as I could.

On the morning of November 21 my Dad collapsed on a sidewalk in downtown Toronto and some men carried him to the nearby Catholic hospital. He had had a stroke. He was 56. My mother went to see him in the early afternoon and he was sitting up in bed making jokes. Apparently he didn't know that his legs were paralyzed. A little later he had another stroke and he died that night.

The house was full of people, I heard them murmuring and my mother crying. I was told to stay in my room. Lorna brought me something to eat and she kissed me on the mouth when she left. My Aunt Margaret came and she spent a lot of time sitting on my bed talking quietly to me. The next day Uncle John, a university professor with an august manner, called for me and took me to a big movie house downtown to see Danny Kaye in *The Inspector General*. I laughed heartily at the movie but the rest of me felt strange and numb. I was not really feeling the sadness I felt I should. I had felt much more miserable the day they had sold my spaniel Waggo while I was away at school.

My love for my mother and father was unquestionable. Yet to know that I could return home now without being yelled at—even if I'd lost my cap and gloves, my scarf, goloshes, everything—took a huge weight off. Dad's anger had been absolute and physical, although he rarely hit me. I looked for some guilt to feel and found none. Lorna gave me a quick adult kiss in the kitchen when I got back from the movie and I was thrilled and deeply confused.

Dad's body was in an open casket in a downtown "funeral home". There was some talk about whether I would be allowed to look at his dead face a last time before he went into the ground. My Aunt Margaret said she thought it would be a good idea. I looked over the rim of the casket and saw someone I had never seen before, Dad's face had been heavily powdered and rouged. They had done one of those caked makeup jobs you sometimes see on television personalities, it could have been anyone.

Days of chaos followed and the grownups were glad to be able to leave me to Lorna. She gave me several wonderful kisses a day. I felt as loopy as someone in a soap opera, but didn't quite see how that could be, nor what was now expected of me.

Lorna abruptly disappeared. She left a note on my bed saying that I must forgive her but some strange things were going to happen which she wasn't able to explain to me—that she liked me really a lot and please to say nothing to my mother about this note. Still it would be normal for me to ask where Lorna had gone and I did. Mom said she supposed she had gone back to Quebec and we could get along without her just fine in any case.

In the attic, under the eaves, there was a small storage room, next to that a bathroom and then the maid's room. My mom set to thinking. Finally she went up to the storage room to check on her mink coat in the storage room cupboard. It was gone so she phoned the Forest Hill police. The detectives were big men in suits and I couldn't tell them anything about Lorna they didn't already know. I sure wasn't going to tell them about the kisses.

Mom got the coat back very soon. Lorna and her "fiancé" had pawned it downtown to get money to pay for an abortion. My mother said she didn't want to press charges. I felt that taking Mom's mink in no way cast a doubt, diminished Lorna's feelings for me in any way. But God this was awful.

After Christmas I went back to the Prep to finish out the year. Because of the headaches I was excused bodily contact sports, this included boxing I was sure of that.

Mr. Buxton, the tough little English boxing coach with the thick glasses, wouldn't let me off his sport though. I showed him the paper with my medical excuses but he only laughed at it and told me I was a coward. Still I refused to go to the obligatory boxing lessons. I was in terrible shape when the championships came.

They had an unusual matchmaking system in the school. They matched us by age. As we all grew at different rates this meant that we could find ourselves facing someone much smaller—or much bigger—than we were.

We were pretty young, seven or so, the first time we had put on boxing gloves in the upper school Squash Court. The gloves were as big as our heads, they felt very heavy at the ends of our thin arms. Flailing at each other with these huge mitts was quite fun for a few minutes. But eventually you got hit on the nose and that hurt. Many of the fights ended in tears. Kerry and I, a lot of the kids, dreaded the boxing lessons more than anything.

In the spring championships the trick was to get eliminated in the first round. If the draw had matched you with someone you could trust you could often arrange to take a dive. I'll let you win. You don't hit me hard, I won't hit you hard, and the fight's all yours. There was a problem when you both wanted to lose. And as we got older, nine or ten, some of the kids got devious. They would agree to let you take a dive and then take advantage of your non combativity to pound the wee out of you.

Now a mutinous thirteen I wasn't trusting anyone in the school anymore, boys or masters. There were only three one minute rounds to get through. I figured that if I just flailed away like a windmill for the first round I might back the other kid off enough to avoid getting hurt. Then I would take my dive in the second and third rounds, my total lack of technique guaranteeing my loss. I miscalculated, overdid it or something. I was shocked when the ref raised my arm in victory at the end of the match.

This was worrying. The next guy up was a good head and a half taller than I. He had half-seriously taken some boxing lessons. If I couldn't back him away from me immediately I was going to get badly creamed. I advanced and flailed, advanced and flailed for the whole three rounds. Stupid calculation again. In amateur boxing you get a lot of points for just advancing, no matter how badly you go about it. The next day my face was swollen and bruised, I must have taken five punches for every one I landed. This time when the referee raised my arm Mr. Buxton said loudly "Disgraceful match!" and stamped out of the gym.

This was a nightmare. I'd only wanted to tank and here I was in the semi finals. I had run out of ideas. I was relieved when I looked over and saw that the guy in the other corner was a skinny little Latin American kid a head shorter than I was. He gave me a friendly little smile when we touched gloves at the start of round One. I wasn't scared at all now. I felt good even. A crazy idea occurred to me. If I can take this little guy old Buxton will have a fit to find me in the Final. He'd look ridiculous if a "disgraceful", boxing-hating guy like me could get that far against his protégés. Then came three long minutes. This kid knew all about it. I'd never seen a right hook up close before. He'd study my awkward combinations closely and at the perfect moment in the sequence he shot an electric shock of a hook through to my left temple. He did it again and again. The hook came often and precisely and soon I started to see him preparing it ahead of time. But I was helpless to stop it. He always brought it crashing through when and where he wanted it. In the second round I swarmed at him desperately and backed him into a corner. My arms went heavy, sagged and then dropped, he vanished from in front of me. I turned from the empty corner looking for him in the center of the ring. A flame shot through my head as the next right hook landed. Now my plan had come down to staying on my feet. It would be ridiculous to go K.O. in a three round fight. That much I did. I was very pleased when the ref took my arm but didn't lift it. My congratulations were heartfelt.

~

On the face of it my coming year looked straightforward enough. My sister Ann would board at BSS and I would live with my mother and go to Forest Hill High. The school had a great scholastic reputation, had even made the cover of *Time* magazine. I could already see the easy ten minute walk up the hill from our house to that clean new public high school in the morning. I would be meeting new people along the way, half of them girls.

I remember sitting by the little coffee table under the living room's leaded windows as Mom laid out the Lakefield brochure before me. I smiled, I would nip this plan in the bud, Forest Hill High was waiting for me. She showed me the pictures of the sailboats and canoes on the lake first. No doubt. This was a grisly summer camp and a private school compacted into one. I had done Upper Canada the hard way and took that to mean that I now had Camp Temagami and Camp Kilcoo, where I had been the past summers, safely behind me too. This couldn't be true.

In these brochures someone had concocted a really hellish school year. There were sailboats and canoes, school blazers, little caps, the inevitable Prize Giving Day and the usual Britishy masters standing around in their tweed jackets and corduroy pants. Nor had they forgotten the trusty fools in cricket whites galloping between wickets. A Cadet Corps too of course. This time in sailor suits. There were a myriad of School Activities and disciplinary threats loomed wherever you looked. The words "prefects" and "masters" leapt off the page. I knew there would be caning rights all round.

Lakefield Preparatory School's colours were bright red and bright green and suited the place, they made you want to puke. Of course I said no. There was no question of my going to this place nor anything remotely like it.

My mother had little choice. She had been a bank cashier, a working woman until she met my father. Her own family had run out of money while she was finishing Bishop Strachan's and she had gone directly from there to work in a bank. She did this quite happily. The only complaint she had about those years was that her employers locked her into her cashier's cage in the morning and didn't let her out again until it was time to go home. Not even to go to the bathroom. She had ten years of that. When she developed colon cancer late in life she said she wasn't surprised. Her digestion had never again functioned properly during the forty years since the bank. Constipation was her fatal occupational hazard, like silicosis for coal miners.

I sat there in our living room with the dismal Lakefield brochures in front of me. Now my father was gone and Mom had been out of it, out of life, for a long time. She could be friendly and charming and innocently funny. But she had trouble focussing. If she had once been hardy and alert she had lost that in fifteen years of overseeing the house for my father and us. They had both been proud that she hadn't "had to work". But this did her a disservice now. She was not yet fifty and she was lonely, dispirited and confused. She had lots of money but she was frightened. She couldn't see how to start life again. From her standpoint she was lucky to have the private school option available to her. We were both unlucky that I was in no way the private school type.

Mom ran me up there in her car. In the back there was a big steamer trunk full of my clothes. Into each wearable item was sewn a little tape with my name on it in red letters. Looking out the car window I was reassured. From Toronto to Peterborough wasn't so far, if I started hitchhiking about midmorning I'd be back in Toronto by nightfall.

A generation later England's Prince Andrew was sent to Lakefield. In my day I doubt the Windsors would have given the place a second look. The Old Boys Association must have found a big endowment to spruce it up after I left. Physically the school was one big white rambling building, mostly wood. Everything except the infirmary was under one roof. The second and third floors were a warren of dormitories and bathrooms, linked by narrow winding corridors. The building wasn't falling down but it was leaning a bit here and there and was very well worn. They took pride in that wear. Like the deeply carved desks, the monastic style chapel and the Cadet Corps it all spelled "Lakefield tradition" in the end.

After five years at Upper Canada I was a private school old lag. They could have sent me to any place on the circuit, TCS, Ridley, St. Andrews etc., and I would have known most of the ropes. I took no comfort in my knowledge, I only wanted out. For a prefect is a prefect, a master a master, and small variables in individual personalities don't change the quality of private school life much. The system was as old as the Empire. The more the scenery changed, the more it stayed the same.

Everyone in the place was a boarder except the teachers' kids. Far from home and their mommies, little kids new to the life cried a lot. After a few months they cried less, developing hardier, more fatalistic little personalities as they settled in for their ten year hauls.

Nick Carter, the kid I found sitting next to me at the long desk on my first day, was a different case and he was in shock. He was fourteen and until now had always gone to a public school in a small northern town. He was a respectful kid and was used to being handled respectfully by others. He felt as if he had been sent to a gulag in Russia. He was offended. He had done nothing to deserve this.

"I've got to get out of this dump. But my bike doesn't get here 'til Monday. Can you lend me yours? My parents will bring it back to you when they come to get my clothes."

"You're lucky to live so close. I'll have to take a train or hitchhike to get home."

"This dump" he had said. That was what we called the school for the next four years.

Nick took off on my bike after lunch. For afternoon classes, except for Snake Eyes up the far end of the bench, I was alone on our desk.

The headmaster was waiting for me as we filed through the Dining Room door after evening chapel.

"We've got to know where Carter is Cook. If you know something you must tell us."

"I know nothing Sir. I haven't seen him since lunch."

It was true. He could be ten miles from his home or only five by now. Or already sitting at a table eating his mother's cooking. The Carters would phone the school soon enough.

Carter's parents brought him back the next day. We were working when he came into class to clear out his desk. He looked dignified but triumphant. He whispered, "They're letting me stay home for the rest of the year. Then we'll see about next year over the summer. I put your bike back in the rack. Thanks."

I'd never seen anyone beat the system before. Carter's victory gave me real hope. I wrote several letters over the next weeks to my mother, begging, pleading to be taken out of this place. She wrote back the same letter she always wrote wherever I was. She talked about the weather and the flowers in the garden. It was as if she had gone blind and deaf. Finally one afternoon I walked up the road to town intending to thumb a ride to Toronto. When I heard a car coming I stuck my thumb out and turned around. The car was the Assistant Headmaster's Rover. I got in. He said a few words very quietly. He wasn't punishing me this time, but he would have to if I persisted.

I was getting more beatings than I ever had at Upper Canada. Partly that came from living in. I talked a lot too, stutter or no, I was highly visible. The prefects nailed me nineteen times between September and Christmas. They used hockey sticks, not canes here, and the hurt lasted for days.

I waited a few weeks and then went about hitchhiking home properly. My mother was not pleased when she opened the front door. She let me sleep in my room overnight and then took

Lakefield College School (John, front row, third from left)

me down to the Union Station the next morning. I climbed up on the car platform, gave a little wave and went inside. I walked the length of it to the platform at the other end and got down on the other side. We were facing each other across the tracks when the train moved out.

Do you want me to take you to see your Uncle John? she asked. No. Implacable was Uncle John's middle name. I saw that it was hopeless. Once again she drove me up to Lakefield in her Chevy Bel Air.

Lakefield was in trouble academically at the time. Maybe the school was as short on money as it looked. In any case some of the teaching staff wasn't getting anything like the results expected of a private school. Grade Thirteen, the graduation year, was seeing several kids fail year after year. It was a small school, only a little over a hundred souls in all. So much failure looked bad.

Increasingly Lakefield specialized in sports. With so many of the athletes regularly failing their graduation year and repeating, the school could usually field a battle-hardened hockey team. This much impressed the alumni. A few times the best athletes failed to graduate a second time around and they reappeared the next year baptized "Junior Masters".

Toronto's Upper Canada College, where I'd been before, was very up market compared to the tacky Lakefield of the time. Its alumni were rolling in money and they turned out a hockey team guaranteed unbeatable. As coach they hired Ted (Teeder) Kennedy, Captain of the NHL Toronto Maple Leafs. He taught the kids to play the man and not the puck, as the pros did. He also saw to it that the team enlisted the bruisers to do that.

Lakefield, with our normal-sized guys playing kid's hockey, tied UCC 1-1 when they finally met. The game took place in Toronto's Maple Leaf Gardens of course. Our Lakefield coach (a Junior Master) stormed over between periods to upbraid Kennedy for teaching kids the thuggy ways of the NHL. When our team came home from Toronto they were battered heroes. None of the moneyed Little Big Four teams had held the line against UCC that year.

This victory of sorts didn't make things any easier for us, Lakefield's rank and file. The heroes now had the run of the place. They got a separate table and better food before their games. Most of the prefects were chosen from their ranks. They got little perks like being allowed to drive the Principal's car to the village and back. Some didn't hesitate to tell the rest of us that we were little pieces of shit and to stay out of their way. When the Praetorian Guard came up in Latin class we knew about that.

There were moments when we shook our heads and doubted the sanity of both parents and teachers back to back. One year we were all informed in a general assembly that the school had accepted a kid with a weak heart and we were asked to look out for him. His name was Denny something, he only lasted a few weeks. When he appeared he was obviously a kid in very bad health. He talked through his nose. His face was puffy and his skin colour cadaverous. He played no sports of course, he just shuffled slowly around the school grounds on his own. I didn't think the guys in the tough dormitory would dare to put him through "the Gauntlet"—but they could hardly wait.

After breakfast they would watch the smaller kids coming along their narrow corridor on their way to the upper floor dorms and then jump one of them as he went by. It was a tradition. Inside the room he would have to run a gauntlet of guys wielding wet and knotted towels. They also gave out "tetanus shots". Two guys would hoist the kid off the ground, his arms twisted and stretched across their shoulders in a crucifixion position, and then the Kinger, a large fat guy, would come down from behind him with a series of massive, chopping punches to the biceps. Apart from the pain it was hard to get much movement back into your arms before mid-morning.

We kept growing up a bit at a time. There was a lot of private, personal sadness which the kids hid pretty well. Divorce was still unusual in those years, many of the kids were sent to the school to get them out of the war zone of a bad marriage. The academic standards were low, but then so were the fees. A strong, self-reliant guy I knew, who could take any physical punishment they were dishing out suddenly collapsed sobbing in my arms. His parents' divorce had come through.

Carter came back in my second year and with friends of his and Tom (Froggy) Delamere's caliber to talk with, I guessed we might be all right once we had "this dump" behind us. On occasion we let the sports stars know our thinking on this, but tactfully of course. You guys enjoy yourselves now. Afterwards, out in civilian life, you're going to be forgotten men. We haven't even started yet.

Later a strange guy named Bill Holloway brought about a sea change in the school's corporal punishment policies. Holloway set out on a one-man civil rights campaign. They sent him home in the end, but the system wasn't the same afterwards. I have often wondered if it ever recovered from the damage he wreaked.

He started in my second year. There were enough odd-looking characters in the school but Bill looked odder. Seductive and a bit scary. I was one of the shortest kids but he was shorter. He was very strong. He was dark and had a short bristly haircut and muscular jaws which stiffened and twitched sometimes. His mouth was small and he often pursed his lips in a small acerbic smile. He could be charming when he wanted, or really mean when he found that useful.

Sometimes he was my friend. Friends in a private school are all that hold your world together. Sometimes Bill and I went for long walks on the frozen country roads. He read for pleasure too, so we could talk about distant things far from Lakefield. He said he followed European bicycle racing when he could and talked about that. I'd never heard of bicycle races before. When he got bored he would tell me nasty stories about torturing animals, knowing that I couldn't be sure he wasn't telling the truth. He would call me, with a smile, "Mr. Friendly" sometimes. When he called me Mr. Friendly in front of others he was clearly sarcastic.

He never talked about his parents or his past life. He worked at being enigmatic, like those people in later life who would say darkly "I'm on government business." It took some time for us to figure out that Holloway was much older than we were. We were all around fifteen in our class and he was nineteen. He was a man and we were boys. We didn't notice it at first because he was so short. His adult muscularity should have been a tip. How did he get four years behind in school? He wasn't stupid and nothing about him suggested long illness. We never found out.

For a long time it seemed that the problem of Bill and beating wouldn't come up. He was quiet in class and careful not to be caught for anything outside it. A prefect wanting to beat him would have been in an awkward situation. Bill might well be older than he was.

My friends and I, we were down on the school across the board. For Bill it was mainly the authority of the prefects and corporal punishment that outraged him. We agreed with him but saw no need to specify. The place is a dump, what do you expect? Perhaps he had developed a sense of adult dignity which was still beyond us.

Being nineteen he had been dispensed of the annual Initiation Night rites when he arrived. These took place as soon as it got dark on the evening of the Football Supper during the fall term. The new boys wearing blindfolds were herded around in the dark by the prefects. For the smallest kids this was frightening. Later down by the boathouse at the lake they were fed cold porridge with mustard in it, still wearing their blindfolds. A lot of the little kids cried.

Holloway was dispensed of this humiliation because of his age, but he wasn't grateful. The fact of the thing still rankled him. When Initiation Night came in his second year he talked me into taking some action. We were to leave the Football Supper dinner table in the gym and sneak down to the boat house with our flash cameras. He wanted to get pictures of the big prefects making the little kids cry.

Bill got to the milling kids several steps ahead of me. A blinding flash went off in the opaque darkness and then the sound of prefects shouting, the beams of their flashlights waving. I was gone into the woods, stumbling up the hill towards the school.

I waited for Holloway in the basement locker room and when he got back he was a mess. Blood all over the place. He had flash photographed the Head Boy ladling out porridge. The guy was fast on his feet and had recovered his vision soon enough after the flash to run Bill down and collar him. In the struggle he punched Bill and broke his nose. I made pictures of Bill's bloody face, the swollen nose and blackening eyes, and developed them in the darkroom. I made large 11 by 14 prints and dried them with a hair dryer. Then I went up to the gym where the Football Supper was still in progress and laid the gory things out on the head table linen in front of the Principal and guests.

Bill wanted to make a court case out of it. He had X-rays done and talked of suing the school. The Principal had him called out of class to come to his office several times each day of the next week. Apparently the Principal wanted Bill to take responsibility for all that had happened and accept punishment. Bill refused and came back to class, walking briskly with his head down to his desk, a tiny smirk on his lips. He gave the impression of enjoying this. He was sure he was right. Any of the rest of us would have morally collapsed the first day, we hadn't his fiber. Then he packed his bags and was gone.

A prefect accused me of talking one night in evening study. He was mistaken and I refused his beating. He turned the case over to the duty master and I refused that beating too. He sent me to the Head who said, "Even if you weren't talking—think of all the times you were and didn't get caught ..." He finally gave me hundreds of lines of Latin to write out. I wouldn't let him beat me either.

That was our last year. They gave up trying to

beat any of us. On several occasions we told prefects to get stuffed when they talked too big. Nothing happened.

Holloway was no sweetheart. Yet he was right, this institutionalized violence of beatings by prefects and masters was demeaning to all. The laws of the land didn't permit such crap out on the streets or in people's private homes either. How could a private school's Board of Governors make it legal and honourable to be used on us?

It was a long aching wait to the last minutes of the last day of the school year. Monday took a hundred years to get through and then another century started on Tuesday.

The priest made a pass at me. There were a couple of big mouth kids who were always claiming that one teacher or another was "queer". We always took this to be bullshit—as we never believed anything else these guys said, why should we believe them on that? Edgar Moore's name had come up once or twice, but he didn't look the part. He was the football line coach and talked a good macho line outside of his priestly duties. I went down the hall to the toilet one night and the door to his room was open when I came back. He asked me in and shut the door behind me. He told me to lie down on his bed so that he could show me a technique for sleeping. This was all as big as a house and very embarrassing. When I said no twice he didn't insist. He had me kneel down beside him by his bed and pray. He really dug us into a very humiliating situation. I told my closest friends about this the next morning and we all felt more sorry for the guy than angry. He was risking his neck with this stuff. Years later he made a pass at an Admiral's son and it cost him his job. He went on to teach somewhere else.

The final ride on the bus to the train station and then home was pure joy. A prefect was nominally in charge. He stood at the front of the bus next to the driver's shoulder, hands in his pockets, chuckling away paternally at our frenzied laughing and shouting—showing a bit late what a nice guy he really was.

"Good-bye Big Rick," someone said to him. "Don't look for me in the Fall. I won't be there."

Big Rick just laughed. "Keep talking. They always say that and they always come back. You'll be there."

But I for one wasn't. I managed to get away from Lakefield a year early. Which was like walking on water.

Lakefield's Cadet Corps had been Navy oriented and we regularly marched around the school grounds in sailors' suits and learned to tie bowlines and tap Morse code and so on. The Navy sent recruiting personnel down during the year with career propositions for us to reflect upon. During my last year they were looking for pilots. They would take us straight from Grade Twelve, educate us up to university level and in the end we would be Navy pilots with the rank of lieutenant. The pay was great, I had good eyes and I liked the thought of planes. Above all I wanted to be absolutely sure of getting out of Lakefield and was grasping at straws.

The Professor, my Uncle John of the august manner, was a dean at the University of Toronto and a Reserve Navy Commodore as well. My mother told him that I had been talking about the pilot school possibility. He soon informed me that he had arranged a special interview for me with navy brass for late in the summer.

I didn't stay thrilled very long. Canada had one aircraft carrier, the HMCS Magnificent, which we had bought second hand from the Brits. We had also bought a swarm of the newest Sea Fury fighter planes to put on her—but being of an older generation the carrier's flight deck was too short for the planes. So at some cost the Magnificent was retrofitted, a new flight deck was laid diagonally across her to gain the necessary length. There were many skeptics about how this would work out and as the summer wore on my enthusiasm for a pilot's career waned.

I think there were two universities in all of Canada which would consider taking a kid with only Grade Twelve at the time. I had to try. Telling no one I wrote away to the Bishop's University for their application form. Filling it in was difficult. They wanted to know my final marks in all subjects and mine were too low to meet even the minimum 60% demanded. So I left that part blank and sent the incomplete application off. I guessed it was a waste of the postage.

Within weeks I got a letter from their Registrar's Office. I had been accepted.

Uncle John asked me in the train from Lake Simcoe to Toronto, "I hope your only reason for going to university is not to become a girl expert."

"No, no." I reassured him. I knew just enough about girls then to consider that task beyond me.

Later I was told that when Bishop's had received my application they had contacted Lakefield for the details of my Grade Twelve finals. Apparently some of my teachers there had decided to doctor my marks the three or four percentage points necessary to get me accepted. It was a kind act and saved my bacon.

Three years later I graduated from the university with a respectable diploma. I had concentrated on English, History and Philosophy. I had also turned a corner with religion. The better I did studying Divinity the more religious beliefs faded from my life. I decided to try living for two months without giving God a thought. This worked well. Guilt was my stumbling block, half the time I didn't even know what I was feeling guilty about. My marks went up, my mind was easier following its own lights than someone else's. No one suggested that I was turning evil before their very eyes.

A lot happened in a short time. In my mind I was already in the Navy. But I wasn't, I was in university. The navy barracks that I never saw were realer to me than the arch I passed under daily to enter Bishop's Quad.

The high school kids adjusted easy as pie—excepting maybe the novelty of living away from home which I was used to. I felt feverish, those first instants of a head cold are delicious and unreal before the thing really hits you. Or an awful car accident had occurred and now I was waking up in a sunny hospital room following a big operation.

I saw professors whirl by in academic gowns. Teachers at Lakefield had worn them too. There was menace in those black folds. But the students also wore them here so the threat was defused. I ran into a former Lakefield prefect during my first minutes on Bishop's Campus. Are we really allowed to smoke here? I asked him. Is it true we don't have to go to chapel morning and evenings? He sniggered and walked on.

There wasn't very much they *made* us do. They treated us like adults, or close to it. Of course public school kids had been living in such freedom and ease for some years. Many had learned to take notes in high school and to make sense of their scribblings themselves at their desks at home in the evening. And they got their assignments done as well, often on time. Working on my own, without someone scowling down from a dais above me, was confusing. Autonomy was a new, tough row to hoe.

My only science subject was psychology—which the prof told us wasn't considered a science at all by physical scientists. No more maths, algebra, no chemistry—all that stuff essential to a modern functioning society and which had left me floundering during my Lakefield years. No Latin, no French either.

There was a literary club and I immediately signed up for that—although I wasn't feeling very literary at the moment. I hoped my friendship with books would recover eventually. I signed on as would-be journalist with the student newspaper. With all this heady ambient freedom maybe they allowed a little muckraking as well.

My first time ever to sit next to a girl in a class felt as odd as I thought it would. She was no Garbo or Dietrich but a forthright Canadian girl with a strong line of chatter, Naomi Carter. By the end of the hour I had been doing this all my life and the exoticism had gone.

I signed up for a theater production. I went for a beer in town and was amazed when they served me. In Ontario barmen would ask forty year olds to prove they were twenty one. Here in Quebec I was only eighteen and looked to be twelve. That's catholic culture for you. I wanted a glass of beer but they only served quarts. *Tant pis,* I learned to drink quarts.

I settled down enough to get past the Christmas exams. I was amazed at that. Any day now my pitiful Lakefield marks would come to light—I didn't know yet that they had been secretly and favourably doctored—and the Bursar would have me out of here before nightfall.

A lonely Sea Fury waited for me, it whined and turned, high up in the sky. The radio was gone and fuel was low. I hadn't seen the HMCS Magnificent for hours, didn't now and never would again. John Cook was getting his comeuppance.

The nineteen fifties didn't see adolescent celibacy as a problem to be dealt with. It was common knowledge that we had libidos but were not yet worthy of them. With a little patience we would all marry—at twenty three or so—to a member of the opposite sex who would provide us with children and much happiness to boot. He or she would suit us to a T and we would be allowed to deal with our libidos in the absolute privacy of our own bedrooms and to our heart's content.

Concerning sex one UCC teacher, Mr. Dickson, had told us "When I look out at you in the morning I can see in the face of each boy if he has abused himself or not." Another wiser teacher said, "Ninety eight percent of all boys masturbate. The other two percent are liars."

Sex, love and friendship was a big bag of snakes for me then, hardly less now. Forever I've striven to order my thinking on these matters. A thankless task. Eventually frustration and déja vue accomplish what analysis cannot. I close my eyes and plug my ears until the chaos stops. Then I get on with simpler, earthly tasks more amenable of solution.

I was as influenced as everyone else is by what I saw at home. My father looked like a broken-off chunk of granite to me. The women, Mom, my sister and Nanny, looked softer and warmer—more welcoming.

My sister Ann was a sweet little thing. As soon as she turned from a baby into a little girl I thought she was fine. My mother was forever putting bows in her hair and dressing her in the fussy little dresses which she had smocked for her. My father, as long as he lived, made sure that there was no doubt about who was the boy and who was the girl in our house. In my first year a lady had looked into my pram, seen my adorable blond curls and told Nanny what a fine little girly I was. Dad was furious and the curls fell to the barbershop floor.

My father had had the family's moral agenda completely in his hands. Clearly he was bigger, tougher and smarter. No contest. He made it clear that I was to be handled with more severity than Ann. When I complained about this I was told that that's the way it is with girls and boys.

I didn't see how this could be good for anybody. It made Ann cocky and me surly. It seemed a shame because left to ourselves Ann and I got along fine. I enjoyed our three year age difference, being the big brother was a responsibility I liked. I could always make her dissolve into giggles and when we shared a hotel room during summer holidays, I used to make up words and a strange syntax for them and we would talk nonsense talk from bed to bed in the dark, howling into our pillows until we finally slept.

Now she was sixteen and I was nineteen. Dad was long dead, there was no Nanny anymore, just the three of us. Left to ourselves the home atmosphere deteriorated from year to year. Ann and Mom seemed to be eternally bickering. When they tired of that they sometimes had a collective go at me. I was beginning to dislike both of them and their steady wrangling. If I had known there was worse to come—they would become friends, bosom buddies and accomplices.

After a long harsh winter we were ready for those slow hot Ontario summers. Summers were lovely before my parents discovered the summer camp solution.

After the very first years at Lorne Park in Port Credit we drove every year over gravel and dirt roads up to Muskoka. We always stayed at Clevelands House on Lake Rosseau. These were the nineteen forties. We stayed in the long building called the Annex at the edge of the lake. There was a coiled up rope, the biggest I'd seen at that point, more of a hawser, rolled up beneath each window sill. We were forbidden to touch it, which increased its fascination. It was there to shinny down in case of fire.

There was the main building with its dining room and the Secretary's Office. On the porch that ran around the ground floor there was a ping-pong table. Down at the lake there was the "casino", it looked Gatsbyesque and deliciously like a gambling den, but it wasn't. It was a long white wooden building that hung far out over the water, it was perched high up on wood pilings. It had tall glass windows down two sides, there was a soda bar inside, two pinball machines (the first I ever saw) and there was a gleaming, polished dance floor with a bandstand at the far end of it.

In the corner there was a massive and gaudily coloured Wurlitzer jukebox which they unplugged when the band played. The Wurlitzer was the 20th century incarnate. It was flamboyantly proud of its own technology. The workings nested in a glow of shiny chrome and brightly coloured lights and the engineering was all visible. Processing a nickel into three minutes of music is not a small matter. It meant getting an arm and a metal hoop to select B31, to slide that heavy shellac 78 record out from the row, turn it horizontal, then swing it over to drop heavily onto the turntable. The Wurlitzer failed at its hideously complicated task twice a week. Sometimes the machine played B31 over and over again no matter what buttons had been pushed. Other times the needle of the heavy arm locked into a groove "there is a small hotel … there is a small hotel … there is a small …"—and the records were known to only half-drop, and then the arm began to swing wildly—the thick black disks could even shatter—and horrible sounds came out of the loudspeaker until someone ran over and pulled the plug from the wall.

Beneath the casino, deep in shadow and shade, canoes and rowboats were tied up to the pilings, the water lapped softly down there and the boats bumped against the walkways gently. Every afternoon around four a towering white steamboat, bigger than the hotel itself, blew its loud horn out on the lake and then moved in slowly to dock. The wooden dock was thick with people in the summer, waiting for the mail bags to be thrown down.

Tough little kids from poor farmer families dived into the water and swam under the ship's bows. We watched this with horror, my father explaining again and again that they could easily be sucked under the huge boat and then be chewed up by its propellers. I never saw that happen, but I often imagined the churning clouds of water and blood.

There was a carefully rolled bowling green to one side of the annex. Farther out, towards the rocky hills that formed the skyline, there were tennis courts. There was a small livery stable way back at the foot of the hills, and my sister and I took our first riding lessons there, we went nearly every day. Behind the annex was a small crescent-shaped sandy beach. I didn't like the beach, I don't remember why. I know I was terrified of snakes and leeches and Lake Rosseau had those.

Finally my parents stopped going to Lake Rosseau and I was sent to Cochrane's camp at Lake Temagami. It was north of North Bay and there was a war on. They fed us much Spam and we drank warm powdered milk. Cochrane's Camp was affiliated with UCC so discipline was heavy and physical. Paddlings replaced canings and the strap.

At seven I dreaded being woken up early in the morning to be forced to run down and plunge into the icy lake. I pissed my bed and stuttered more than ever. They were always threatening to demote me from my tent to a cabin called Macumis. That was the leper colony for the kids who shit their beds. If the wind was in the right direction you could smell Macumis ten minutes before you got there.

I did three or four years of Cochrane's and then there was a scandal involving the wonky-eyed pedophile who ran the Junior Point. They sent me then to Camp Kilcoo in the Haliburtons which I enjoyed marginally more. The food was much better, the camp being closer to civilization—and they had horses which I was crazy about. I was more determined than ever to be a cowboy.

Once I was signed into summer camps it took years to get out of them again. I dreamed fruitlessly of the easy chaotic summers other kids seemed to be enjoying. I had had a surfeit of prefects all winter and counselors all summer. In these organizations, like in factories, it's all carrot-and-stick. I was forever passing little tests to move up some Kafka-like list, improve my canoeing, swimming or archery level. It was all palling seriously by the age of thirteen. My ranking in anything no longer interested me and I went on strike whenever I could.

These camps occasionally employed Indians, Native Canadians, and the ones I met were quiet thoughtful people, more interesting than the movie warriors in American movies. My father once took me to visit an Indian village in Port Carling Muskoka. I had never seen poverty up close before. The people were living in shacks under trees along a river bank. There was no plumbing, the place was dank and smelly. Gypsy camps in Spain have a similar atmosphere even now. Many faces were marked with disease and some people moved as if they were ill. My father was shocked and hurried us away from there, "It's just not right, it's just not right," he said, tough conservative that he was. It was the only time I saw him shaken.

After my father's death my mother gave up on the summer camps. Five years were enough. But she warned that I would be bored in Grand Bend. It was for adults she said, which meant a lot of eating and drinking.

They stayed at a hotel inside a large, fenced domain called Oakwood Park. She and my sister rented a cabin looking out over the eighteenth hole of the golf course, my Uncle George and his wife Mary lived in another. Uncle John Ireton, the august physics professor, lived in another cottage with my Aunt Margaret and their kids. It is true that even mild luxury has always quickly bored me—but Oakwood was more about solid comfort than show. The Lincolns and Cadillacs nestling in the hotel parking lot and beside the large varnished private "cottages" were often obscured decently by a wall of gentle foliage. On the weekends Detroit automotive executives would drive up to Oakwood to rejoin their families, there were then more Michigan than Ontario license plates about. As Canadians we would become even more quiet and modest than usual, a trait of ours which American visitors much appreciate to be sure.

I wasn't bored there at all. Phillip Walker, the hotel owner's son, was a car nut and I would become infected by his virus for the length of my summer stay. We would pour over *Motor Trend* and *Popular Mechanics* and discuss what we read well into the night. I had learned to drive on the Walker's tractors by the time I was fourteen and then an aunt of his, who was old and going blind, gave Phillip her old Model A Ford as a present. We went to see Jack Kochman's Hell Drivers at Exhibition Park in Toronto and as soon as we got back we constructed ramps to jump our bicycles—and eventually the Model A—over. It was a lovely, mildly hairy time.

I eventually learned to play golf. I have been poor at a lot of sports in my lifetime but golf beat me into the ground. It was terrific not to be a grunt on some team this time, to be playing a game with only myself to answer to. I was thrilled in the beginning. But that little ball would worm itself to the center of my brain, disrupt its circuits, jangle my nerves and make drift-wood of my muscles. I came to hate golf as much as cricket. Fortunately I discovered skiing at thirty and then tennis at forty, did better at them and never felt totally spastic again.

In the afternoon most people went to the Lake Simcoe beach. I never ever did. When, later in France, I eventually became svelte I tried the beach and found I had missed little. I'm willing to lie around, even in the sun, but to ward off boredom I need something to read. The white pages of a book reflect the summer sun back at me so harshly that I squint until my ears split and my teeth hurt. The only thing I ever found to do on a beach is sleep, which produces sunburn and is hardly the point anyway.

The food was great in the Oakwood Lodge dining room, a vast logs-and-linen affair next to the First Tee. It was the hearty food I liked then and there was lots of it. There was sometimes a ponk! as a golf ball bounced off the dining room roof, the diners chuckled and smiled at one another. Wire screens protected those windows and diners directly exposed to the tee. The serving girls in their crisp uniforms gave as much joy as the food did. My mother and Ann had their stream of talk on that side of the table, I was free on mine to watch the waitresses, a ballet corps of neat little farm girls as they bore their trays the length of the dining room and back, their smooth brown knees and calves swinging by at eye level.

Sometimes a girl dropped me a hint of a smile. The serving routine condemned each girl to disappear soon enough behind the swinging door to the kitchen. The wait for their return was tantalizing. As I avoided the beach I never would have had met those girls out of uniform if it hadn't been for my sister Ann. Ann was of their age group, she got talking to them at water's edge and eventually some of them turned up at my mother's cottage after their working hours.

I took two of the friendlier ones out. They were as strong and sweet and lovely as they looked serving tables. There was no moviehouse in town. If there had been drive-ins we would not have been allowed to go there. So we walked and talked in the warm summer darkness. We sat in my mother's car in the deep shadow of trees and smoked and talked. And I also kissed them thoroughly and they kissed me thoroughly back.

The most beautiful enthraller of those summers was an American girl named Cecily Rains. I dreamed of her when she was far away and continued to dream even when she was sitting right before me. Her hair, skin, teeth—even the whites of her eyes—seemed to give off a deep glow. Of course she was amusing and charmed everyone greatly. Her beauty was slow, a sleek, lazy feline thing. Years later in England I saw a luxury pure bred Abyssinian cat, the only being I ever met later that reminded me of her.

Cecily, her friends and I were imprisoned in a screwy television spot for Coca-Cola. For four years I drank coke upon coke—often in the presence of her mother—sitting in the relative afternoon cool of their high ceilinged, varnished log cabin. I wouldn't have dreamed of being anywhere else.

I dislike coke. The few times I found myself drinking at it steadily—the army was another—I was sure that my body chemistry must be out of whack and that total dysfunction was just around the corner.

It was very hard for me to see Cecily alone and clearly that was the way she wanted it. At the end of the last of those four summers of cola and heartache I did manage a few hours of *tête à tête* with her early one evening. I solemnly applied for and received a firm chaste kiss on the mouth as I stood on her porch to go. That was a fine parting, a good end to it all.

~

There was some frenzy to my first months at the university. The freedom, the new autonomy did that. I was caught up in a wicked burst of acceleration—where days at UCC and Lakefield had gone by like years, here they lasted only minutes. I turned out my light at night to immediately turn it on again, dress and go looking for my breakfast coffee.

If the main job of a teacher is to capture our interest most of my professors succeeded at that one way or another. Tony Preston, who taught us Greek and Roman history was probably the most riveting. He was a bald little man with terrible eyesight. He would practically feel his way along the wall to the dais and lectern. Rarely have so many callow Canadian youths crowded into a small space with such pleasure—jocks, science nerds, divines, small town eggheads, male and female versions—in some of his lectures he practically had us standing up and cheering. He had the gift of making the past live—it is some talent to make Mediterranean civilizations come blindingly alive for so many kids in a classroom in the gray depths of a Quebec winter. I can't talk for the others but decades later I spent days prowling the Roman Forum alone, trembling with excitement—still hyped by his teaching.

Few people leave their home continent in favour of another of their own free will. We settle in and get used to where we are born. When I moved across the water I often came to miss familiar, homey things. Tony Preston was a great help. He had told me where to look, where the new pleasures and comforts would lie once I got lived-in over here in Europe.

Much later I lived for several years in the small city of Arles in southern France. "Le petit Rome" had been Emperor Constantine's home for a time. At times I imagined I could hear the dead Romans murmuring beneath the sidewalks.

Three years to go until real life. Starting university meant to me that I was in the countdown, I had little time left now to get myself looking presentable before I hit the streets in search of a job. I had no idea what I would do then, I had little to offer. With no mathematics, no scientific capabilities at all, I couldn't sell anything or make anything. I would have to be a teacher or a lawyer or such if I wanted to stay middle class. Lawyers talk on the phone a lot which was out for me. As for teaching, even a School for Stutterers wouldn't hire one to teach there.

Journalism was a thought, a new one for me. Rupert Buchanan was the editor of *The Campus*, the undergraduate newspaper. He had had some professional experience with *Canadian Press* and he had a vigourous, impatient way of imparting what he knew. So I started working for him and enjoyed it. Also the newspaperman cliché, the dubious social status which came with the label "journalist" suited me fine. The other kids expected even an embryonic journalist like me to chain-smoke, be badly dressed and haunted by thirst. Later, when I became editor myself, I discovered that the really sinful pleasure of journalism was being able to have an indirect influence on local events without joining the Establishment in order to do it. Running for elective office—becoming a member of the Student Council for example—looked like the first step towards becoming a stuffed shirt to me.

I was really short on marketable skills. I hope this explains my joining the COTC, signing up with the Canadian army for officers' training. It is hard to believe I really did that. But I did. I passed a battery of psychological and intelligence tests with high marks apparently. That says a lot about the scientific worth of those things. Some of the questions on the psychological test were baldly transparent. "Who would you rather be (a) Frederic Chopin (b) Jane Austen (c) Napoleon Bonaparte?" Several pages later there was a "trap", a cross-question to check for truthfulness. Would you rather (a) compose a sonata (b) write a novel (c) conquer Egypt?"

I also joined the army because I wanted to put the problem of next summer's job behind me too quickly. The army pay was high and all I had to do was walk into the recruiting officer's office and sign up. To get a civilian summer job I would have had to phone someone whose face I had never seen and ask for an interview—touching a phone was a nearly impossible task for me at the time.

Guns, even if I had never seen John Wayne in a movie, I would have wanted to fire some real ones one day. Guns were good then—were seen in a rosier light than they are now—hadn't they saved our civilization from Germanic barbary twice in the last thirty years? A .22 makes a small bang and has no kick, I had to find out what the real ones were like. If someone had offered me a job as cowboy trainee I would probably have chosen that over the army—to mess with horses as well as guns would be nirvana. So I signed up for COTC and specified the cavalry, nowadays the Armoured Corps. Tanks. In a few years I should know a lot about jeeps, trucks and tanks, have learned radio communications and fired some of the biggest guns you ever saw.

Bishop's nestled in an orderly bit of landscape in Quebec's Eastern Townships, an English-speaking enclave if ever there was one. Lower Canada College was just up the road. To hear French spoken it was necessary to go to Sherbrooke, a small city near by. Of course, few of us spoke any French and we must have had little Union Jacks painted all over us because I don't remember people addressing us in the street, not even to ask directions.

It was probably John Heward who discovered that the Sherbrooke Hotel had a trio of black jazz musicians playing nightly in their bar. Even better, amazingly better, the place was open on Sunday afternoons and evenings as well. We were more ignorant and disrespectful of the Quebecois then, but we saw their willingness to break a law in the interest of turning a buck in the production of a little culture and sin as a very endearing trait. Think of Canada's vastness. In few places outside of the Quebec of the 'fifties were such sweet transgressions thinkable.

I had to wait to be nineteen to hear jazz live. No jazz records had ever entered our house and I would probably have had to listen to American stations late at night to find any on the radio. Jazz just didn't exist except for a little Dixieland now and again. But then classical music usually got turned off when it came on the family Westinghouse as well. I did know the opening bars of the *William Tell Overture*, it was the theme song for the *Lone Ranger* radio series.

John Heward lived just up the hall from me in Bishop's Old Residence. He was the only hip person in the whole university—which was easy enough for him, only he knew that the word "hip" existed then and could assign any meaning to it. He had a collection of jazz records, Billie Holiday, Charlie Parker, Miles Davis, the pillars of the jazz world, and Stan Kenton as well, I remember. He also played Juliette Greco and Georges Brassens records and talked about existentialism. His room was only a few steps away, the door was usually open and I spent much time there.

Bishop's was one small university, something over three hundred souls, maybe it was the smallest in Canada at the time. There were three or four really head-turning girls in the lot. Probably about the same number of male lookers. These people were snapped up in the first weeks. You saw the girls go off the market before your very eyes. One day she'd be smiling at you as she went by in the hall, that evening she'd be sitting drinking beer in the G with a football player and she'd look through you like mountain air.

Heather Maggs was one of the lookers. She'd been snapped up right in the beginning like the others—but it hadn't worked out with the guy and now she reappeared, available, free as a bird again.

By no stretch of the imagination was I one of the male lookers. There's no question of destiny here. And she looked to be taller than me by an inch or two as well. There was also a rumour that she came from a family of fundamentalist Christians, which seemed a shame.

Bishop's being small, it was hard to avoid running into every member of the student body at least once during the day. When we'd cross she'd say hi and sometimes we'd chat. The literary society was small, we were six members I think, and we had both joined. We had both recently discovered Dylan Thomas I remember, and we talked about the poems we liked.

I would have been nuts not to ask her out. I invited her to come listen to our jazz trio in the Sherbrooke Hotel one evening. She warned me that she was "a christian" and didn't dance, smoke, drink or wear makeup. Maybe it was the good music that did it. The trio was ordered by the management to cut the jazz and play a lot more dance music. Regretfully they would abandon the Anita O'Day and Billie Holiday standards we were requesting to play solid sets of the hit parade stuff. To my amazement Heather got up, went to the dance floor and kicked off her shoes. This brought her down to nearly my height. We measured with a book once and there was a quarter inch difference either way. We danced a lot on that tiny floor in the Sherbrooke over the next months.

I'd won the lovely-girl lottery somehow. Life was bliss and it stayed that well past the first snows, until after my birthday, nearly until Christmas. Then we ran into the customary problems. We were using the word "love" for the first time and very heavily. This was dangerously inflationary considering our ages and inexperience and was asking for trouble.

I assumed that Heather and I would spend Christmas together. We would have to lobby our parents to do that but it looked feasible. With a few weeks to go Heather had second thoughts. She thought maybe it would be better if she spent the holidays skiing with her family as planned. Therefore without me. I couldn't believe it, I simply could not believe it. I got jealous and absolute about "our love". A sensible atavistic warning bell had gone off in Heather's head, but I wasn't having any of it. I was more decidedly, determinedly "in love" with her than ever. A lot of fun went out of our couple with my fanaticism. The time of innocence and trust was behind us, if I'd known.

Camp Borden was just up the 400 from my house in Toronto. It was a good-sized, wired-in and tightly run little city, eerie in that most of the citizens there were males in uniform. As I had expected from war movies, there were a lot of khaki-coloured vehicles moving about, and soldiers going in and out of long gray buildings.

There had been a lot of movies, American and British, about the atmosphere of Basic Training. The soldiers who were to train us had seen them too. I remember our first minutes in the camp, sitting in our civvies in a classroom in the Armoured Corps School, with little school desks in front of us. A soldier with a tight black beret and stripes on his immaculate sleeve came in, glared at us and spoke slowly, loudly and very distinctly. As if we were deaf, stupid or both.

One guy put up his hand, "Sir?"

"My name is Sergeant Andrew MacLean. You will address me only as 'Sergeant'—never as 'Sir'. You are Officer Cadets which puts me below you in rank. I am to address you as either as 'Sir' or 'Mister'. You will *always* hear me address you as 'Mister'. Never, ever 'Sir'."

The commanding officer of our Troop, Lieutenant Letson came in, there was a crashing of heels and a salute from Sergeant MacLean. Letson was a short good-looking blond man, a bit of a baby face, which we later figured was behind his often angry, bullying speech. His father was a General in the army and his wife hated the military, she made no bones that she wanted him out of it. He had his share of problems, we saw that immediately.

Lieutenant Letson and Sergeant MacLean did their best by us. There was a schedule we kept to, a time plan, roneotyped on large ruled-off sheets of white paper, which was sent down from Ottawa every week and which accounted for every minute of our every day. They marched us everywhere, a lot of the time at the double, and when there wasn't time to march we climbed into trucks, big khaki GMCs, to go to the various firing ranges and exercise areas back in the hills. Our .303 Lee Enfields were our constant companions, we slung them under our beds at night. I would have found it all easier if I had got more sleep. *Chickenshit*, the obsessive maintenance and cleaning of our rooms and equipment kept us up late and the army took the details of it to unbelievable lengths. We understood that this was the obedience part of Basic Training, as with canines it was intended to instill an unquestioning, disciplined mind set in us. Things would ease up a bit after the first summer we heard.

The Lee Enfield rifle was a long and heavy brute. It was basically the same bolt action rifle my father had known in 1914. It was accurate up to eight hundred yards and went off with a deafening crash and had a kick like a mule. I could reduce the pain somewhat by taking care to lie on the ground in the spread-legged, slightly curved pattern prescribed—and we were told

Heather Maggs and John

hold it very firmly into our shoulders. Still my shoulder and collarbone were bruised and sore at the end of each day on the firing range and I stuck a pair of folded underwear under my shirt to pad the butt whenever I thought I wouldn't get caught.

The constant waiting for decisions to be taken and the blah blah blah was irksome and provoked idle minds, like my own, to make smart-assed remarks. The officers and noncoms were at least as bored as we were and kept a steady stream of sarcastic insults running, "you look like a bunch of old women" was a favorite. We had to frame very carefully any jokes we made ourselves, most of them as self-deprecating as can be. I guess I made more of those than anyone else in our troop. Lieutenant Letson and Sergeant MacLean laughed along with the rest—and then like as not sent me running around the parade square with my .303 held above my head. I must have felt it was worth it. No matter what the cost, my head immediately started churning again and when I found my next joke I couldn't wait to bring it over my lips.

We all felt that square bashing was largely a waste of our time though. We had a hundred hours of it that first summer—far more than could conceivably be necessary to teach us to march from A to B in good order in time of war. It took that many hours time to teach us the intricate and largely eccentric drill for which British Guards regiments are so famous. British Regimental Sergeant Majors had been imported to Canada to insure that we attained impeccable standards.

Parade square work seemed to be about military vanity more than anything else. If its intention was to promote *esprit de corps* its effect was boredom. We were eager to learn the soldierly skills that would keep us alive when the shooting started. This pompous Britishy show-the-flag stuff was largely futile and frustrating, armies in most other lands reduced it to a minimum, and they looked to be right about that.

Basic Training was grinding hard work frequently interrupted by periods of monotonous immobility. Hurry up and Wait! they called it. The cumbrous system was developed to make a soldier of even the most obtuse, slovenly recruit. So we learned everything slowly and by numbers, at that dummy's slow theoretical pace.

In non-martial ways I got a lot out of it: those summers in the army were long on human interest. Four months of applied psychology and sociology. Our noses were steadily ground against rough confining walls. It was morbidly fascinating to watch these deliberate stresses and strains magnifying our weaknesses and putting our personal limits on show. The army said that its intent was to make us stronger. We did witness a lot of stupidity and meanness—and were the more grateful for the intelligence and generosity we found among a few close friends.

I was in very good company. I remember us as being eight Troops of twenty four guys or so during those summers. Each Troop had its own character. Each little unit developed a distinct personality, worked up a mentality common to its members within very few weeks. Our guys were long on good humour and looking out for each other. None of us were from the military college, the lifers had a Troop exclusively their own. We were all from smaller universities in Eastern Canada.

Regulations obliged Sergeant MacLean to let us stand easy for five minutes of every hour spent on the parade square. During that time he would ask us general knowledge questions about the army—and sometimes personal questions for comic relief. I remember him asking a guy named Frazer what he planned to become later in life. Frazer came to attention, "A farmer, Sergeant!"

"Well Mr. Frazer, you may make a wonderful farmer. Because you'll never make a soldier!"

I don't know if this military humour was intended to hurt our feelings. It didn't. In our Troop we all tried to do a good job—but we all fully intended to maintain our amateur soldier status forever.

There were murky undercurrents of emotion all over the place. There was a lot of time for talk, maybe a need for it as well. Take a simple exercise like learning to fire a Sten gun. We got down from the truck and the Sergeant lined us up and counted us off. He showed us the Sten gun we were to fire, the same one we had seen in the classroom and on the blackboard. It was all explained thoroughly to us one more time. We were to be placed on the firing line facing four cut-outs of little Japanese soldiers about fifty feet down the range. The Sergeant would hand us a magazine with twenty eight 9mm bullets in it. On his command we would engage the magazine in the Sten, then on his command …

This all took a lot of time when there were twenty four guys to be got through. Automatic weapons gave rise to more accidents than our cumbersome Lee Enfield's and so each guy was handled individually for his first shoot. The targets had to be examined, their bullet holes counted and pasted over before the next guy took his place. The noise and excitement of the firing of the weapon couldn't make the long wait less boring. So we chatted. In this way we eventually came to know our sergeant and lieutenant's views on most subjects under the sun.

They definitely saw two Canadas, one civilian and one military. They were disdainful of civilian Canada, found little good in it. Civilians were dirty, slovenly, lazy and disorderly by definition. To us this was a strange and obviously defensive stance. Many members of the army were at war with civilian life—none of us civilians would have considered signing on with their army if he had despised it.

The more we listened to the catalogue of our civilian failings the more curious we became about what soldiering meant to them. These were emotional not intellectual discussions. For example, professional soldiers regularly said that they would welcome a war, promotions would come faster. Nuclear weapons were a concern for politicians, not soldiers. Our sergeant maintained that he admired the tale of the Roman general who had ordered a column to march over a cliff to their deaths, and they obeyed. Now that's discipline. He also said that if he had been a German in '39 he would have wanted to be Waffen SS because they were the best. And so on.

We began to see how separate our two worlds were. A sergeant said to me once that without the army many of the enlisted men would be in jail. So the army served as a useful repository for society's baddies, and thus protected the futile lives of dissolute civilians. This in turn justified the extremes to which discipline and punishment were taken in Camp Borden. Life inside the military police punishment barracks, run by the Provost Corps, was said to be brutal and pitiless. Military justice was entirely separate from Canadian civilian justice—the Queen's Rules and Regulations made it clear that communicating the army's internal disciplinary doings to the civilian Press would unleash the wrath of God.

During our second summer a woman in Barrie claimed to have been raped by two soldiers. Obligingly the army lined everyone up on the parade square and drove her in a jeep (with a sack with eye-holes over her head) slowly down the lines so that she could identify the culprits. She recognized no one. A soldier told me later that the two men involved had been sent north on special duties to Camp Meaford the day before.

Some of the officers and most of the Other Ranks lived in houses or apartments on the base. The army did much to protect them against themselves. When the married men received their pay an amount of cash was put into their hands and the bulk of the money went directly to their wives and kids. It was possible to do everything within the camp—go shopping, go to the movies, eat and drink in bars—officers, sergeants, and even corporals had their own separate messes. The women were allowed in on Friday nights as I recall. There was no need to leave the base unless you wanted to.

Chronically disorganized people must have been truly glad to find such a stern mother, "a home in the army". A lot of men, single or married with families, preferred to spend their spare time in the messes drinking with other men rather than go home. Troubled outbursts were common. This was as true of the officers as of the "Other Ranks." Being well-paid, housed and clothed and having all bureaucratic hassle sorted for you eases things a lot. There was little living left over for the soldiers to do themselves—but some found even that difficult.

So there were two Canadas—to join the military was to voluntarily opt out of the democratic one in favour of the authoritarian version. It was as close as any of us would ever get to experiencing communism or fascism first hand.

We only spent two summers in their ranks. We were just passing through. For the permanent soldiers the endless training year after year for a war that never came must have been mind-numbing. Over here in Europe, thirty years later, the Canadian Army is often in the news due to the Balkan upheavals. For a soldier to serve as a Peace Keeper surely does much to make him feel useful and good about himself.

Canada was the exception back then, our military was voluntary and professional. Most of the European men I have known were conscripted at eighteen—many young Frenchmen died in Algeria—hated their national service time and were relieved when it ended. Now that they are older they wonder. Capitalism has won the Cold War and selfishness is the fashion. How are the kids today to learn about the need for solidarity with others? Six months of national service—with non-military options—could be an enriching experience for rich and poor alike.

In the end the biggest thing the army did for me was to cure me of my gun lust. Long series of loud bangs cause headaches and nausea. We also agreed, in our little Troop, that the word glory is a concept empty of much meaning for anyone below the level of General. It took few field exercises to convince us that survival in a real war would be largely a matter of luck.

Through Heather I met my first artists. Arnaud and Maggie were trained graphic artists and made a decent living at it. There wasn't anyone like that in my family, nor in the families of any of my friends either. Not even a distant cousin.

Hemingway lived in the States or Cuba, Dylan Thomas in England, Picasso in France and so on. All the artists in the world seemed to live as far as they could from Canada. The Group of Seven painters were often mentioned in school, they were worthy Canadian artists all right. But the piousness surrounding the teaching of them made them unreal, left to float in their canoes like ghosts in some distant northern night.

There were framed illustrations on the wall of my Glenayr Road home, little jokes about English vicars or friendly animals were featured. There were a few weighty tomes about, hardcover copies of *Forever Amber* and other novels of the Thomas Costain variety. We had some Spike Jones 78s, a Perry Como record or two and a Guy Lombardo album—my parents' favourite orchestra. When my hair got too long my father would joke "Either get a haircut or buy a violin." Art and artists got short shrift in our house. No shrift at all, really.

Heather's brother, Arnaud Maggs, was her guiding light. Their Montreal West home had become a repair for religious zealots over the years and Arnaud was the first child to find his way out. His fifteen year younger brother took the other option, he became a born-again Christian and busied himself with thoughts of God and backing the car in and out of the driveway whenever he was allowed to.

Arnaud and Maggie welcomed me warmly when I turned up on their Don Mills doorstep in Toronto. I was thrilled. They seemed to have stepped out of a glossy magazine. Arnaud was very much the male version of his sister. He was tall, dark, very lean, and handsome. He knew a lot about all the visual stuff of which I knew nothing. He had the first hi-fi I had ever seen and a growing collection of jazz LPs. I remember him playing Erroll Garner a lot.

Maggie was blond, blue eyed and rubenesque, physically she was as much an Aryan *faire valoir* for Arnaud's Latin good looks as I was for his sister's. She used to ruefully comment that she was the Doris Day type, and there was truth in that. That made me Doris Day's brother.

Arnaud and Maggie were thirty and we were twenty. Clearly there was a lot to be learned from them for us, they were showing the way. The 'sixties were still well around the corner and they were as independent and as nonconventional as a couple could be at the time and still remain employable. They had three lovely little children, a ranch style house with a patio and garden in the back, a station wagon in the driveway. Inside the furniture was simple and light, the rooms uncluttered. Their prize possession was a Charles Eames sofa.

For those new to it Advertizing was a promising, exciting little world. The advertizing agencies were now seen as essential to the selling process and selling their own necessity was what the agencies were best at of all. They were expanding like the Internet is now. With ever more money and power—and with status as a specialty—they showed off their cleverer graphic artists like show-horses. The top showplace was the Art Director's Annual Show in New York and Arnaud regularly won prizes there. He was a Canadian artist becoming an international star. Stars were rarer then in Canada. And Arnaud looked and dressed the part beautifully.

Toronto was a long drive from Bishop's in Quebec's Eastern Townships. Often Heather and I would go for a weekend in Montreal, staying at her parents' place. Her mother Enid was a thrush-bosomed English lady who informed me soon after I walked through the door that she had married beneath her. She had fond memories as a child, of riding on the pommel of a Colonel's horse in India. As young Canadians, Heather and I were struggling to free ourselves from the colonial taint—and here was Heather's mother praising and glorifying those dreary ties to the skies.

Her husband was a wry little man who had given up the fight for parity before I met him. Cyril Maggs had immigrated from Liverpool and had an Englishman's clipped moustache. So at first I couldn't see the Italian lineage—Benvenuto Cellini was an ancestor he claimed—but then later I could and their children's good looks had clearly come from him. He was in dire straits at the time. He was an office worker for Sun Life Insurance in Montreal and his salary was all the family had to live on. Now at retirement age the company agreed to let him stay on only if he would accept a cut in pay and take to the road with his car.

At home his wife belittled him and was bent on reforming and saving him for Jesus as well. No alcohol, he was not allowed even the smallest glass of sherry. He might have been able to reach a stand-off with his wife in earlier years—but this had become impossible now that paraplegic Aunt Dorothy had moved in.

Mother Enid and Aunt Dorothy shoulder to shoulder were a redoubtable pair. Religion was their common vice and with non-stop preachments and an endless supply of little printed tracts and prayers they kept the devil beyond the walls—and the family within cowed and mute. This was a dense, murkily theatrical atmosphere, like a Eugene O'Neill play with Faith replacing Alcohol as the problem.

To pay her way Aunt Dorothy took over most of the family cooking. Very English cuisine was not my favourite even then, but Aunt Do's sense for thrift gave hers a sinister cast. She saved everything she could, even scraping the food left on the plates into little bowls and stowing them in the fridge. I remember meals where out of six people at the table no two had the same food in front of them. From time to time Heather would sneak a look in the fridge and dispose of the more toxic looking leftovers. It was a grisly experience to be seated with bowed head, literally eyeball to eyeball with an Aunt Dorothy plateful, while she intoned one of her interminable graces, "... and we thank thee dear Lord for bringing dear John and dear Heather into our midst this day, and we pray that their eyes may be opened and that their hearts may be cleansed ..."

In Toronto life was easier. Heather could stay at Arnaud and Maggie's and I went home to Glenayr. The house in Don Mills was as contemporary as it got and we had good times there eating and drinking and listening to records. Good jazz musicians from the States would play in downtown Toronto cocktail bars in those days and sometimes we would go down Yonge Street after supper to listen. Arnaud had done the cover layout for an LP of a famous Massey

Hall jazz concert. The great drummer Max Roach had been on the record so when he came through we went to see him. Arnaud sent him a note and he came over to chat between sets. He was a handsome, soft spoken and very sophisticated man. Artists were coming alive for me. Right before my very eyes. Not only did they exist, they were more than respectable.

The four of us got along fine. But it didn't escape anybody's notice that Heather and I argued a lot for young lovers. After only a few months together our couple was already freighted with solid resentment, the indelible memories of angry words said. It was getting too heavy to really be borne. Where was the lightness, the exuberance, which at least for our first year together we should be enjoying?

There isn't much to be done in cases like that. Arnaud and Maggie stood by and watched helplessly. Eventually they told us they doubted we would ever work out. My mother was worried too. Everyone would have breathed easier if we had broken up. But we were stubborn as can be.

I finished my second summer in the Armoured Corps but resigned from the army before the Passing Out Parade. The army and I both sighed with relief when it was over—but there were misgivings as well.

On my last day the Armoured Corps commanding officer Colonel Dare drove me over in his jeep for a good-bye chat with the Camp Commander. The drive took longer than necessary. At every Stop sign some soldier in uniform would salute the colonel before he could accelerate away. So he had to put in the clutch, return the salute and then start all over again. I sat as stiffly as I could beside him, wearing my rumpled civilian clothing and a ridiculous clip-on bow tie.

In the Camp Commander's office both colonels were as calm and friendly as the situation allowed and asked me if I felt ill-treated by the army in any way. I assured them that I didn't, in fact thanked the army for having done its best by me. But the fact was I didn't possess a soldierly mentality. The colonel assured me that success in the army was not the only possible achievement in life—I felt a shadow of doubt in the man's voice there—then they both shook my hand and wished me well.

I spun on my heel at the door of the office and stood stiffly to attention—one last time—facing them. My silly striped bow tie then popped from my collar and skidded across the carpet in front of me. I scooped it up and jumped through the door and out of the room.

There were two weeks left before I had to be back at Bishop's. When John Heward and two friends proposed dashing down to Florida in our cars I was with them. They had a TR2 which was fast and sexy, and I had my trusty Karmann Ghia with its VW motor.

It was the end of the summer and to race southwards towards the sun, with Canada and the army at my back, was great therapy. John explained our mission to us. We were going to leave the cars in Florida, from there we would fly to Havana Cuba to investigate Afro-Cuban jazz. I couldn't imagine what Afro-Cuban jazz would sound like, but John knew about these things. It was time too that I took a good close-up look at our American neighbours—Kerry's people—in any case. Right off, out the car window in upstate New York, I could see that there was a lot more of them than us. They had more money too, at least in the Northern States.

Comparing with Canada there was a brightly-coloured, child-pleasing side to what I saw along the road—but the fun of it all ran out sooner than it had to. A big orange-roofed Howard Johnson's on the horizon can be a happy surprise—but seeing twenty of them in two days made my retinas ache. Repetition ad nauseam, that staple of radio and TV advertizers was at work everywhere here. Road side hucksters battered us with blobs of inane text big and small—Ninety-nine miles to Stuckey's! ... Ninety eight miles to Stuckey's! ... Ninety seven—

Every morning the same thing happened, it only took a few hours of driving for my curiousity to collapse under the weight of the salesmen's battering. I would give up searching out the American landscape hidden behind the billboards. For the remaining hours my eyes clung to the line running down the middle of the road. I could have been driving around and around in a circle.

Outside of Washington we did realize that there were many black people about, more of them than most Canadians ever could have imagined existed. The farther south we got we saw how poor they were—and how poor many white people were too. On one stretch, men were working on the road and we slowed to a walk to ease past them. Their work clothes were striped and they were being guarded by men in big-brimmed hats carrying shotguns. Chain gangs existed.

We never started to feel at home. The southern Americans looked so like Canadians, and yet they weren't at all. Their soft accents and the syrupy formulas they said to us in shops—"y'all come back an' see us now"—should have put us more at ease than they did. We used the toilets in filling stations and there were usually three of them to choose from, Men's, Women's and Coloured.

There were cheap motel rooms to be had all the way down. One night four white guys in their early twenties strolled over to chat with us. They were very friendly and softly spoken, no tough talk or dirty language. We stood in the grass in front of the place and smoked as the sun went down. They asked us about our little sports cars—although NASCAR type muscle cars were their own preference. They told us about drag races they had on the highways with their souped up Fords and Chevies at night and how aggressive and wild the races could become. Then as naturally as anything, easy as pie, the word "nigger" took a place in their talk. It was over, they looked like us but they weren't. I guess up to that point we imagined that all racists were fat middle aged men with bad teeth. Southern charm was at its nastiest when found in nicely dressed, soft-spoken young people.

From Georgia on we knew we were way south. There were signs on the highway telling us to watch out for alligators, but we neither saw nor hit one. I went to buy cigarettes at a stop in northern Florida and a black lady came up and asked me a question—maybe directions or something. I said "pardon" and she repeated the sentence more loudly. My hearing was great in those days but I couldn't make out a word. "I'm very sorry—" I said. She was furious. I couldn't understand her angry parting shot as she turned on her heel either.

More and more we were looking like Canadian lambs in the woods. When people heard that our destination was Cuba they would say ha! Or even give us a wink. We would explain about the search for Afro-Cuban jazz and they would say ha! again and shake their heads.

By the time we got into the little plane in Key West we were better informed. Only John Heward knew about Afro-Cuban jazz—everyone else in the south saw Havana as Sodom and Gomorrha. Gambling and prostitution were its specialties and we weren't in gamblers' dress.

The bus from Havana airport to the city center was alarming. Men were yelling out the windows at the women on the sidewalk. The air was hot and heavy, more humid than I had ever experienced it. Breathing took an effort. The buildings were sometimes lavish and majestic, but most people's houses and shops were little more than hovels. I'd seen some tropical vegetation these last days in Florida and Georgia, but here there was so much of it, and on a scale—it was on all sides and arched over our heads as well.

None of us spoke any Spanish. A Havana taxi driver took us from hotel to hotel but there were no rooms to be had. He explained that there was a convention on. In the Hotel Nacional the manager listened to him and then spoke directly to us in English.

"We have rooms for you if you want. But this man says you want to bring girls in and we don't allow that"

"God no," we said, "we're just like everybody else. We want rooms to sleep in—no question of girls."

So we got two nice rooms in the front overlooking the National Assembly. Stepping out onto the street again in the late afternoon was like getting into a hot bath. The pandering started now in earnest. A nightmarish horde of pimps pushed into us everywhere we went. All four of us were firm, purse-lipped in our refusals. Our persecutors didn't see us as Canadian puritans defending themselves under fire. They understood us to be jaded by straight sex and quickly upped the ante. They offered group sex, sex with animals—and a world famous Sex Circus starring Superman, a black Cuban who was said to have the biggest organ on earth.

I was astonished, alternately amused and scared. One pimp in a Pal Joey suit was amazing, "Hey look at me!" he said, "I'm Frank Sinatra." And he did a dance step. He was right, he was jet black but looked to be Sinatra's identical twin.

I don't remember if we had dinner or what we ate if we did. I'm sure we got to bed early. The day had been exhausting. Next morning after breakfast we took our destiny into our hands and set out to see the Havana we wanted to. The friendly hotel manager found us an elderly taxi driver with an old Chevrolet and in the relative cool of the morning he drove us around Havana. He showed us sumptuous estates up on the hill and fine vantage points for looking out over the sea towards Florida. At the end of his tour we asked him if he knew of a good Afro-Cuban jazz place, but he didn't.

Our driver that evening was a serious-looking fellow around thirty and when we asked him for an Afro-Cuban jazz place he nodded vigourously and set off at high speed. It was a long drive through narrow Havana streets and we were beginning to have doubts when he pulled up in front of a brightly lit neon sign, *The Blue Moon.*

As soon as we stepped inside we saw that there had been a misunderstanding. There was no bandstand, just a bar and a jukebox. It was a cosy little café and the only other customers were American sailors in their white summer uniforms. To be sure we checked out the titles on the jukebox, Elvis Presley and Bill Hailey records. Not a jazz place at all. What a drag. "Let's have a beer and then ask someone to call us another cab," John said.

The Blue Moon was a good place to have a beer, it was also reassuring to have a friendly American-speaking sailor with a truncheon and a Shore Patrol brassard sitting at the table next to us.

Then a laughing bevy of very pretty girls came into the room. Their style was latin hyper-feminine—bangles, high heels, bright colours and long shiny hair. Compared to my mother or Heather they were "vulgar". Here and right now they were heavenly.

Four of them sat down at our table. They asked us to buy them drinks. I'd read about this somewhere. The girl next to me was dark, quieter and smaller than the others. Her name was Lola and she was nineteen, she said.

"I'll buy you a drink with pleasure—but no champagne."

"Sure. I'll drink a coke."

Everyone in the room was laughing and chattering, Elvis sung as he could in the background. Conversation wasn't that easy. Lola's English vocabulary was limited and I didn't know where to look for common ground.

I'd had plenty of time to develop my stance on prostitution since we'd landed at Havana airport. I was totally against it. It was immoral and the clients were just as guilty as the girls. The army had shown me horrifying colour photos of venereal diseases. In advanced syphillis cases the bridges of men's noses collapse. Then they go mad.

"Let's go upstairs and dance," Lola said.

"No thanks," I said. "We're leaving after this beer."

John Heward stood up from the table.

"Where are *you* going?"

"There's a place upstairs to dance," he said.

Soon I was alone at the table with Lola. I began to feel silly. This poor girl is surely expected to keep clients moving, dancing and drinking. She'll have to move on to someone else if I don't give a little. And I'll be left here alone to talk to the Shore Patrol guy, like a jerk. Lola kissed me on the ear. The man leaned towards me now.

"Why don't you go upstairs? She's a nice little babe."

"I've got a girl friend in Canada. And anyway man, I'm a virgin."

"You're kidding—you've got to be kidding!"

"Well you know in Canada ..." Why had I said that? There was no way out of this mortification—I'd missed another great opportunity to keep my mouth shut.

Lola stood up and pulled me by the hand. "Come on," she said, and I fled with her up the stairs. There really was a little dance floor with a jukebox up there. But we were the only couple to use it. John Heward and the others were somewhere else. We danced and she held me very tightly. I got another ear kiss.

I was isolated. Abandoned by all and nearly seduced. Moral collapse was staring me in the face.

She led me down a long corridor into the dark. A door suddenly opened in my face—bright lights—and a young American sailor lay stretched before me on a bed, a lovely girl smiled at me as she massaged his shoulders. He was very young and he looked happy, blissful—agreeably drunk perhaps.

Lola left me there briefly and went back up the hall.

"You look happy," I said to him.

He closed his eyes and smiled broadly.

"Could you tell me what I do when I get to the room? I lack experience in all this," I asked.

"I don't know what you'll do. I get into bed and wait for them," he said.

Lola took my hand and we followed an older woman to the end of the corridor. She opened a door and we went into a little room with a big bed. The woman removed the twisted sheets and replaced them swiftly—a tight, freshly made bed. "Give her some money," Lola said. She took a dollar from my hand and gave it to the old lady who smiled and left the room.

What made me think any moves were expected of me? I took the little Cuban girl and kissed her on the lips in a cheesy movie manner. I moved her backwards to the bed as I kissed. She lay back and pulled me after her—and then she shrieked loudly. I jumped backwards, away from her until my head hit the wall. She stood up and turned—she pointed to a coat hanger on the bed, there was an angry red mark between her shoulders.

Lola was a good-natured girl. She laughed, and then quickly grabbed my jacket from me before I could hang it on a naked live electrical wire that protruded from the wall. Then she undressed us both and pushed me firmly down onto the bed.

I wasn't drunk, I'd consumed two bottles of beer all evening. Lucidity was gone though. I was scared, thrilled and a bit dizzy. I closed my eyes and reopened them to be blinded by the light of the naked light bulb on the ceiling. So I closed them again.

The Shore Patrol sailor stood and applauded as we came down the stairs to the bar, then the other white sailor suits turned towards us and applauded too. Everyone was informed, one big happy family. I smiled and gave the crowd a little wave, I felt jubilant and not shamed.

John and the others were back, our table was full again. We ordered more beer and a coke for Lola. She sat beside me and held my hand until it was time for us to leave.

I woke up the next morning, the sun was streaming through the windows and a man with a gun in his hand was going through my bag.

"Who are you?" He didn't even look at me, kept searching. The manager put his head into the room, flustered and embarrassed. "President Batista is speaking to the National Assembly at noon," he said and pointed out the window at the columned blindingly white building across the road and below us.

That must have been Batista's last year in power. Fidel Castro was mustering his forces in the mountains at the time—but none of us knew his name yet. Next day at the airport a tourist told me that there was a direct flight daily from Havana to Las Vegas. "All this crime, the gambling and prostitution, is run directly from there," he said.

~

I was shown the Armoured Corps final report on me when I returned to Bishop's. It was an accurate document and its concluding line was "Mr. Cook finds his own faults excessively amusing". I have had worse said of me.

Heather graduated and went to Cornwall Ont. to work as a journalist. I spent my last year in Bishop's without her. It began to look as if the inevitable was happening. We were moving on. She was happy on her newspaper in that sulphur reeking town and started up with a new boyfriend. I duly suffered, but had the sense to take out other girls. I had the company of another smaller Heather from a northern Quebec town for a time, and then Susi Blum, a Hungarian New Canadian who always got top marks. Next to her I was a very spoiled little Forest Hill boy indeed. She had spent her childhood hiding from the Nazis in a cellar in Budapest.

Fortunately I'd saved my best efforts for the last, I graduated from Bishop's with a presentable second class. My philosophy teacher on the last day said to me, "Where were you all these years?" Here at the end of my formal education I had begun to understand a thing or two—and now it was over.

On the momentum of my successful graduation I contacted two Toronto companies asking for job interviews, neither of them called back. My mother and Ann were getting beach stuff, bathrobes and big fuzzy towels, ready for Oakwood Inn and Grand Bend as they did every year. If I didn't get a move on I would be quickly mired in the apathy and inertia of the Toronto summer heat.

Then Rupert Buchanan called. He had an uncle and aunt living in Calgary and he said they would put us up until we found work out there. The Calgary Stampede was something we both wanted to see as well—although I no longer was considering an apprenticeship as a cowboy. I had never been farther west than the Canada Packers slaughter-house on Toronto's outskirts until then. Rupe was planning going on to Vancouver to study law in the Fall. I'd see what turned up. Who knows? Maybe I would go with him.

The highway west was called the Trans-Canada. A few hours along it, we realized that the biggest thing about the Trans-Canada was the name. The road was narrow and potholed in places and people we met advised us to go south at one point, the roads below the border were in better shape they said. Still we stayed on the Canadian side as long as we could.

What I remember most driving westwards across Canada, was the sky. The farther west we got the more it spread. Some days it was vast like the Atlantic or Pacific oceans. Much of the landscape below was empty, flat or only slightly rolling, oceanic as well. The empty hugeness of the New World is far from the fussy minutiae of the Old European one. When travelling in France there is an important change of scenery every hour along the way. In western Canada we saw a change every few days if we were lucky.

I steered rather than drove. I got into the car in the morning, pointed it west, went up through the gears and then just sat there all day letting the world go by. A single field of wheat could start with us in the morning and still be there when we turned off to look for a motel at night.

We listened to the radio a lot. Near Medicine Hat we heard an interview with two nineteen year old English girls who were crossing Canada on a Lambretta scooter. Their next stop would be Calgary so we began to look out for them.

We saw them up ahead within the hour. From behind they looked like two small children riding on the back of a big dog. We eased up abreast and gave them a wave, we rolled down the window and said we had heard the radio interview. They pulled over so we rolled a few yards in front of them, stopped and walked back for a chat. At the end of it we agreed to go to the movies together in Calgary.

Physically Rupe and I were Mutt and Jeff. As he was so much the taller of us I suggested that he concentrate on Margaret, the older-looking one when we got to Calgary. "No sense in us even talking about it," he said. "Before we see them next time they'll have it all worked out, who gets who."

In Calgary we went to see *Gunfight at OK Corral* at a downtown cinema with a widescreen. Just as the titles came on the screen I heard a scraping and shuffling in the row behind us. Then there was a strong smell of horses. I eased around for a look. Five Alberta cowboys had moved into the row. They watched the movie with their elbows on the backs of our seats. The horse smell was very strong and heightened the action on the screen, I saw *OK Corral* with a cowboy looking over each shoulder.

After the film we made a plan to drive to Banff together if the next day was nice. It was a very beautiful morning so Rupert and I drove over to their boardinghouse to pick them up. I had assumed that we would all drive together in the Ghia but the girls wanted the scooter along too—which I guessed meant that we were already pairing us off. I had had an old motor bike once so I offered to drive the Lambretta with one girl and Rupert could drive my Ghia with the other. First though I wanted to go for a spin alone on the scooter.

I drove away slowly up the street and it felt wrong to me immediately. Maybe I had been driving cars for too long now. The point of balance on it, because of the small wheels, was much lower than it had been on my own bike before I crashed it. I found myself wobbling like a little kid on his first CCM. When I tried to double back with a U turn at the corner I found the handlebars too short and cramped together and the wobbling increased. I decided to stop before I hit something—and had to look down at my feet to find the brake pedal. I stalled it. I pushed it back to Rupert and the girls. No one suggested that I give it another try.

Rupert, in spite of being half a head taller, somehow managed to find his point of balance well enough to keep the thing rolling in a straight line to the corner. So with Pat behind him he slowly led the way towards Banff. Margaret and I hung back, keeping a cautious distance between the Lambretta and us.

It was already hot and holding the speed down to thirty on the highway became a strain. Once on a flat straight stretch we gingerly overtook the scooter and left it behind us. Later I needed cigarettes and we went into a truckers' stop. Margaret was eating an ice cream when I came back from the can. "They just went by," she said.

We caught up with Pat and Rupert half an hour later. The scooter was up on its stand on the gravel shoulder of the road and Rupert was pulling on a wrench trying to remove the spark plug. "This happens a lot," Margaret said, "the two-stroke oil-mix fouls the spark plug about once every two days, but it's not really a problem. We always have a clean one ready and we clean the other one at night with a piece of sandpaper in our room."

Margaret had the old one out and the new one in in five minutes. When their motor was running again I said we would drive on ahead. They said we should go all the way to Banff and wait for them there. They'd find us easily.

But they didn't. Margaret and I waited for three hours in Banff, we ate sandwiches and drank Orange Crush and we never let the highway out of our sight. Still they didn't appear. Margaret said she doubted there could be another spark plug problem so soon. We drove back in silence towards Calgary for a good half hour. The sun sank lower in the sky and I began to wonder if a sudden passion hadn't inflamed Rupert and Pat, they might have parked the scooter and taken to the woods. I hoped that was what had happened, we were beginning to worry.

Then I had to have a piss very badly and there weren't any gas stations on this particular stretch, just highway and trees. So I pulled off on the shoulder, got out and headed for the line of trees fifty yards in.

I had zipped my fly and turned back towards the highway when I saw two Mounties in uniform plodding heavily towards me through the grass. Their chevy was parked up against the Ghia's back bumper. Margaret had gotten out on her side and was standing by the front fender with her head down.

Of course I was stopped on the shoulder on the wrong side of the highway. Taking a piss was hardly a capital crime but technically I was trespassing. The sight of two large RCMP coming up made me tense.

"Are you John Cook? There has been an accident, a bad one. You'd better follow us to Calgary."

The Mounties knew nothing more. I got into the Ghia, started the motor with shaking hands and followed the police car at a steady fifty into town. My eyes met Margaret's once and we both looked away.

In Calgary the officer at the desk knew nothing new. Except that he thought a girl was dead. He suggested that it was wiser to leave my car in their parking lot and take a taxi to the hospital.

When we got out of the cab at the Emergency Entrance Aunt Martha was waiting for us. She looked big and grim with a cigarette clipped between her lips. She didn't utter a sound.

Up to the wards. The elevator door shut behind us and Aunt Martha led us to the waiting room at the end of the hall. When we were seated she went to the desk and came back with an older nurse in a stiff white uniform. She nodded at Margaret.

"You'd better stay here with me for a few moments dear," the nurse said. Aunt Martha led me out of the room by the elbow. I followed her down the hall. She finally unclamped her jaws.

"Rupert is alright. I mean his face is badly scraped, he looks worse off than he is. He'll have the bandages off in a couple of weeks, no serious damage. He was lucky. But the girl is dead. The scooter went off the road and hit a post. She landed with her head on a rock. Apparently died instantly. The man who found them said Rupert was bent over her, trying to talk to her. Rupert has forgotten all that now. The last thing he remembers now is leaving Calgary with you in the morning. Pat, that was her name wasn't it?"

"I've got to get—oh Jesus, Margaret—"

"The nurse is telling her, she'll take care of her. That's her job."

Margaret was sitting holding the nurse's hand in the waiting room. She had been given two pills. Her face was white and her lower lip trembled slightly but she was together. I sat down opposite her and the nurse stood up and said, "I'm just across the hall at the desk."

We looked at each other a long time and neither of us spoke. Then we both looked at opposite walls.

Aunt Martha beckoned to me from the doorway.

"Take her to her boarding house in a taxi. Take your time. Get her something to eat. Uncle Ralph and I will be waiting up for you at home when you're finished."

"She can't go back there now Aunt Martha. Alone in that room with her friend's stuff all over the place?"

"I don't understand you," Aunt Martha shook her head.

"They walked out of there together just this morning. How can Margaret go back there tonight? Couldn't she come back with us to sleep at your place? Just for tonight? She'll be able to face the rooming house better in the morning."

Aunt Martha looked like she wanted to say no. But she was too tired to face an argument.

In the morning Margaret and I ate the breakfast Aunt Martha had set out for us on the little veranda.

Aunt Martha put her head around the door jamb, "Can you come in here for a moment please John?"

I followed her through to the kitchen, the phone receiver was lying on the counter by the toaster. "It's the police station for you."

"Hello? I'm John Cook."

"Good morning Mister Cook. I'm sorry about this. But would it be possible for you to bring Margaret Sykes to the City Coroner's in the early afternoon? She has got to identify her friend's body you see."

"I don't know where the Coroner's Office is, I'm not from here."

Aunt Martha blew smoke out her nostrils, "I'll show you on a map, it's easy."

"I'll find it," I said into the phone, "But does Margaret Sykes have to identify the girl? Couldn't I do that, I knew her too?"

The man was talking to someone else in the room. He came back on the phone.

"Okay. That'll be alright then. Will you try to be here around two-thirty?"

When I had hung up Aunt Martha said to me, "I've had a talk with Uncle Ralph. We don't know what the girl's financial situation is. The one … that's here … but we would be willing to lend her the money for the train trip back east. I assume she has a round trip boat ticket back to England."

"She has an aunt in Nova Scotia. She'll be going back there to start with."

"Fine. Maybe you could take her to her rooming-house after the Coroner's and help her pack. The sooner she gets away from here the better she's going to feel."

"I don't know. That's a lot for one day. I mean her friend was still alive at this time yesterday. If she could rest one more night—she'll be in better shape for that long trip by tomorrow."

"Then she'll have to stay at a hotel or in the rooming-house. She can't stay in our house any longer. That's out."

"Did she do anything wrong? I don't see the problem."

Aunt Martha folded her arms across her bosom.

"Because there is liable to be an inquest into the accident, that's why. The Crown will be looking to prove criminal negligence and the girl's family will probably come looking for damages. Rupert is our nephew and we love him. We have to protect his future. We phoned Oshawa and his father is with us on this. Ralph has said that Margaret has got to go. We can't compromise Rupert's legal position. Ralph's a lawyer. So I'm telling you go she will."

"I don't understand the connection between Margaret and ... I mean fucking Christian charity shouldn't be a problem for any judge."

Aunt Martha was already moving through the kitchen door towards the front of the house.

"Nothing is to be allowed to compromise Rupert's legal position."

They knew who I was when I gave my name at the Coroner's Office. They took me downstairs and asked me to wait a minute please on a bench by a door in the hallway. A man in a lab coat and glasses went past me and into the room without a glance. Strong light flooded out of the open doorway. Inside the room the two men talking made no effort to muffle their voices, I heard them clearly.

"The human skull is a strange thing. Constructed like an egg. It can take all kinds of punishment and then suddenly it breaks. Like an egg."

I promised myself that I would stare into the dead girl's face and count out a full ten seconds inside my head. They mustn't doubt the value of my identification. It might not take much for them to decide to call Margaret in for a look anyway, as added insurance. I must do this thing very well.

"Come in now please Mr. Cook will you? I'm sorry, this won't be pleasant."

The man moved to stand at the head of the body stretched out on the table. Out of the corner of my eye I saw it wasn't covered and so I didn't look down, I looked fixedly into the faces of the man in the lab coat and the man in the suit.

"Would you look carefully at this woman's face please and then identify her for us?"

One, two, three. It could have been anybody. Anybody that I had ever seen or never seen. Three, four, five. The blue neon lighting in the room made the skin of my own arm pale, not pink, closer to grey. Her skin was a yellow wax colour blotched with dark brown, blood dried brown. There was a wad of cloth packed around the top of her head and some matted strands of dead greasy hair coming forward from it and the strands were stuck, glued to her forehead. Her lips were hugely swollen and her eyes half open in slits. She looked like an albino african—or this head was a cross between two deliberately terrifying masks, one Asian and the other African, it was not the face of a little English girl. Seven eight nine. This was the worst sight I had ever seen in my life so far. Ten.

"This is Pat. The English girl I knew as Pat."

"Pat Morrow?"

"Yes."

There was nothing more to say or do so I drove Margaret to the Calgary train station. She bought her ticket and the train east came in soon afterwards. I kissed Margaret's cheek on the platform and she went up the steps and vanished inside and the train pulled out.

I had my bag in the car. I figured I would camp out for the next weeks, the weather was consistently warm. All I needed was a little tent and a sleeping bag. I picked them up at a war surplus place and went from there to the trailer and camping area in the city park.

The kid on the gate was about my age, he gave me a cold coke. Danny and his father took turns at the gate of the trailer park on weekends to augment their incomes. Danny suggested I go see J.B. Cross at his brewery and apply for work, he took university students.

I still had some money left. The Stampede began the next day and I wasn't going to miss that. I'd spent half my life reading and dreaming of cowboys.

I crawled out of my tent at dawn and headed for the center. It was easy to find my way around Calgary, the city is designed with slow witted visitors in mind. The streets are laid in a strict grid pattern, North/South streets are crossed by others running East and West. The streets are numbered, not named.

There were a lot of visitors, a lot of people in cowboy clothes. Breakfast—pancakes and coffee—was being served off the backs of old chuck wagons parked on street corners. The people who stood chatting with cups in their hands were smiling and friendly. They must have known how foolish they looked in their cheesy cowboy clothes, they only had to look at the others standing next to them. They didn't care, the city people grinned and beamed happily under their big hats.

The real cowboys came later. They made up the rank and file of the opening day parade. Their authenticity was clear. They looked nothing like the crowds of visitors and city-folk lining the sidewalks to watch them pass. These cowboys, the ranch hands, were mostly Indians, and their clothes and saddles looked worn and poor. This wasn't much of a white man's job any more, the pay must be low. Each ranch, as it proceeded down the boulevard, consisted of a plodding platoon of these indigent people, their stolid Asian faces set to the front, looking rarely right nor left. The white ranch owners and their families rode proudly around and in front of them on big gleaming show horses. They wore hand-worked boots and the sleek Stetsons and other western finery which reminded me of old Gene Autry and Roy Rogers movies. Two horsemen received particular applause from the crowd. The first was J.B. Cross.

"J.B. Cross is the biggest rancher around. He's the biggest in Canada, there are a lot bigger spreads in the States of course," the white haired woman next to me said.

"You'll see—his is the most beautiful palomino I've ever seen and his silver saddle is worth twenty thousand dollars, maybe more."

The woman was pleased to help me with the folklore, she hadn't talked with many out-of-towners in her lifetime. "He's got the biggest brewery around too, owns the coke and soda pop factory. Now he has started a polo club."

I heard the wave of applause before I saw him. J.B. Cross was an impressive masculine figure. His gold palomino was spectacular too, it looked bigger than Roy Roger's Trigger. Cross was a large man and he sat very straight in his silver saddle looking far up the avenue in front of him as though scrutinizing the horizon. From time to time he would turn his horse slowly towards the curb, smile, and politely raise his Stetson to the people. He was always rewarded with a patter of applause.

The sun got higher and I was beginning to think of going back to the park when another rider appeared.

He was a tall thin cowboy, no longer young, neither rich nor poor, a slightly worn white man who ranged like an outcast on his horse, up and down the sides of the parade—apparently allied to no ranch in particular. He bent over the horse's whithers talking to little kids, or he leaned back in his saddle grinning and joking with the girls. Then abruptly he would gather the reins and his big chestnut horse would wheel and rise up on its back legs as if heading for the sky. The crowd cheered.

He turned the horse now in a slow tight circle just below me. His head was down as he studied the big loop he was shaking into the rope at his side. Then he straightened, lifted his head and trotted on trailing the lasso along his right leg. One of the policemen holding back the crowd grinned up at him and said something as he passed. They both laughed and the cowboy moved away down the line.

Abruptly the horse pulled up short and wheeled. The cowboy was standing in his stirrups and after he had turned the loop of the lasso twice above his head it floated back to drop neatly over the startled cop. The horse moved a step and the man was immobilized, his arms pinned tightly to his sides, he was trussed like a roast of pork. The policeman look startled, then flustered, and got quickly red in the face. The cowboy shook the rope out. With a flick he released him again. The crowd loved this. Cheers went up all down the line as the laughing man trotted away up the parade.

"He's drunk," the woman said.

"Great," I said. This gave me heart, the sad pride of the parade was souring my mood.

I went to the Stampede offices that afternoon and talked my way into a press pass for the rodeo on the doubtful strength of my three years' work on the Bishop's newspaper.

In Victoria Park I sat with the professional photographers in the bleachers right next to the chutes. Watching the riders easing themselves down onto the wild animals' backs inside the chutes made the danger of the explosive rides to come present and clear. Often the kicking and bucking started before the gate even opened. There was a heavy odour of urine, dung and sweat over it all—the crowds far away in the grandstand got little of that. The day passed for me in a blur of bucking horses and plunging brahma bulls, cowboys' bodies plunging to the sand.

A steady stream of riders' names and their home towns came over the loudspeakers; they were from places all over the Canadian and American west. The broncos and the bulls to be ridden had richly menacing names. "And naow, ao-ut of Chute Number Four, on a horse called Dy-na-mite, from Cochrane Alberta …!" A young Indian landed hard in the dirt in front and below me. When the horse's hooves were clear of him he got painfully back onto his feet. He looked up at me and shook his head. "Third time today," he said "and the entry fee is a hundred dollars a crack."

In his office in the Calgary Brewing Company J.B. Cross wore an English-cut three piece suit with polished western boots under the pants. He said he had no work for me on his ranch but that he was taking some students on in his factory. They were paying two dollars seventy four cents an hour, which was good money.

It was a real factory, I punched in at the time clock in the morning and I punched out in the evening. The roar of the machines and the clatter of the bottles took getting used to. The workers shouted to be heard over the din. The smell of stale malt and hops was powerful, but the work in the factory wasn't hard and the people were friendly. It was a hot, noisy, smelly place—but it was clean and there was lots of light. This was no satanic mill.

Some jobs were a strain. The worst was probably sitting at the belt staring at the necks of beer bottles passing in front of a bright light—checking their fullness. The guy at that task got spelled every hour I remember. Workers with some technical training ran the machines. Armies of brown beer bottles marched past us on belts, above us, below us, coming from all directions. I spent some days pushing the glass soldiers into line on the belt, preventing traffic jams and the breakage they caused. Boredom was the hardest part. I spent a week loading cases of twenty four bottles onto pallets for the delivery trucks, they got heavy quickly. Then I spent two weeks unloading cases of empties. The empties that we dumped onto the belt were taken away to be washed in huge machines containing a caustic soda solution, we threw the empty cardboard boxes down a chute to be crushed and baled.

I took up drinking a cold beer anytime I felt like it, like everyone else. Workers in candy factories are said to get quickly to the point where they can't eat another chocolat for love nor money. Beer factories are different. Most people sipped away all day and some of the older workers had problems.

A guy named Jeff had been a football star in high school. He worked next to me on the empties belt pushing the cardboard boxes down the chute to the baling machine. When a bottle went down the chute by mistake the baler would jam and everything would stop. There would be a heavenly quiet for the five or ten minutes it took to clear the machine of the broken glass. We smoked our cigarettes and sipped our beers.

Jeff was forty now but looked older. He said he had gone home one Friday night and by Monday morning he had somehow cleaned all the money out of his bank account. Seventeen thousand dollars had disappeared in two days. It was only when he punched in on Monday morning that he found out that six months had gone from his life as well. Between that Friday night and this Monday morning six months of living and ten years savings had been eaten up by a black-out. He hadn't noticed a thing. The factory gave him back his job. It was said J.B. Cross had a sense of social responsibility towards his workers because of the ethylic danger of their jobs. They sent people home for the day when they got drunk. They only got fired when they became drunk and dangerous as well.

Danny and his father were steadily helpful. I would stop and they would chat with me every time I drove into the park. Danny's father took to me as much as Danny had. He had a heavy

Polish accent and a knobbly face like an old work boot. When I started working at the factory they invited me to live in the spare room in their house on the outskirts. I needed a clean bed and a shower and decent food to go to work on in the morning, they said.

Danny was twenty, and recently married. He lived with his eighteen year old wife in the basement of his parents house. Danny's wife was lovely. She asked me if I would like to meet her girl friend. I said that I would and that night Mary came over for dinner with us. She was pretty too. She worked as a maid in the residential end of town. She sat down beside me at the table and that was that, I had a girl friend.

Nobody had any money. The brewery allowed employees to buy four cases of beer cheap at the factory on Friday nights to take home. This was a blessing for us all. We drank the three cases of twenty four on Friday and Saturday nights and were careful to save the fourth for Sunday night. With Danny, his wife and friends, we made sure there was always a case left over to drink in the car at the Drive-in movie on Sunday night.

When they had married the year before, Danny's parents had helped them with the down-payment on a pink and black Chrysler New Yorker. They still had three more years of the crushing payments to go. The car was too expensive for the family budget by far—a Chrysler New Yorker at the time cost just slightly less than a Lincoln or Cadillac. After the payments on it there was just enough left over from all the combined salaries in the house to buy food supplies. Everything in the family's life beyond the car payments had become a luxury. Every weekend we went through all our pockets gathering dimes and nickels to put gas into the Chrysler. The cheap beer they let me have at the brewery was heaven sent—and so was the Drive-in. The Drive-in was a small miracle for us because it was free. It was the high point of our week.

The owner of the Drive-in may have seen what he was doing as a public relations gimmick. For the likes of us he was a true Christian gentleman. Calgary was a hard-working, rough and tough oil and cattle town—but the Premier of Alberta at the time was a deeply religious nut who stamped out fun wherever he found it. Only two government liquor stores were allowed for the whole city (on Fridays the lineups ran for hundreds of yards) nor could men and women drink together in the same rooms at the same time in public places. On Sundays there was no drinking permitted anywhere. For good measure the Premier kept the cinemas closed on Sundays as well. As the law only forbade paid entertainment the owner of the Drive-in showed double features for free and his place was packed. The movies were old but no worse than the new ones. We lived for Sunday nights.

I finally phoned Rupert at his aunt and uncle's place to see how he was doing. Fine, Rupe told me, and asked me to call him back sharply at ten the next morning. He wanted to ask a favour of me. Then he hung up abruptly.

I called during my break from the brewery rest room the next day at ten. Rupe said that the Crown wasn't pressing criminal charges against him for the accident, but that a Toronto ambulance chaser had got Pat's parents in England to start a civil suit against him. He wanted me to drive him out to the place where the Lambretta had left the road. Maybe some memory of what happened would come back.

I picked Rupert up on a street corner on Saturday morning and we drove out along the Banff road again. The accident had occurred on the only steep hill between Calgary and Banff. The place was easy to find, the white post replacing the one the scooter had sheared off marked it precisely. Back in the stubble and stones we found some bits of broken glass that may or may not have come from the Lambretta. There was nothing else to see and Rupert recovered no memory of the accident.

We drove back to Calgary and agreed to see each other again in Vancouver, at the Law School. Only six weeks had passed and all but the faintest contusion marks had disappeared from Rupert's face.

The summer wound down. I was glad when it was September and time to continue on to Vancouver. The puritanical provincial Premier had decided that the free drive-in movies were against the spirit of Alberta law. He was able to stamp them out. With all Danny's family's money going for the Chrysler's payments there was nothing for us to do on weekends anymore except drink the beer I brought home from work.

In a little woods on the edge of town we roasted marshmallows and hot dogs on my last Saturday night before leaving. We were six and had soon drunk all the beer. Mary and I crawled back under the pine trees and went on a crying jag together.

It was sad to think that this was the last I was likely to see of Danny, his wife and his parents. Pat's terrible death had somehow brought me to them. They stood in a little group at the curb by the Ghia. It was early morning, I would drive away and then they would go off to work. We said goodbye quietly and then I got into the car and drove. Nobody spoke of writing.

In Vancouver I didn't even consider a rooming house, it would have seemed too desolate after Danny's place. A cop told me how to find the camping area in North Van and I drove straight over there.

It was getting late in the year for camping. There was now much wind and rain and as the place was on the bank of a river my sleeping bag was always damp. For awhile I was the only camper in the park. I didn't go over to downtown Vancouver often, North Van's connection to it was by an expensive toll bridge.

The Mounties dropped by in their chevy practically every day and that was some comfort. Then an unemployed roofer and his family from Ontario showed up and I had company. They were dead broke, their truck had gone over a precipice on the Trans-Canada. They were lucky to be alive. They had lived in a gas station in the wilds for a month, and now the wife and the small children were all in ill health. I contributed what I could and the guy's wife cooked for us. Next three kids in a battered Monarch from an Ontario small town showed up.

Their leader was a tough nineteen year old named Stan who had a lion's mane and was missing several teeth. They also had little money, had survived the trip across Canada by "cattle rustling". They had killed a cow in a field by shooting it through the eye with Stan's .22. Stan had once worked for Canada Packers so he knew how to butcher it.

Stan had real leadership qualities. He kept the two younger kids with him washing and drying their clothes daily. One night, when they were disobedient, he hauled them out of their car where they were slept. He pulled them in front of the car's headlights and then knocked them both down. It was raining at the time so the kids had to work hard the next day getting the mud out of their clothes.

When the Mounties drove through the park on their rounds Stan was guileless and charming. The cops seemed to find him reassuring. Stan saw himself as a modern Robin Hood. Each evening he and his boys returned to the camp with a large roast beef, or a chicken, or some pork chops for the roofer's family. They went "shopping" every day. I only accompanied them once. I went into a drugstore to buy some cigarettes and they followed along. As I talked to the old woman behind the counter they rifled the shop behind me. When she turned and opened the cash register Stan's hand flashed over the counter and plucked a carton of cigs from the shelf, a few inches from her head.

Stan invited me to a little friendly wrestling match with him at least once every day. It would be a terrible misfortune to get the upperhand for even a moment with Stan. Finally I said, "Look Stan, I promise you—you can beat the shit out of me with one hand behind your back. So why should we even try?"

The weather was getting worse and worse. The Mounties said they would be closing the park in a week. I expected to hear from the UBC Law Faculty any day. I would either be going back to Toronto or looking for a room as soon as I did. I woke up in my tent in the middle of the night, I could hear Stan and some girls' voices over at the picnic table. The Monarch's lights were on, there was laughing and the sound of beer bottles rolling together on the ground. I didn't want to know about this and I hoped Stan would think I could sleep through anything.

"Come on out and have some beer John," he said, shaking the pole of my tent. "There's an Indian girl here and she's doing it with everyone on the table." I didn't answer, this could end very badly.

The next morning they told me that the girl had been thirteen, that they had got her drunk and then her girl friends had held her down on the table—she didn't even know what was going on.

I went to the RCMP office. I told them what had happened and they weren't very interested. Later an officer came by the camp, but Stan and the boys were away in their car "shopping". He looked around for evidence and found little but empty beer bottles back in the bushes.

Stan and the boys got back late that evening and in the morning they were still sleeping in their car when I drove over the bridge to Vancouver and the Law School. My application had been accepted. I just wanted to get out of North Van immediately.

The University of British Columbia was an engaging place. Less was made of hierarchies out there than back East, this was true of both students and faculty. Business Administration students dominated on the Student Council so there was some Toronto/Montreal type pomposity among that crowd, but the rest of the place was pretty free-wheeling. I went to look for work on the *Ubyssey,* the student paper, and found them in the midst of a scandal. For Easter someone had run a picture of a naked girl on the cross on the front page. The Dean refused, in the name of freedom of the press, to punish anyone and this blasphemy was driving the city's Moral Authorities nuts.

Our Law profs were exciting men to study under. They were very critical of what was happening on a day to day basis in the courtrooms. They invited practising lawyers and Crown counsels to come and tell us what was worrying them—some of the professors themselves had been lawyers who had turned to teaching when they realized that they couldn't hack the profession's workaday cynicism any longer. Everywhere the practise of Law attracts more greedy people than altruists. From their talk outside class many of my fellow students were already very short on idealism at a very young age. Visibly the thought of the dollars that would be coming their way was already making their palms sweat.

There was a lot of work involved in studying law. This type of work suited me well because I had always had a talent for remembering thousands of apparently senseless little anecdotes.

There was a lot going on in every nook and cranny of the UBC campus. It was hard to prevent free time activities from swamping my studies. A lot of people were writing. One twenty-three year old guy was into his third novel. None had been published but that didn't discourage him, he said, "By the time I've written five of them I'll begin to know what I'm doing."

For the first time I saw people excited about politics. In my Conservative family politics had only meant letting the Powers-that-be get on with the job.

Pete Seeger and other leftist folksingers were invited to visit and the campus Communist Party was very active. To the south of us the Beat Generation was active in San Francisco—and somehow the news of their doings slipped more easily up this coast to our ears than to the rest of Canada. I came upon some little booklets by Lawrence Ferlinghetti from his City Lights Bookshop and some of us were reading the first Kerouac novels. One day I heard an excerpt of a Mort Sahl tape on the radio. "Hitler is alive and well and living in Greenwich Village. He only wants to be remembered for his art."

Out here you sensed that there was something exciting and devilish brewing in underground America and with any luck it would spill over.

I saw two foreign films in Vancouver, Rossellini's *Paisa* and Clouzot's *Salaire de la peur*. These were the first European pictures I'd ever seen and they seem to have four dimensions compared with the standard Hollywood two.

Rupert was in the Law School with me and we saw each other intermittently. He was waiting for the English family's suit against him to begin. His own family's confirmed dislike of me weighed on our friendship. At one point he suggested that I join a fraternity with him. It seemed a pretty easy-going place—and living in the frat house would save us a lot of money. I went to dinner there and the next night someone threw a beer bottle at me as I got into my car and that was that.

We signed on for a large university production of *Peer Gynt*. I got to play several trolls and a southern slave owner. Rehearsals were long and very intense, this was as close to real theater as I ever got. The worst of the three months strain was its effect on my stutter, which had always been a fragile, unpredictable thing. I wasn't sure

I would be able to herd it safely and unheard through the actual performances at the end.

Yet I did survive, and no one celebrated closing night more happily than I did. It was a large party for the cast and production people and Rupe seemed to have found a new girl friend that evening. He danced again and again and with the same little blonde girl. He never was much of a lady's man and I watched them fascinated.

I'd forgotten the girl when Rupert later ran past me through the room with his hands over his face.

When I caught him up he was sitting on a toilet wracked by violent sobs, "Pat, Pat ..." he kept saying. Pat Marchak was the editor of the *Ubyssey* and a friend of ours. I couldn't imagine her deliberately saying anything to hurt Rupert. Then it hit me—the girl he had been dancing with all evening was a perfect dead ringer for little English Pat, the girl who had died in the scooter accident on the road to Banff.

I was doing less and less work. I was kidding myself. The study of Law was fascinating but the more I saw of the milieu the less I felt at home there.

I hadn't been going to classes for weeks, I just couldn't walk myself through the door into the Law School anymore. I couldn't stand to look at my awful handwriting on a notebook page in front of me on a desk. I growingly felt I would have to spend at least a few years elsewhere, in a totally other world than this one, to get right again.

I rented a little apartment down by the sea with another drop-out. We had a great time reading books, walking around and talking. He fell in love with a bee-keeper's daughter I remember. I made a stab at serious cooking. We invited six people for dinner on Saturday evening, with my air gun I shot a pigeon on our balcony for each of them that morning. I did the pigeons in the oven following a real French recipe. We only told our guests that they had been eating pigeons when the meal was over. A young doctor became upset, "In health terms city pigeons are as close to flying rats as you can get. Thanks a lot!"

I wanted to swim in the Pacific once before returning east. The water was lovely and warm in early June and so I did that.

I packed my bags, drove out to the university and thanked the Dean. Then I drove back east to Toronto.

My mother and Ann were up at "the Bend" as they were each summer. This was really not the place for me anymore. The whole family was gathered around the golf course in their different cabins under the trees and I was far too visible. My military misadventure of the previous summer and this year's aborting of my legal studies, my string of calamities were clanking along behind me like a tail of tin cans when I walked.

The Stratford Festival was showing classical movies in the mornings and I drove over there to see Buster Keaton's *The General*. I knew Charlie Chaplin, Laurel and Hardy and the Keystone Cops like everyone else. Keaton had somehow been forgotten for a few decades. The print of the silent feature was a sparkling new one—the 1926 film could have been shot the day before. The subtle, gentle humour of the picture was entrancing, I quickly forgot the screaming kids who surrounded me. Here was more art,

Paris, early 1960s © John Cook

and old American silent movie art this time.

I didn't care how lame it sounded, I decided to go to France to learn French. Maybe if I learned to stutter in a second language that would ease things in English. Also so much of what I was reading was translated from that language, it looked like time to go to the source. As a Canadian I had been feeling incomplete without a knowledge of French—there was no lack of serviceable arguments.

My mother told me that I could have my boat ticket and a hundred dollars a month for a year while I was in France. I went to Toronto and bought my ticket. I was in a hurry to leave and so David Scott, a friend, agreed to sell the Karmann Ghia for me and then send the proceeds to Europe after me. I had heard little from Heather for a year so I wrote her a note telling her of my sailing date from Montreal. Maybe she would surprise me by coming to see me off.

The band really did play and the streamers floated down to the people waving good bye on the dock in Montreal. I stared through the streamers until they stopped, until the boat was well out into the St. Lawrence. No Heather. I still hadn't entirely abandoned the kid's principle that if I wished for something hard enough I might have the power to make it happen.

~

A long trip destabilizes. This is the price I would pay for the major overhaul I needed. A lot of days wouldn't be much fun. Childhood routines would be junked one after another. More adult, worldlier ones would have to be found quickly to replace them.

We got farther and farther out into the Atlantic until there was a string of days with no land in sight. I stood at the rail of the Arkadia searching for the point where sky and water met up. My horizons were broadening to the vanishing point. I was twenty-two and so shaken that I envied the contented old people lying in their deck chairs bundled up in blankets.

There weren't many like me. Most of the passengers on this Greek ship were European immigrants, New Canadians, returning to their birthplaces for a visit. They wouldn't have understood why I was swimming against the current, heading the wrong way.

My bunk was in a little airless cabin below the waterline. It had one strong light bulb and no porthole. There were three greasy meals a day in the Arkadia's dining room, a movie in the afternoon. The bar was usually open. On the Arkadia I was the foreigner. I spent much of my first night sleeping in a reclining chair up on deck. The raw-faced farmer in the bunk beneath me slept fully clothed—he removed only his shoes and socks before he lay down. His feet stunk, I couldn't breathe. I fled upwards. A steward awoke me in my chair on deck in the early morning, and ordered me below. After breakfast I discussed the stench with the other two men in our cabin who only shrugged and said "talk to him if you want to." When he came in he listened to me stony-faced and said nothing—but that night he put his socks and shoes outside the door. The air was still dead funky but less pungent, I could sleep when I was tired enough.

A little dark-haired girl smiled at me in the bar and we chatted. The next morning there was a gale on and we were the only two passengers steady enough to enter the dining room for breakfast. We went up on deck together to watch the storm and then we slipped under the safety lines and up into the plunging bow. We huddled there with the steel bow plates pressing into our backs. Each wave that hit was a thrill. The shock from it ran the length of our spines and then a sheet of spray passed high over our heads to come down amidships like heavy rain. I thought I'd found a girl friend but it was a false alarm. By lunchtime she had found an older guy more to her taste and she moved on.

As I did elsewhere and always, I read myself across the sea to keep boredom and solitude at bay. I'd been relying on this educational escapism since I was ten. Now I could feel the returns from compulsive reading diminishing. I needed to get into things now, not out of them anymore.

I had bought an Asahi single lens reflex the year before, it was wrapped in my socks and underwear in the bottom of my bag. If I'd known, I could have taken it up on deck and started clicking; there was so much going on. But I didn't know how to do that yet, to use a camera as a lifeline.

Our ship entered Le Havre harbour during the night while I slept so I missed the big moment. The sudden silence when the motors stopped woke me and I heard the creaking of the hawsers as they warped the Arkadia against the quay. I ran up on deck. When I came out into the yellow light under the cranes I saw what a relatively small ship we were. Bombers had given Le Havre a pounding during the war; there were pockmarks on a lot of the masonry. But the cranes were towering over the ships again and the big harbour functioning. The lighting was eerie. In Canada at night I was used to large public areas being lit by white light, usually slightly bluish and ghostly. In France the night was amber coloured. The docks, streetlights, and even the headlights of a car in the distance were deep yellow. France at night became a big photographic darkroom.

We were off the boat and into the customs shed by mid-afternoon. They checked us through fast enough and then abandoned us. There was no transport. There was a rail workers' strike on the Le Havre-Paris line. When we spoke to them in English the French dockworkers shook their heads, shrugged and turned away. No buses were visible. Then slowly a line of old taxicabs began creeping towards us.

A sad-eyed woman with three small children agreed to split the hundred odd dollars the driver was asking for the three-hour trip to Paris and we squeezed into his Renault. The man sped through the fields towards Paris like a dervish. He was hunched forward, his nose inches from the windshield, hands gripping the wheel like claws at the level of his ears. Not a useless word was spoken.

We were frazzled when we got to the Paris Gare de l'Est station. Self-reliance without the language is limited. At the information desk we learned that the international trains leaving France were not on strike—but there would be no more leaving today, none until the next morning. As it had been an expensive day we opted to spend the night in the Gare de l'Est waiting room. The woman sat stoically in the corner of a bench with the baby on her lap; the older children played on the grimy floor and later curled up and slept on the bench beside her. None of them cried. This family was used to things going wrong. They all knew to save their energies for another day.

The morning started with a bang in the Gare de l'Est. There was clanging and crashing and much shouting as metal shutters were rolled up, barriers displaced and then the hissing and squealing started as the first trains from the suburbs rolled in under the steel girders. The station was no longer an empty cathedral, suddenly we were fighting through throngs of people to get into our train and hoping to find seats before it pulled out.

We stopped at one crowded little station after another for most of an hour. It was a long ride before the mesh of rusting, crisscrossing rails came down to only two tracks with the green of the countryside on both sides. I felt myself smiling for the first time since the boat, the woman smiled too as she looked out the window. Time passed quickly, the landscape was friendly and reassuring and all new to me. I said goodbye to the woman and her kids in Strasbourg and then the train entered Germany.

What a word, Germany. Fear. This was the place where nightmares began. But the day I entered the country the air was warm and the skies were blue. No newsreel clouds of smoke hung over the little houses. No bodies lying along the side of the road. This place was Canadian neat and tidy, it looked more the way an allied country should look than France had.

Rattling towards Heidelberg, the Germans did everything to reassure me. I walked through the train looking for a toilet that wasn't locked. I came upon some American soldiers playing cards in their compartment—they offered me a beer and when the *Schaffner* came through to check our tickets he spoke English to us.

The sun shone through the day and when I got out at Heidelberg my spirits soared. Kitsch is a German specialty, the real Heidelberg before me was not far from the sound stage one in the *The Student Prince* musical. Susi Blum picked me up at the station and then led me through the narrow streets in the city centre. Students swaggered about in the capes and caps of their fraternity uniforms as in the movie, Mario Lanza was around the next corner for sure.

Susi's welcome was friendly, she took charge of me and I was glad of that. Here she was an Old European, not a New Canadian. She was on her continent now, not mine, relaxedly talking German to the people we met. I understood none of it. She looked right in the part. Only a few Canadian obsessions with hygiene remained from her Montreal days—she had to cross all of Heidelberg twice a day to use the American Express ladies' room.

I had sold my car in Canada and now I had $1600 to buy another one. A VW Beatle was the obvious choice for that money—but when I heard that I could get a new Austin Healey Sprite in Mannheim for the same amount I took it. It was a small bug-eyed sports car. I knew I was taking a gamble on reliability with a British car, but its tiny charms hooked me.

The salesman drove me along the autobahn between Heidelberg and Mannheim to his dealership there. He was in his thirties. "I built this *Autobahn*," he said. "Young people when I was your age had no time to waste."

Susi had a lot of stuff to take with her after a year in Heidelberg. The Sprite was a very small car. We stuffed its crannies with dozens of plastic bags. Hitler's *Autobahnen* were a heady experience. In Ontario the speed limit was generally 50 m.p.h. and here there were no limits at all.

The little Sprite felt faster than it was, lying so low on the road. Some mornings when I slid behind the wheel I was Juan Fangio, on others Stirling Moss.

Susi had spent the war as a small child hiding in a basement in Budapest. A German officer discovered them on the last day of their occupation. He asked if they were Jews and then counted them and left. The next man they saw was a Russian soldier.

As we got near Munich we saw little white signs in four languages for the town of Dachau and its *Konzentrationslager*. Being a Jew it was a harder decision for Susi than for me to make but we both felt we couldn't just drive on by. We turned off onto the narrow farm road leading to Dachau. There were dairy cows and farmers' wagons, men working in lederhosen in the fields, women in dirndls in the town's streets. Country kitsch. We drove through. The concentration camp was just beyond the town.

The sun continued to shine. The gates with the words *Arbeit macht frei* (Work Liberates) set into them, the barbed wire and the watchtowers made it clear where we were. But the green grass, flowers and trees inside the camp were incongruous. Also barracks buildings which had contained prisoners had become low cost emergency housing for German families in the meantime. Women were hanging up washing on lines and children played in the grass.

A quiet multilingual woman gave us a tour of the camp. We saw the crematorium and its ovens and the gas chamber marked "Shower Room." The victims' fingernails had left scratches in the ceiling of it. We saw the pistol range where officers had used prisoners for live targets.

I remember a statue of an emaciated man with a coat too big for him hanging limply from his shoulders. The text on the pedestal said, "In memory of the dead, in warning to the living."

Walking to the car I was stony empty, had no emotions or thoughts. I concentrated on the gestures of starting the motor and driving. My hands began to shake uncontrollably as we drove back towards the autobahn and wouldn't stop for a long time.

We drove from one hotel to another for weeks. I was rolling over a lot of Western Europe but the farther we went the more my sense of reality dissipated. I seemed to be driving out of Europe not into it. Reality was soon down to the size of the small hotel room we lived in at night.

I grinned my way from Vienna to Spain, I talked to the occasional tourist or American soldier or Susi. Alienation meant *this*. I was *alienated* through and through.

Each day we accumulated an additional plastic bag or two, it was difficult squeezing into the car. As we left Vienna I said to Susi, "We look like a bunch of gypsies."

"Hungarians resent being called gypsies!" she was truly angry.

Susi wanted to visit a friend living on a yacht in Saint Tropez and so we went there. Even in Saint Tropez we managed to find our usual cheap room in a tiny hotel. The toilets were always down the hall, so the sink in the room usually smelled of piss.

During the hours that Susi visited her friend on his yacht I sat in the biggest café on the harbour and drank iced coffee. The town was famous for yachts and girls. There were English language newspapers to be had in the *Maison de la Presse,* but the blinding sun reflecting off the page made my eyes water and I looked up gladly at the parading girls.

Facing inwards from the sea, Saint Tropez looked like any of a hundred traditional fishing villages on the Mediterranean coast. Turned outwards towards the sea, with my back to the sandstone façades, the glare from windshields and the hoods of the Facel Vegas and Maseratis parked along the quay made me squint. I saw a deeply tanned guy park his open Ferrari and saunter up the gangway to his yacht—leaving his keys in the ignition.

The yachts had white or black hulls, decks of teak, teak chairs and tables, and their cabins were panelled with mahogany. When there was a breeze the metal in the masts' rigging tinkled like little cowbells. When I looked out to sea it was a brilliant blue and the sun flashed where it glanced off the wave crests.

The lovely girls came and went. I stared like a cow in a field and no one cared, I was invisible. The girls' beautiful eyes looked right through me. The ladies got into cars and out of them, onto yachts and off them. Sometimes they came into my café and even sat at a table touching mine. Not once did their eyes catch mine. The girls were often nearer my age than the age of their sponsors. But my youth was pure liability here. I was looking at an orderly specialized market where big male money and delicate female beauty had much to say to each other—and little to anyone else.

After four days of Sennequier's café I was saturated. The show palled with repetition. I could now see recurring patterns in the girls' clothes, hair-dos and makeup. This was no place to nurse my alienation, I told Susi that I was souring and wanted to move on.

As we came out of a crowded pharmacy Susi said, "What did you think of the girl standing next to you at the counter?"

"Not bad," I said, "one of the better ones I guess."

"That was Brigitte Bardot, all the others are just copies."

Spain was three hours down the coast. I didn't have it in me to pack and unpack the little Sprite many more times. The total population of France was draining onto the Côte d'Azur now, everyone trampling everyone else as they gobbled the August sun. In the streets it was like Christmas shopping in scorching heat. Briefly the smell of pine trees would waft in from the maquis in the hills—then with a breeze shift the heavy perfume of suntan oil and Nivea cream would settle in again.

I was tired of fighting our way through the crowds all day. It was time to wind this up. In a couple of weeks Susi would have to take a train north for her boat to Canada. I would head for Grenoble in the Alps and start learning French. Maybe a sense of reality would return.

This wasn't the moment but I had wanted to see a bullfight for a long time. For our last fling we drove just over the Spanish border and holed up in another of our tiny rooms.

I didn't know a *corrida* from a *novillada*. I learned that day that anything described as a "festival" on a poster is absolutely to be avoided.

This "festival's" only purpose is to take coin from the tourists' pockets. A few local boys got into a ring against unwilling and damaged-looking bulls. The boys didn't have the excuse of training for a matador's career, they were just trying to make a few pesetas and get through the afternoon unhurt. The bulls were equally terrified and at times backed away from the capes, mooing like cows. A clean kill is difficult for a competent torero. For these inept kids working in these shabby conditions, it couldn't be done. Each bull in its turn died a slow and agonizing death, stuck through like a pincushion, often vomiting blood from a haemorrhage as it sunk to its knees.

Susi and I returned to our room tired and depressed. We had an argument and decided to end the trip there and then. We checked that she had enough money to get to her boat and then I went down to the Sprite and drove back towards France and Grenoble. Susi and I never met again.

It was a long trip, Grenoble was clear across France not far from the Swiss border. I drove most of the night. The air cleared and cooled as the car moved north-eastwards towards the mountains. I was groggy from too much sun and emotion. But as I rolled deeper into the cold night I relaxed and slowly revived. I was jubilant when I finally drove into Grenoble. The moment the sun cleared the horizon, the streetlights snapped off.

Most people spoke some English in Germany, I had yet to meet anyone in France who did. Little remained of my Lakefield French lessons. Other students helped me to sign up for the "civilisation française" classes and to find me a room in a private house.

Each French region can seem like a different nation compared to the one next to it. The people in one department can look physically unrelated to those a hundred kilometres farther over. The Lutz family had a northern reserve and exactitude about them that was very different from the languid expansiveness of the meridionals of the Mediterranean. Their big house was in the quiet residential suburb of La Tronche. In front of it was a large dark garden. The dense foliage of the old trees kept the garden permanently in a deep pool of shade. There was a feeling of long establishment to the Lutz territory. Mme. Lutz was a lean, slightly severe woman in her early forties. Her husband was a French army lieutenant and I usually saw him in uniform. He was more unsmiling than she was. Every year they rented two small rooms on their top floor to students.

The guy in the room next to me came in two days later. He was a very self-confident blonde and blue-eyed German named Joachim. Classical Aryan looking Germans are a minority even in Germany, but Joachim was one of them. He was an immediate hit in the household. I could understand some of it; to begin with he already spoke basic French and didn't stutter. He was talkative and affable, he often liked to dress in a suit and tie and his clothing always looked brand new. In a Canadian university town he could have been taken for a law or business administration student.

He had a strong sense of his own presence in which he expected others to share. He was at least at ease in the Lutz house as they were themselves and that strangely pleased them. For me he was a Teutonic caricature, I would have expected a certain reticence all round being given recent history. The memories of the terrible exactions carried out by German occupation troops in the Grenoble and Vercors area were still vivid. But with Joachim all was forgiven, they welcomed him like a son.

I needed no encouragement in keeping a low profile. I knew no one yet and to check that my vocal chords were still working I often sang loudly while driving the Sprite. I bought my cigarettes from a *tabac* where the packages were displayed on a shelf close to the counter—there I could stretch out my arm and point at the *Gauloises* rather than ask for them.

I had less than six hours of language classes a week so I started writing a novel to fill my time. I liked telling stories but didn't know if they made sense on paper. When I had written what I could for the day I would reach for a French pocketbook and read some pages. In the beginning I chose crime stories and even Hemingway in French translation. Everyday, not literary French was what I was after.

Life was simple as could be. I got up in the morning, filled my cup with warm water from the tap of the sink in my room, stirred powdered milk and powdered chocolate into it and that was breakfast. I wrote my "novel" and read French until it was time to drive into Grenoble. If I left my door open Joachim would look in and we would have a little chat in English. Increasingly it stayed shut all morning.

The French classes were run by two burly, elderly ladies dressed in tweeds and who spoke with penetrating academic accents. In my class there were several English kids, a middle aged American lady and myself. The French lady professors went about teaching us French with grim application. They seemed fired by an ancestral anger. A class wouldn't go by without a reminder that French (as opposed to whatever lingo we spoke) "is a logical language and always follows clearly set out rules." We yet didn't possess enough French ourselves to open the obvious debate—the pitiful ratio of a handful of regular French verbs to the horde of irregular ones which infested most sentences.

I spent as little time with English speakers as possible, got into my car right after class and got out of the university area.

I met a young Japanese who was following the same policy. He avoided the other Japanese in town. His French was as minimal as mine but we insisted on talking it together—only resorting to a few words of English when our tiny French vocabularies failed us utterly. We couldn't help each other at all with the accent—the French r has always eluded me and he simply made a w out of it. *Rose rouge* became "wos wouge" for him.

We often ate lunch together in the Communist student canteen. For the first few weeks I had been eating in the Catholic one and he talked me into trying the other. As a lapsed protestant I had no problem abandoning the RCs—but as a Canadian I felt guilty of Cold War *laissez-allez* eating with the reds. The cost of a meal in both places was one franc, roughly twenty cents, thanks to government subsidies. He was right, the food was better at the Communists' kitchen and the atmosphere more convivial. Later a French *Parti Communiste* member—a huge man—told me that the Party made a point of setting a good table. High culinary standards was the Stalinists' bridge to all that was French and civilized.

Grenoble was as good a place as any for me to learn a few basics about eating. I was thinner than ever and had finally lost my sweet tooth and all lust for junk food. Fast food outlets had not yet invaded Europe, there were few pizzerias present in the fifties. I ate French or not at all. My one-franc canteen meal began with a hard-boiled egg and mayonnaise. The main course was a small cut of beef or a chop, there were vegetables and a green salad, a yogurt for dessert and a choice of fruits. All French meals are served with wine, even twenty cent ones. I learned that simplicity works fine when the basic products are good and carefully prepared.

Fall was a very different season from summer in the mountains. It rained, the wind blew and I felt snow coming. I was lonely, missed my mother and friends, but was never homesick. There would always be a boat waiting to take me home, I would just have to whistle. I feared nothing more than such a craven return.

I got a letter from my old friend John Heward who was now in England working for a publisher. The loneliness and my neighbour Joachim were getting to me, I finished my little novel and trained to London for two weeks.

John was happy in his London publishing house, he felt he was off to a good start as a literary professional. He said he would give my novel to one of his employer's readers. He made a list of the plays I should see and I went to one matinée after another. I was cured of Anglophilia by my Canadian private schools—in England I found that the meanness of their class warfare was on a level with their weather—but the richness of London theatre was a thrilling discovery. The English do staggering things in the theatre as the French do in kitchens.

John's friends Julyan and Cawthra invited me down to their house in Berkshire. Cawthra was a painter and Julyan a potter, their welcome was warm and reassuring. They were tolerant of my callow agitation and that visit was the beginning of a long friendship.

Back in Grenoble there was snow and masses of skiers clomping through the streets. My Japanese friend said I should come up the mountains with him and try it. I wasn't tempted. I had fallen a lot on Canadian slopes and once snapped the ends off both my skis. Anyway my failure rate at sports had always been too high. Why add to the list?

John Heward wrote that his publisher found my novella interesting but too short to publish on its own. They would be glad to read my next offering. I knew that the obstacles encountered at the beginning of a writer's career are solid evidence of the glories awaiting him later on. I began to plot the next story.

So many of the students came to Grenoble to combine skiing with their education that on winter weekends the city emptied and company was hard to find. I met an aspiring French writer named Paul Clément and we saw a lot of each other. His English was so much better than my French that we spoke it together often. His family, like mine, were business people and his unease with them mirrored my own. Business and art are religions in conflict. If suffering in the young is necessary to their development, arty kids with businessmen parents should count their blessings.

My dismal passion for Heather might have begun a slow fade. Replying to letters was not her specialty so it made no sense writing any. When I had arrived in Grenoble I had been happy to have a few hours a day without thoughts of her. Now there were entire Heather-free days—my soul was getting an airing.

I invited Mrs. Lutz' eighteen year old daughter to go to the theatre with me. She was a friendly girl but there was no titillating attraction between us. Her mother insisted firmly that the show be a matinée. There was mistrust in the air, the family had its eye on me. So we went to see Yves Montand's live show at a Grenoble theatre. It had been my intention to do something "nice" by inviting her. We were at cross-purposes. It now came clear that they were doing something "nice" by lending her to me. We rushed to the theatre and dashed straight back. We both breathed easier when the afternoon was over.

Towards winter's end I met Margot, a lively physiotherapist from British Columbia. During our hours together we were able to leave France behind, sentimentalize our childhoods together and listen to the sound of Canada in our voices.

Maggie, Heather's sister-in-law, had written me that she and Arnaud would be arriving in Italy soon. He had received an offer from an advertising agency in Milan, it was a prestigious job in that world and they jumped at the chance to live for a time in Europe. Margot and I made plans to drive to Milan for a visit with them.

Being single and foreign was complicated enough for Margot and I, for Arnaud and Maggie, a couple with three children, the logistics of setting up over here were daunting. Their expatriate dream turned sour on the boat over, the kids took sick. When they got to Milan there was a small apartment waiting for them in Sesto San Giovanni, a working class suburb. After their ranch-style place in Toronto's Don Mills this place was chicken coop in a project.

Arnaud's job with the Milan agency was not as glamorous as promised. Still he was able to immerse himself in it and the visual joys of Milan were fresh enough to fuel him for the time being. Maggie out in Sesto San Giovanni adapted to the intricate detail of Italian daily life as she could. To see people filling their nets and bags in the little shops on Sesto's main street had the charm of a neo-realistic film. To do as they were doing herself, with three small children in tow, was exhausting. The first line up was at the butcher's. The queue moved slowly because it is part of the man's job to make friendly small talk with each customer in turn. The same process was repeated in the fruit and vegetable store, then again farther along for bread and milk. A stop at the *Farmacia* and the morning was gone.

Maggie and Arnaud were beginning to lose the battle by the time Margot and I got there. Italian realities were making short work of Maggie's Scotch Canadian efficiency.

Each day brought a new catastrophe. Her daughter Caitlin was not yet out of diapers and the toilet blocked up. The local plumber promised he would come and didn't. Maggie went to see him in his shop every day and still he didn't come. Finally she broke down in tears in front of him and he said, in consolation, "To live is bad—to die is worse." But the next morning his young employee came by.

Maggie was out shopping while Margot and I looked after the kids. When the plumber arrived he knelt down in front of the toilet and then made to flush it. I warned him with gestures not to do that. He just shook his head and pulled the lever. All the rooms of the apartment were under an inch of water within seconds. The man watched the geyser exploding in front of him open-mouthed. The doorbell rang. Maggie! I ran after the wave of water rushing down the hall. The water went under the door and must now be at Maggie's feet. Then I heard her deep groan out in the hall.

One sunny afternoon Maggie and I were shopping in Sesto, Laurie was running ahead of us up the sidewalk, a tiny Dinky Toy racing car in his hand. He suddenly slipped and fell and when we got to him blood was pouring from the hole the nose of the car had made in his forehead. Head wounds are very dramatic and he was losing blood quickly. There was a First Aid shelter just up the street and we carried him in there. The paramedical on duty clucked reassuringly as he laid Laurie on the table and prepared to sew him up. His white jacket had seen cleaner days, he pinched the wound closed with hairy fingers thick like sausages and sewed. We were thankful he was there but worried about the possible consequences of a lack of hygiene. The wound healed beautifully and left no scar.

Italy was not yet a jeans and tee-shirt place for little kids. The neighbours' children played below in the courtyard at all hours of the day and night. They always looked dressed for church. Maggie, so that they wouldn't be ostracized, tried to keep hers in little white shirts and blouses as well—but the day wasn't long enough to keep up with so much washing and ironing.

Maggie had become a female Sisyphus, the boulder she was trying to shoulder up the hill just got bigger and bigger. She desperately needed a break. When a couple they had met on the boat invited them to their city for a visit, Margot and I said we'd look after the kids while they were gone.

I'd never looked after little kids before. Even with two of us it was a very worrying job. On the street or in the apartment they ran most of the time. Every meter around them seemed fraught with danger. I closed windows a lot so they wouldn't fall out. I was not someone they instinctively obeyed. When Toby, the younger boy, reached across my plate at every meal I finally bit his arm.

Arnaud and Maggie were only gone a few days. The couple they had visited had spent more time evangelizing than comforting them. Margot and I had to get back to Grenoble but when we left we knew we were leaving Maggie in a tough situation and a dire frame of mind.

Before we left I went with Arnaud to the nearby Monza race track. There were fewer cars on the roads then, safety was even less a concern then than it is now. They let anyone who wanted to take his car around the circuit for a few lira. A man with a flag launched us into the blur of racetrack traffic and I pushed the little 950cc Sprite motor up through the gears as best I could. Only the little Fiat 500 and 600 ccs were slower, Porsches and Maseratis, even Formula 3 cars went flashing by right and left of us. At first it was thrilling, a dream come true. But my palms ran with sweat and my right knee trembled increasingly as I pumped the pedals. When the run was over I knew I was no racing driver.

Back in Grenoble the thud of ski boots was abating. Margot talked steadily of returning to Canada. I had enough classroom hours behind me to continue learning French through reading alone. Paul recommended good French novels and I read them. No matter how much stutterers set their teeth on edge, the French will talk to them if there is no one else available. I was getting steady practice.

Among young men the Algerian war was the main topic. Those awaiting their draft calls were particularly angry about it. A lot didn't like Arabs much—but they had no desire to shoot or be shot by them. Many Frenchmen on the mainland, resigned to the recent loss of Indochina, were now preparing to abandon the Algerian colony as well—but the European colonists who lived there were not. Algiers was torn with violence. Increasingly mob rule, often stage-managed by the professional military, held sway.

For conservative forces only General De Gaulle, an imperious old soldier driven by his sense of destiny, was the man to restore order. The weary country let them shoe him in. He told the Algiers mob of pied noirs, "Je vous ai compris."

I was living through the first days of the Fifth Republic. De Gaulle was armed with a new constitution giving him massive presidential powers to carry out his task. The conservatives understood him to mean that he was going to win the war.

I heard that there would soon be a major bullfight in the Arles arena. I convinced Margot to make this trip south with me—get a last burst of provençal sun before she returned to Canada.

After that terrible tourist festival in Spain I had to give the *corrida* one last chance. The famous Luis Miguel Dominguin was on the card, maybe he could redeem it for me.

On Sunday the sun blazed in a perfect blue sky. By three-thirty the trickle of family groups streaming towards *les arènes* had become a torrent. Increasingly people jarred our sidewalk table as they passed. My impatience was too great, more wine now would make me edgier still. All over town the little pena bands were on the march now, the blare of the trumpets hung in the air and the boom and rattle of the drums echoed off the façades of the houses. We pushed back our chairs and stood up, the crowd closed around us and then carried us off.

I don't know how it happened, there wasn't enough elbow room to plan a step we took. We found ourselves walking with Picasso, nearly thrust up against him, his wife Jacqueline was strolling beside him. They looked happy and smiled a lot at wellwishers. Staring at them up close, at arm's length from them was not easy, they were realer than in photos. The excitement was too intrusive and personal and became unbearable. After a moment I pushed myself out of the circle, let everyone move on while I lit a cigarette between two parked cars.

I'd read up on the laws, customs and rituals of the bullfight, but books could teach me no more about it than they could about ballet. I'd never seen a real *corrida* before and it was hard to pace myself with it, to know where to look and when. Too much was happening, there were so many men and horses, bright colours and vivid sounds all over the ring. For much of the three acts the action unfolded slowly, and then it exploded very suddenly and so fast that I wondered if I'd seen what I'd seen. Everyone but drunks and small children were as concentrated as if their own lives were in play, the hugeness of the charging bulls made the butterfly slightness and frailty of the men frightening. I couldn't take pictures with my Asahi, there was no time to look away at my light meter. I let it hang.

Dominguin was a very handsome and graceful man. Now in his mid-thirties he was at the height of his career. He "fulfilled his contract".

He prepared his two bulls with grace and skill and then killed them swiftly. I was thrilled.

Margot was unhappy with the afternoon. The blood and violence of the bullfight shocked her.

After the bullfight Margot and I followed the crowds down the Boulevard des Lices, Arles' main street. A huge crowd had formed in front of the Café Malarte where Dominguin and Picasso were meeting for an aperitif. Now I could use my Asahi. To see over the heads I climbed up on a table. Picasso looked up, pointed at me and laughed. I pushed the button.

Margot and I found a quieter café and drank some Pastis. She was fired up. She had to get back to Canada as soon as possible. She knew that now. Anyway she had a boyfriend back home that she had never managed to get off her mind. And she said we were both disloyal to the country, our absence wasn't fair to Canada. I said I felt the country did equally well with us or without us, I doubted that the country thought about it much. No she said, our place is back there.

Talk of patriotism and several Pastis led me to develop a scheme to import the *corrida* to Canada to replace the Gray Cup. With more Ricard I was ready to replace all football and hockey with the Catholic joys of the bullfight clear across the country. She laughed, but only because she was a polite girl.

Days later she left for Canada and I was on my own again. I wrote my mother that I wasn't ready for the boat home yet, that I was finishing my second novel and asked her to continue financing me. She agreed.

A hundred dollars a month just did it in those days. The car with its insurance, and the high price of European gasoline since the Suez crisis kept food to a minimum, but it could be done. I packed my bag in La Tronche, said good-bye to the Lutz family and drove with Paul Clément down to his family in Nice.

In a way his family was a French equivalent to my own. They had a big house with a garden and a Chevrolet Bel Air like my mother's. But then the Mediterranean breezes, long French lunches and the semi tropical vegetation of Nice have another seduction from Forest Hill's.

Paul thought the little town of St. Jeannet, suspended under its Bauou pinnacle, would be a good place to find me a room for the summer. Within hours I had rented a tiny house away from the town. It overlooked a slash of a valley that carried an abandoned railway line down towards the Mediterranean.

There was just room under a tree on the edge of the *route nationale* to park the Sprite. From there, a worn path dropped over the lip of the road and down into the vineyard. Bright green plants with grapes under them ran row on row to the bottom of the valley. The Italian farmwoman rented me the place for six dollars a month, that was very cheap even then. The little white house was built to be a solid tool shed. Inside it was a high-ceilinged doll's house. There was just enough room for a single bed and a sink. The floor and the roof were tiled and there was no need in the summer for heating.

I was on my own again which was good for the writing. I had a small portable radio with huge batteries. The sun woke me up early, I stepped out the front door, detached the bunch of grapes hanging nearest to my head and sat on a little bench to eat my breakfast.

Nearly every day Mme. Aldi dropped by to

St. Jeannet, France 1959 © Heather Maggs (Cook)

cut some grapes and figs for her basket. She was very friendly and comradely—we both spoke heavily accented, inaccurate French, and had more patience with each other than the French had with us. As she came to know me better she told me about Padre Pio and how he was bound to be beatified. Pio was a Southern Italian shepherd turned priest, he developed stigmata and a large emotional following. The more his wonders and miracles annoyed the church hierarchy the better it suited her.

My tool shed was a romantic and lonely place to be. The writing advanced as it should. Twice a week I would climb a steep path to the village to buy beer, bread, some meat and vegetables. I knew nothing about spices or cooking yet, so my meals were one mush after another. I would put tomatoes and onions and red peppers into the frying pan, when they got soft I added a thin piece of meat and kept cooking until it went brown.

Around the third of each month I was most ready to begin my thrifty, twenty-kilometre roll down the hill to Nice. That hill was a great gas saver. I only needed to finally start the motor when I entered Nice's outskirts. I picked up Mom's hundred dollar check at the American Express and went straight to the pizzeria up the street. I would sit at my little table with a carafe of wine and my pizza Capricciosо between me and the Niçois pushing past. I gorged myself, feeling like a king on his birthday.

With the tank full I flew through the night sky back up the valley to St. Jeannet. The motor roared like a plane's. It was a swinging, physical run, all centrifugal force and wind. I was nearly giddy, cheered by the wine and my full belly. The Sprite's yellow headlights pulled me down into one tight curve after another—brake, shift, gas—and then up and away to the next one. Sometimes a hare or a rabbit skittered across the road in front of my lights, he was as startled as I was, his eyes were little flames.

I had promised Mme. Aldi that I would visit her shrine. She had talked the local bishop into letting her refurbish an abandoned chapel just beyond the town wall. Finally one day I climbed the path. I had to look hard to find the little building. The undergrowth was nearly impenetrable on that forgotten plot, I could have used a machete. Then the chapel jumped out of the nettles in front of me, gleaming with whitewash, very present for its size. St. Joseph's Oratorio in Montreal is bigger but not prouder. Intercession was at the heart of the lady's faith so inside the tiny space was crammed with interceders. In the center was a small altar with candles—and then the likenesses of the Holy Family, the Sacred Heart, several saints and naturally Padre Pio himself, all packed shoulder to shoulder. This was a redoubtable Catholic and Italian line-up. No concern for good taste sapped its fervour.

As I came out of the shrine a little man in black was watching me through the undergrowth. I shook hands with the priest. He was red-eyed and unshaven, he stared at me unblinking. "It's a blasphemy," he said. He was so furious about the chapel that I wondered how much of his time he spent lurking up here, staring and grinding his teeth at it. Our conversation was brief and halting. We didn't like each other much, he must have seen me as as much an enemy to his faith as Mme. Aldi. We both were men living alone but I had the momentary advantage over him. I was younger, didn't have to wear a worn and dirty cassock and had no bishop to answer to. My self-esteem was in better shape than his.

The summer wore on and the perfumed beauty of my tiny domain kept me happy and writing. A groove of daily routine was wearing in slowly but surely. Maybe I was grasping the basics. Rising in the morning and writing seemed a normal thing to do. Another year or two of this and I might develop some marketable skills. The hard part was my impatience and worrying. The Latin mentality had no truck with masochistic brooding, and right they were. If I stared long and hard at the rows of grapes surrounding me maybe I could pick up some of their confidence.

For my taste, too many hours a day were lost to reading and thinking about food. I bought a pocket cookbook but could make nothing of the terminology. The worst dish I had made so far was a disgusting omelette with grape pulp filling. I invented that one myself.

One night as it was beginning to get dark I heard a car stop on the edge of the road above the house. The car doors opened and closed and then I heard voices, women's voices. No one ever dropped by here, I went quickly up the little path to see. First I saw legs and suitcases. And then I saw Heather.

"Hi Johnny." We embraced.

There had been no warning of this. I was in shock. The car disappeared down the road. Heather introduced me to her Italian friend Cissa and we carried the suitcases down to the house. Heather looked the same—which was the end of me. I had thought that my tool shed in St. Jeannet was as safe as a bunker at the end of the earth, until today. My heart sunk, my legs were rubbery and I was thrilled to see Heather and deeply ashamed of my fatally happy welcome.

They didn't stay long. Those were a giddy few days. I had been avoiding the painterly town of Vence just up the road but with Heather and the charming Cissa in the Sprite I drove there. Like Saint Tropez, Vence is another of those enclaves where the locals play petanque in their berets under the trees watched by the actors and actresses dining in the three star restaurant across the road. Chagall had his home and studio there, Matisse had entirely decorated a chapel on the outskirts—without reference to Padre Pio. We could walk the streets or sit in cafés as long as we wanted, but after a beer or an ice cream our tight budgets got us quickly out of town.

Decidedly I resist Italian warmth and spontaneity weakly. One evening Heather was getting ready to cook and she sent little Cissa up to me at the car to ask me what I would like to eat. Cissa's English was minimal.

"She can—," I started, thinking about the food.

"Chii—cken! Chii—cken!" Cissa cried laughing as she ran down the path to the house.

The Mediterranean late summer afternoons were still hot. Once Cissa slipped into my room and awoke me from my siesta with a long warm kiss on the mouth.

Then they were gone. Heather said she would be back to stay in a week—she gave me Cissa's address in Italy so I could write to her there.

I did write to her. That was all I wrote. The work on my novel had stopped stone cold. I got no answer and just as despondency was descending—weeks had now passed—she reappeared.

What I had always wished for, happened. We were living together. I was too young not to believe in conquering lost causes. I had persevered and I had earned my good fortune. Simple justice, that was all there was to it. I was all smiles looking out at the grapes. Work resumed on the book.

Money got tight after two months, we didn't have enough for two of us. We were eating grapes in one strange dish after another. Once when it had been raining all day Mme. Aldi suggested that we collect the snails which had come out with the rain and make a meal of them. We put 150 of them in a pot with some carrots and tomatoes and onions and cooked them up. I ate 94 and Heather most of the rest. When I told Mme. Aldi about the 94 the next day she said, "Don't tell them that in the village! The local record is less than 90—the man who holds it is old now and that's the only thing he ever did with his life."

Heather said it was time to go to London and look for work. We would go together in the Sprite. My book was nearly finished, I would take it to John Heward to get his opinion. On my birthday we packed the car and drove northwards towards the Channel.

In London we split up. John Heward and his flat mate Gordon Borrie invited me to sleep on the floor of their living room and Heather moved in with a girl she knew.

I made the shift from Mediterranean warmth to the damp of London badly. I gave my new manuscript to John who said he would read it as soon as he had time, and settled in to wait.

The British were still resisting central heating tooth and nail in those days. Even in elegant drawing rooms we would stand in front of little electric "fires", toasting ourselves front and back like Wieners. Being too young for arthritis yet—and with luck resistant to pneumonia as well—I hoped to make Spring if I could, depressed but alive.

Hampstead was a fancy district, the London equivalent of Toronto's Rosedale or Forest Hill. Jaguars, Rovers and Bentleys were parked all over the place. Only the basic comforts seemed to be in short supply.

John Heward couldn't seem to get down to reading my text, I had much time on my hands. I bought a cookbook and decided to teach myself to cook. I saw myself making nice meals as a way of doing something towards my keep on John's living room floor.

I had tried to resist British ways in Canada. Living in France I had got used to varied menus. Francophilia was an easy cause for me to adopt. Here the only tasty food I got was when visiting Julyan and Cawthra down in Berkshire. Our local vegetable shop appeared to be in the grips of wartime rationing. Once I asked the shoplady, "How come there are little shops bulging with fresh fruit and vegetables all over France, and here you never seem to have much more than potatoes, onions, carrots and turnips?"

"You shouldn't complain, we don't always have the carrots."

I bought a bag of turnips and went home and looked up a recipe in the book. It was a dismal meal, involving sugar in the turnips. Still I doubt it was worse than what other people in the neighbourhood were eating.

Hampstead had a little art cinema and I saw my first Ingmar Bergman films there. They were new to me and gave me a deeper pleasure than Hollywood had prepared me for. Here was a Swede, living up there in the snows, going well beyond making a buck. He made films the way others make novels or plays.

By the time spring came I was waterlogged and my clothes mildewed. I was fit to be tied and dreaming of France. John still hadn't read my book, short as it was. It occurred to me that he had read it in secret, hated it profoundly, and couldn't screw up the courage to tell me. Fortunately Julyan and Cawthra invited me down to Berkshire often. I also went to visit John's brother Ross who was reading history at Oxford's New College. We hadn't seen much of each other at Bishop's. At a time when I was putting distance between myself and the church he had been passionately embracing it. He had even considered the priesthood for a time. This time we had fun together. We had both read a lot in the meantime and seen a few things. Left wing politics had begun to trot in both our heads.

Heather had found a job as a journalist with a big London tabloid and was in a whirl. Looks and talent are unbeatable. Her paper's journalism was as yellow as the British make it, and its huge circulation insured that even beginning writers made good money. I remember that Heather had a five pound a day expense account and her colleagues insured that she return none of it. Here were more lessons of life for young Canadians.

Eventually John did attempt to read my book. He went to another publisher's reader's apartment for the evening and they tackled it together. There was nothing erotic to be found in those pages, neither in the facts of the story nor in its atmosphere. Maybe that was the problem. He and the lady fell into each others arms and didn't get around to reading the book. It was never mentioned again.

No doubt, my life was in another stall. If a few more of my little lights went out I would soon be sitting all alone in the damp English dark.

Julyan's mother Elizabeth Sprigge was a real writer and had been one all her life. Julyan invited us both down to Berkshire so that we could meet. I gave her some pages to read and she was encouraging. She had been close to the Bloomsbury Group and was a lively—if crusty—woman of sixty something. When I said I wanted to get back to France she said that she wanted to go to Paris for a few days too. It would be helpful if I drove her MG Magnette sedan for her. As the Sprite was having its motor rebuilt I jumped at the chance.

Elizabeth had just published a biography of Gertrude Stein and she wanted to see Alice B. Toklas, who was still living, and get the reactions of her Paris literary friends to her book.

In Paris we spent some busy days in the cafés of Saint Germain. I shook the hands of one self-assured sexagenerian lady of letters after another. I particularly remember Janet Flanner whose "Letter from Paris" I had often read in the *New Yorker*.

Before she left, Elizabeth turned me over to the Russian expatriate painter Karskaya who said she would watch out for me. Which she did. She found me a large dank room with a sink in the corner of it on the ground floor of her building. The toilet was across the hall. The rent was low.

Karskaya was a tiny Slavic nut of a woman. With the firm set of her jaw and her squinting stare she looked like a tough little Cossack. In fact she was frail and had bad eyesight—which enabled me to be of use to her. She would work on her canvasses until the early evening and then she would come and collect me for a gallery crawl. Like many Europeans she loved walking, we'd often head down into the Quartier Latin on foot. I'd run interference for her as best I could in the heavy crowds pushing along the sidewalks. Crossing streets I became her seeing-eye dog.

We seemed to be off to a *vernissage* every second evening. We spent a lot of time in museums like the Jeu de Paume, Musée des Arts Decoratifs, and the Louvre as well. Karksaya didn't talk a lot about art, she made me look at the paintings as long and hard as she was looking herself. That was the lesson. Other people's work stimulated her and didn't interfere with her own. Karskaya would enter the gallery and go carefully picture to picture down the walls before she did any socializing. The artists' talk was as rewarding as anybody else's, when about friends and family it brought pleasure. Professional shoptalk was rare. Each artist lived with his own commitment and knew that arguments about basic principles can quickly turn sterile and pretentious. Anyway, words and paint mix badly. People are good at one or the other, rarely both.

Karskaya's would have been in her late fifties when I knew her. She liked young people. Her husband Serge Karski had been dead for some years by then. Her son who was older than I was had recently married and she saw a lot of him and his wife. Her work and many friends kept her spirits up. Her greatest private joy was her little stone tower of a house in Najac. Her painting had been selling well in recent years and she carefully invested her money in restoring the house.

Najac is in a remote corner of southwest France. Abandoned villages were to be found every few kilometers there and houses could be had for a few thousand francs. Karskaya was putting her little tower back together with extreme care, as if she were making a collage. The Aveyron had become seriously depopulated since the war and masons and other artisans worked for low wages.

Heather came over from London for a visit and Karskaya invited us to come down with her to the Aveyron to see her place.

When we saw Najac it was a string of slate-roofed, granite stoned houses and shops crawling up the wall of a steep valley. Many mornings the whole town would lie deep in fog with only its medieval castle floating above the cloud.

For us this was a fairy tale. Being young and unsuccessful in a big city was a stress of our own. Of course Heather and I took to the Aveyron, these rolling green hills were a step back into childhood dreams of sorcerers and crusades. Karskaya said we should find a place down there too. She said we could find a big stone house for a few hundred dollars, we'd be crazy not to. So we had a look.

We found our house very quickly, two valleys over. Villevayre was a hamlet of maybe a dozen people. Its school, church, general store and public telephone made it a farmer's way-station.

Heather and I still disagree over who saw the house first. In any case it was a long L shaped ranch-like building overlooking a steep and thorn-choked valley. In front of it on the inner side there was a pedestal supporting an iron cross, a large grey rock before the door set off the house like a tiny town square. The place was overgrown with weeds and brambles, fat hornets hummed slowly about in the sun. The roof was unique. Its huge stone slabs overlapped each other like tiles and the walls bulged outwards under their weight. But there was no immediate danger of collapse. The walls were well over a meter through in many places and the house looked siege proof.

Karskaya had exposed me to painting and was now throwing in essential know-how of the artist's life as well. An artist's career is often a ragged business. The Aveyron was as poor an area as France possessed, Karskaya's little tower in Najac was insurance. And I could live down here in our house and write cheaper and longer than anywhere else in the country.

Our house. I don't remember us reasoning or discussing much. Our house filled both our heads entirely and meant living together again. The house was a miracle and under its massive roof we would be safe and prosper.

We'd have to hurry to be ready for the winter. Like most Canadians I didn't think the winter is a piece of cake. The fall came soon enough and the winds blew and it rained a lot. In the beginning we slept in the hay in what had been the barn end of the house. The water dripping from leaks made us move about often during the night. Everything had to be done at once and I had no manual skills. I could neither saw nor hammer straight. The Coustillières, the town school teacher and her carpenter husband, helped organize us for survival.

There is an art to constructing chimneys so that they'll draw, it was an art unknown in that part of the Aveyron. The walls of the rooms were covered with soot darkened broken plaster from the smoking chimneys and that all had to be chipped away. Windows had to be replaced and the floors patched. There was electricity but no running water or sewage system. We dug toilet holes in the field behind us. Then we realized that the stone slab roof would have to come off in the spring. The leaks in it were irreparable because they were untraceable. Water would enter by a crack at one end of the building and then meander in little streams between the stone layers until it came out somewhere through the ceiling at the other.

Our mood remained good. The beauty of the Aveyron had us tightly in its grip, and kept mean-spiritedness away from the door. We had everything to learn and the manual work got us to bed early. Heather shopped at the markets in Najac, Laguépie and Villefranche de Rouergue and people were eager to pass on their country cooking secrets to her. We only ate meat once or twice a week, the nearest butcher was a long drive away.

I started writing again. I had a lot of sophisticated reading matter with me because of Elizabeth Sprigge. She was a Virginia Woolf unconditional and I had bought the Collected Works. After that I had a go at Proust. I was putting a lot of words on paper, I filled several notebooks with my messy handwriting. But the contents were useless to me when I read them back. In truth I couldn't digest this heavyweight reading, I wasn't assimilating and learning from it. I couldn't make it my own and put it to any good use.

I started taking more pictures of what I saw. Karskaya had got me looking hard at painting in Paris. When I looked at this new life all around me now it was as rich and complex as any art I'd seen on a wall. If I were a painter I'd ignore what the others were doing and dialogue with this … nature.

For the first time I really put the old Asahi to work. There was more to it physically than just pushing the button. It's tough to develop films without running water. So for developments and washes I walked down the hill to the *fontaine* at the other end of town and filled two plastic pails with spring water. This negative and print washing process was a long one and it was made longer by the old lady who lived in the tiny house at the head of the path. She would come out to chat when I went by. Good French wasn't needed. She spoke to me in a *patois* which sounded like Basque and of which I didn't understand a word. She was happy with my reaction, my fixed grin and my ouis and nons made a ten minute conversation of it.

I could only print in our kitchen at night, the house was far from light-tight. When printing by the weak amber light I would hear mice scampering and talking to each other on the floor above my head. When their curiosity got too great they would poke their heads down through a knothole and look at me hanging upside down, like bats. I had an air pistol and tried shooting at them but never hit one.

Through the long winter the few of us in Villevayre developed a rudimentary social life. Apart from the Coustillières we saw the Lavals and the Deputiers, both couples were in their sixties. Eating well and talking much was the French way here too, over the winter the old people gradually told us the stories of their lives. Many of the tales were about wartime. Both wars. The stories were as violent and vivid as the countryside outside.

Paul Coustillière had hid out in the hills during the war. The local mayor was a retired military officer and when the Vichy government asked for a list of the local young men he provided it. This wasn't a political choice, he was just following government orders as he had all his life. The Petainists then ordered Paul and the others to take the train north. They were going to be sent to Germany to help with the war effort—now that France was on the Axis side. They were told that this was a wonderful opportunity for them, they would see more of Europe and learn new skills. Paul was leery. When his best friend came by at dawn to join him on the trip to the station he lit out. He spend the rest of the war in hiding. His friend never returned.

There had been little German troop presence in the Aveyron during the war. But after the surrender *maquisards* raced around the countryside taking vengeance on *collaborateurs*. Someone informed on the mayor, told of his list of young men, and two Citroen *traction-avants* with FFI. on the doors came for him and his wife. They drove the old couple away to be shot.

France was at war again now, in 1960. Before Algeria there had been Indochina which had ended in the debacle of Dienbienphu. It was amazing that there were any young men left to fight in the country at all.

As a kid I started by playing checkers and when later I turned to chess I found the rules mind-boggling. In Canada, politics had generally been a simple Liberal and Conservative see-saw. The system itself was never in question, conservative families voted for the party that looked to tax them the least. The CCFers were way beyond the pale in Forest Hill, but whenever I met one he looked nothing like the Red Menace I'd been hearing about.

Here in France, half the people around us were either Socialists or Communists. The system was seriously in question. The hands of the traditional elites had been dripping blood throughout the century. And the young were still being decimated at its orders. There were regularly shootings and bombings in Paris streets now, the Algerian war was clearly coming home. All predictions were dire, things would have to get worse before they got better.

National Service soldiers home on leave from Algeria told horrifying stories. The French army was systematically using torture to get information from Arab prisoners, a Gestapo-like policy which had been decided upon at the highest levels. For republican patriots France was losing her very soul and some of them replied by aiding the enemy, the FLN, with money and arms.

If Heather and I stayed in France we would be involved in whatever came. This wasn't the moment for us to take the next boat home. We were putting down roots of sorts in Villvayre, our most adult project to date. We weren't going to abandon our house now.

For much of the winter Villevayre was cold and rainy. This was no bucolic idyll but I had the time I needed for my writing, reading and photos. I was still stringing words together with little coherency. I wished I had never heard of Virginia Woolf and Proust. Measured against them I was a non-starter.

Our chronic money shortage continued and Heather sometimes went to Paris to work as a model. Her biggest fan was the art director of *Jardin des Modes'* advertising pages, Serge Peronnet. I had little understanding of fashion and its aesthetics myself. I dressed in black or dark blue whenever I could and that was that. Clothes for me were girl's business and I was glad to leave Heather to it.

Modelling and fashion photography weren't talked about much then. It amazed me that the jobs paid so well, both being clean work. Heather showed me her pictures in magazines. I liked taking pictures of her myself, and the thought of other people doing that made me jealous. I took ever more pictures of her. Getting photos to show around—and copies of them to leave behind in editorial offices—was a problem all the new models had. At least a few of my pictures were good enough likenesses to get Heather jobs.

The part of the day I spent on photos was a relief after writing unhappily. I bought two books of photos by William Klein, *New York* and *Tokyo* and started to imitate his stark black and white technique. This was all the wrong direction for me but it got me to realize that contrast and lighting were main issues. I started to play with the chemicals in film developers and the times and temperatures I used. The longer I developed—or the higher the temperature of the chemicals—the more the negatives gained in contrast and grain. I made a lot of high contrast "gee whiz" photos at the time. When the lighting was flat enough the results were clean and dramatic and above all "graphic". The contrasty

William Klein direction had a drama to it which appealed to part of the commercial market. Many French magazines had Swiss art directors in those days and "Grafik" was a word they liked a lot. I showed a sampling of my photos to an elderly fellow who had been one of the founders of the Gamma photo agency with Robert Capa—and he looked at them very carefully and said he didn't like them at all. At that point in my life I would have been surprised if he had.

As I wrote myself farther into a corner, France was turning insurrectional. One day we drove over to Najac to see Mr. Tourette the town mason, and our arrival coincided with that of a company of young parachutists who were visiting the medieval castle there. The soldiers saw Heather and another young woman with me and they surrounded the house we entered, banging on the windows and catcalling until we came out again. No noncom or officer intervened to restore order. We had to push our way through the soldiers to get back into the Sprite. I wound the motor up to a scream and then counted loudly "Un, deux, trois—" and let out the clutch. The soldiers in front of the car were in good shape, they leaped out of the way in time. The papers carried many stories of soldiers beating up civilians, it had been a bad moment.

Few unmarried people lived together then, not even among the French. We had told our parents that we were living at opposite ends of a small French town they had never seen. As none of them spoke French we didn't expect them to turn up unannounced.

Heather's pregnancy changed everything. There was little to discuss or think about. We got married in Villevayre. It was a ghostly but romantic wedding among all those thorns, overgrown abandoned farmhouses, and buzzing hornets. It didn't rain, the sun shone that day and the Mayor, a burly local farmer, did the honours in his office. We made his *commune* the present of a new clock to hang on the office wall. Our friends and a couple of young farm boys came down to the house to drink sparkling wine and eat cake after the ceremony. There was a rusting wagon axle in the corner of our courtyard and I managed to lift it to chest height before I dropped it. One of the farm boys managed to raise it briefly over his head using both hands. The mayor, who was in his mid-fifties, with the jerk of one arm raised it above his head and held it there.

We went to Najac's Post Office to phone our families. The lady managing it refused to put any calls through to Canada. It was a waste of effort she said, a call to nearby Laguèpie strained the system to its limit. But the calls to Toronto and Montreal went through clear as bells, the employees listened in, their eyes bugging. We flew briefly to Canada to comfort our families. No one looked delighted but they were as polite and pleasant about it as they could be.

Serge Peronnet at *Jardin des Modes* gave me some photos to do and Heather continued modelling. We rented a well-worn, furnished apartment next to the Pont Cardinet. It was well situated. There were three cafés when you walked out the door of our building, one of them had a pool table in the back. There was even an elevator in our place, more of a luxury than we were used to and would be useful in advanced pregnancy. I set up a darkroom in a large closet and tried to learn professional photography overnight.

It was an anguished period, the Paris atmosphere was darkly electric. The government was often mute, still not determined to let Algeria go her own way. There was talk of civil war. In my small corner the heat was on because of my new job. I knew so little about what I was doing. I was being given a chance to work gainfully as a photographer and make my way in the wider world that I might not get again. With a wife and a baby on the way I didn't dare blow it.

Fortunately cigarettes were cheap, I needed their comfort. I took at least two films for every photo ordered. Four rolls, 144 pictures were not uncommon. A single finished print sometimes ate up a whole package of Agfa or Kodak printing paper. At first my nasty specialty was giving models bleached out faces and charcoal black legs. My lighting stunk and it would be months before I found a film developer which could be depended upon to smooth things out. I was lucky that 35mm cameras were becoming respected working tools. A lot of the photographers were still using 4 by 5 inch cameras where you focussed an image which was upside down and backwards on a ground glass under an opaque hood. Even the heads-up but backwards images of six centimeter square format Rolleiflexes or Hasselblads would have been a problem for me then.

Serge ran a good school. He hired the best girls he could for us—some of them were even the famous models we saw on the covers of American *Harper's Bazaar* or *Vogue*. Serge knew that the models' fees was not the place to scrimp. A good model's magical sense of how to move, how to make anything on her back look good—was at least as important as the beauty of her face. Beauty in fact came second. It was an excruciating business to cajole, push and shove a graceless girl into a stance that flattered the clothes.

Jardin's advertising pages were an obstacle course. There was no professional prestige in working on them. *Jardin's* editorial people may have despised us but they knew we were needed. Our mean little pages in the back financed the fashion and the glamour in the front of the book—and for which women bought the magazine. If we couldn't keep our clients happy the whole house of cards would fall.

Many of our clients had very little money. They might own one very small shop—or have a tiny atelier producing a small line of clothes or accessories. We would combine three clients' products into one picture so that they could afford the space. Still for each participant it was a lot of money. You knew that one of the three was bound to say, "Well you made the sweater and skirt look good but my handbag is nearly invisible!" Should one client's product be shoes, trouble was assured.

Serge was the lynchpin. His office was understaffed and he had no time or money for reshoots. He would charm, coax and bully a client into signing the "bon pour tirer" if he had to. He was determined and had limitless nervous energy. The more adamant a client's refusal, the less chance he had of escape. When a client said a serious *non* we would whip up a print from another negative, retouch where necessary in the office, and then Serge would go racing back to him in a taxi. In one unforgettable photo a model had two left legs. The client wasn't happy with the original right one so we made a second duplicate print, removed its good left leg with a razor blade and then glued and retouched it into the finished print where the right one had been. The girl in the picture now had two identical legs, two left ones, with the toes facing in the same direction. The client was happy but it never looked right to me.

It took me some time to realize I had a job and was now a photographer. For months I thought I was just making quick money to set us up and would go back to writing soon enough.

I didn't, I got entirely involved with photography. I was fully enjoying it. The physical and mental pace had me asking for more. Live feedback from real people sure beat communing with a sorry bunch of muses. The pictures were either good or they weren't, I could always figure out what was needed when I had to. The physical push was good too. I toted bags of equipment around all day and then went home to mix up chemicals, set temperatures and then jiggle prints in trays for hours on end. This gave me the time I needed to plan what I would do the next day behind my camera.

Life was hectic, which is all that *parisien* often means. There were no regular hours, most of the jobs had to be ready yesterday. That was the same for everyone involved. On a typical day I would show up with my camera bag at *Jardin des Modes* before nine. The early morning stampede on and off the Metro and the autos careening around the Place de la Concorde got me moving and warmed my blood for me before I got there. Serge's assistant Anne Coscia would have packed two bags with clothes and accessories and when the models arrived we would pile into a taxi and set off for the location Serge had chosen. We liked natural décors, some out-of-the-way Paris square for example, a park or a little café, they put more life into our little fictions than a studio atmosphere could have. Besides photo studio rentals were high.

We would be back at *Jardin* by late afternoon, we would take the suitcases to the office and the girls' chits would be signed. Then I would go home to Pont Cardinet and develop my films and make the contact prints. Invariably Serge would phone and ask how the pictures looked, often I told him "I'm worried" which was accurate. "We only need one of each, I'm on my way," he would say firmly. We were both glad he had at least 72 shots per picture to choose from.

Serge worked a long day. After dinner or later he would be at our door and we would spend an hour with magnifying glasses and red crayons marking the contacts for my blow-ups. At first I missed a lot of details during the shooting and pictures would be spoiled by the strange position of a hand or fingers—or an awkward twist to the model's foot—and Serge would make a big red ring around that so that I'd be more careful next time. It was a solid schooling.

He'd leave and I'd close the darkroom door to print, wash and dry so that the photos would be ready to strip into his layouts in the morning. We made three or four blow-ups for each picture Serge had to sell. Serge knew his clients well and choosing the right saleable print for each was an art. "La Mère Duval est toujours penible—il faut lui foutre plein la vue!" Even if she only had a quarter-page with her logo and masses of text all over it I would blow up her little acrylic cardigan to a glowing 30 by 40 centimetres, loaded with contrast.

It was Serge's love of the fashion business that kept morale and quality high. Every month we would pore over American *Harper's* and study the latest Hiro, Melvin Sokolsky and Avedon photos—they set the standards of the day. When a richer client wanted a series of pages, even just two or three, we tried to find a classy theme to make them look as "editorial" as possible.

With Heather still modelling, enough money was coming in. *Jardin des Modes* also published a series of little do-it-yourself magazines besides its fashion flagship—specializing in knitting patterns and baby clothes for example—and they gave us work to do for them as well. Heather would be posing for photos right up to the door of the hospital.

Out in the streets the atmosphere was nastier, ever more menacing. The right wing forces were digging their heels in at home and in Algeria. Military extremists had organized themselves into the OAS, the Secret Army Organization, and they began a series of terrorist acts to intimidate the population. De Gaulle's determination to conserve the colony was weakening and workers, intellectuals and students were demonstrating massively on the boulevards against "l'Algerie française." The general finally held the referendum that would end Algeria's colonial status and that day he became a traitor to conservative France and a marked man. The frenzy of OAS violence increased.

As law and order broke down, fear descended on Paris like heavy rain. A bomb blast seemed to rattle our window-panes every evening. There were disciplinary problems, and in an attempt to regain control, many French police on the mainland had been rotated with their Algerian colleagues. This meant that when we went out to shout our slogans we could expect that some of the CRS riot police who appeared to "control" our crowd were feeling murderous. Maurice Papon was in charge of the police. This famous Prefet de Police was a useful civil servant recycled by the Gaullists from Vichyite days—he had shown no mercy when he sent French Jews and others to concentration camps in Germany during the war.

The most politically engagée of our friends was Monique Metrot. She was a writer and painter and I met her through the art critic Geneviève Brache. Monique's father had been a waiter at the rich man's private Jockey Club before the war and then barman at the famous Tour d'Argent restaurant after that. Invisibility had been one of his professional attributes and his tales of what he had witnessed from clubby shadows had contributed much to Monique's convictions. Nominally she was a Communist and went to all her local cell meetings. But privately she was caught up in the clandestine doings of some left wing literary people—and that went considerable farther.

As a communist militant she stood guard nightly at the home of the communist deputy of her arrondissement, which was a joke. The OAS was increasingly attacking left wing personalities. Jean Paul Sartre's apartment in St. Germain des Prés was bombed. So every evening she and a sixty year old factory worker would go to the deputy's apartment and peek out his windows at any cars slowing down out front. Had there been an attack they could have done nothing about it, they were totally unarmed.

Nothing in Canada had prepared us for this life. We couldn't tell what was coming, couldn't even see clearly what was happening in front of us. The newspapers were unreliable because they were so politicized—but from the bomb blasts and the street demonstrations it was clear that the situation was grim. It was De Gaulle's method to communicate little and appear unperturbed no matter what occurred.

Then four generals, with the help of leading parachute regiments, took control of all Algeria in a putsch. Obviously if they were to succeed they would have to invade the French mainland as well. De Gaulle made a televised speech warning us of a possible invasion. At the end of his speech he asked for everyone's help. "Aidez-moi."

The putsch collapsed in the next days due to its uncertain following. Civil war had been a near thing. The French mainland population now had its belly full of the Algerian war and the violence it caused at home. With the majority behind him, De Gaulle was now set to abandon Algeria.

The Paris police had been fighting a running battle with Algerian independence militants for years. Now, what amounted to a curfew was applied to Paris' Arab residents. The Arabs replied with a peaceful demonstration on the evening of October 17 and the police attacked them with fury. The police chased and beat the demonstrators all evening—and the next morning dozens of Arab bodies were found floating in the Seine. The infamous Prefect Papon congratulated the police for "having done its duty" so well. The government kept silent, acted as if nothing had occurred.

OAS terrorism reached its paroxysm in the next months. For Parisians the decisive moment came February 8. The OAS, in an attempt to bomb the Gaullist Minister André Malraux, set off a charge of plastic explosives on a windowsill on the floor below his apartment. A four year girl inside was disfigured and partially blinded by the explosion.

Heather and I went to the street demonstration the following evening. It was a small and peaceful event, and although Heather was pregnant, trouble seemed unlikely. The crowd was within a few hundred meters of the Bastille when we saw the helmeted CRS riot police advancing down the Boulevard Beaumarchais to meet us in a line.

I pulled Heather out of the crowd and we went up onto the sidewalk so I could take pictures. I had just taken a picture of the demonstration's front line—mostly men in shirts and ties bearing a banner with "OAS Assassins" on it—when I realized that the riot troops had broken into a run now, were running straight towards us. They hoisted what appeared to be pick-axe handles above their heads. As they fell violently upon the crowd the wooden clubs rose and fell, it was carnage.

Heather and I and a dozen others ran into the hallway of an apartment building and barred the heavy door behind us. We watched the battle continue in the street outside through a small grilled opening. There were bloody, motionless bodies all over the pavement. The heavy white clubs only had to come down once, the victims fell to the ground and didn't move. The police withdrew and then stretcher-bearers and some camera crews appeared. The sun-lights lit up a ghastly scene. The cameramen must have taken a lot of footage, but I don't remember it ever being shown.

We learned the worst news the next day. Demonstrators on another of the spokes leading to the Bastille had tried to take refuge on the stairs leading down to Metro Charonne. The riot police charged and charged again, in the trampling and chaos eight people died. The funeral was on February 13, hundreds of thousands of Parisians—some said a million—accompanied the bodies to Père Lachaise cemetery. In my photos the peoples' faces are angry and grim. The government ordered the police to stay far from the procession, not an *agent de police* was to be seen anywhere. It was a wise decision which probably saved uniformed lives.

This was a scary time but well short of a war. The shops were full of food and there were no air raid sirens to warn us of bombing raids. Finally the Evian agreement was signed and De Gaulle immerged as a champion de-colonizer. Most of the French applauded and breathed a sigh of relief.

Paris thrives on absurdity, Heather and I were trying to adapt to that. I was preparing for fatherhood by becoming a fashion photographer in a country threatened by civil war. Heather was learning breathing at *accouchement sans douleur classes*. She had found a good non-Catholic doctor for the birth. These were still the years of Gaullist France, there were no birth control pills yet, and womens' rights were strictly limited. If the birth was a difficult one we didn't want a Catholic doctor deciding to sacrifice the mother's life to save the baby's.

We hadn't given a thought to reserving a room in a hospital or clinic. With only weeks to go Heather's doctor said we should do that quickly. We found none and began to get desperate. At the last moment a bed was found in a tough little clinic off the Place Blanche, in the red light district. Nothing about the place or its neighbourhood fostered sentimentality. The little building itself was not a temple of hygiene and no nurses in uniform walked the halls. All the work there was carried out by tough local women, bleached, made-up and in their civvies. There was a quick turnover in the place. The door of each room had a small flower painted on it to aid identification. When Hilary was born they spoke of her as "Bébé Pivoine", Heather was "Maman Pivoine", and I became "Papa Pivoine".

The café on the corner opposite the clinic was open all night and I shuttled back and forth between its zinc counter and Heather's room. There was a big clock with a white face up on a pole out on the square and through the café window I watched the hands creep round it. On my final trip back to the clinic, at the intersection of a hallway, the doors to three rooms were all open and I heard and saw three women giving birth to their babies simultaneously.

The doctor was a confident jovial man, and he got to us in plenty of time. I had just bought my first 8mm movie camera and ran film through it steadily. That was all I was good for that night. When "Bébé Pivoine" was born the doctor proudly dangled her in front of the lens like a farmer in the Aveyron selling a rabbit at the market.

We lead a settled life in the big worn apartment by the Pont Cardinet. There was plenty to do for both of us and the days passed smoothly. Heather and I had never been less quarrelsome. Baby Hilary had a happy little face and people seemed to like her.

The differences in the modernity of French and North American comforts were greater then they are now. Traditional diaper services, where a little truck came by and delivered you a load of rough diapers daily, were still operat-

Woods outside Paris, November 3, 1963: John, Hilary, Heather © Monique Metrot

ing. It was like putting steel wool or sandpaper on your baby's bottom. So we tried the new paper diapers which were not yet in favour, and they worked fine. A lot of people were still against the puréed baby food in little bottles being sold in pharmacies, but Hilary liked them and they came in handy.

Heather had gained little weight during pregnancy, in her final weeks she had looked like a skinny person stashing a soccer ball behind her navel. She was able to get back to modelling quickly. There was a need for photos of young mothers holding well-dressed newborns, Hilary was in the family business before her first birthday.

I had everything to learn about working in an indoor studio set-up, I started by using amateur photofloods clamped onto white panel reflectors in our living room. This had no class at all, was obviously awkward and inefficient. Clients' eyes would widen as they came through the door and saw my little white phone booth teetering precariously in the middle of the worn carpet. Heather was good about providing coffee and chatting with the models, the girls enjoyed cooing at Baby Hilary. But this was like no professional studio they had ever been in.

I gave in reluctantly and was glad when I did. The magazines paid for the studio rental and it was worth it. Sharper photos were an immediate result. Professional flash units had become very powerful, we could get more light from them than the sun provided on the brightest of days. There were assistants to help me move the huge rolls of paper around, there was a supply of coffee and a secretary answered the phone. An important coincidence worked in my favour. That business is fashionable in all things and English-speaking photographers were in favour. Paris was still the clothes town but New York and London produced talented photographers as if by osmosis. My Toronto accent was American to Parisian ears, I must therefore have the touch.

The stutter was a liability in fast-talking Paris, but as there were few French models at the time I worked mostly in English where I had the most control over my tongue. Tall Nordics and Americans, preferably blonde and blue eyed, got the majority of the jobs. They all spoke English for which I was thankful. The northern work ethic of these models was a blessing when working to a deadline. The photo session would be called for nine and the Latins often trickled into the studio at ten or later. I had usually been there since eight setting up the technical stuff, I was really relieved when I saw those Swedish or American girls arrive right on the button. I once asked a New York girl about her incredible un-gallic punctuality. "It's easy," she said, "If you show up late in a New York studio they fine you the wages for the time you wasted of everyone in the place."

I met Dominique Le Lec around then. His sister Anne worked with me as a stylist on all my shoots for *Jardin des Modes.* We enjoyed working together and a steady stream of jokes kept us going. She had been saying, "You've got to meet my brother Dominique!" for over a year.

Anne finally arranged for me to pick him for lunch one noon. The shop he worked in was on a side street near the Opera and specialized in stereo and hi-fi components. He was a good-looking little guy in a dark suit and tie, very polite and smooth, he looked dressed for church.

We went to a good small restaurant nearby and I did most of the talking. He listened with concentration and kept me talking, a gratifying experience for a stutterer.

Dominique was in his early thirties then and was dreamily fatalistic about his lot. His present job was no better or worse than the others he had had before. Poetic revery had crowded all material ambition from his mind long ago. He liked reading, going to movies, listening to people, and consuming good food and drink.

He loved telling stories and, even better, listening to them. His greatest listening skill was his total concentration. He often contributed no more than the few pertinent words necessary to keep the stories of others flowing. Eliciting people's tales was his art and it was time consuming. He was at it most evenings from the time the hi-fi shop closed. He knew in which bars the talk was good and managed to be there. He was often broke but he paid for the rounds of others anyway. When his bank account was empty he wrote cheques on it nonetheless. It was all mind over matter for him.

His politics were strange to me. He was an old-time conservative, had read Maurras and Barrès like a qualified right-winger. He had inherited this bent from his father who had been in the Action Française before the war. Our friendship was improbable but, as we each came to know the other well, our trust deepened. Dominique's right wing politics were wispy and insubstantial, certainly he was too generous personally to house the angry selfishness behind those ideologies. His lyrical romanticism often ran away with him and made him a sucker for desperately lost causes. In adolescence his closest friend had been the son of a Corsican mobster. At times he ascribed the noblest sentiments to the creatures of that bent world—as Coppola later did to the Mafia.

Dominique and his wife Marie had a simple but lovely little villa with a tiny garden in the banlieue town of Savigny. Heather and I began going out there on Sundays. As many as ten people would push their gate before noon. They came on motorcycles and bicycles, old cars, any way they could. With Hilary in a basket we often took the train out from the old Gare d'Orsay station.

There were regularly new faces when we got there, people I had never seen before. Dominique had dug them up during the week, he might have met them on the back platform of a bus, or in a café. To hear more of their stories he had invited them to Savigny for the Sunday ritual. Around eleven we would flow down the hill like a swarm of locusts to the Savigny market and buy the makings for our lunch.

Marie his wife could have done with a quieter life. If she had been collecting the people she would have done it more slowly and chosen less exalted samples. She worked in the Paris offices of Procter and Gamble. The trip there and back from Savigny meant she had four hours of public transport to face each day. She told me that she sometimes locked herself in the toilet on the morning train to have a good cry.

They were a vivacious couple. Marie was proud of her Irish-ness and Dominique of being a Breton. The Bretons are a unique race he told me often, not really French at all. If he said so … to me he looked like many other fine-featured, trim Frenchman. Marie was red haired, alabaster skinned and buxom. She was outspoken in a funny, colourful way that was more Irish than

French. Dominique teased her continually. They functioned like a comedy team. Their complementary turns of mind were surprising and kept everyone laughing.

Theirs was a fine hospitality. Even with the guests chipping in, those lunches must have played havoc with their shoestring budget. They didn't stint. Many of us were foreigners and these Sundays were a classically French experience we had only heard about. It was like a Renoir film.

Heather's father came over for a visit. Cyril came alone willingly, at home his wife and Aunt Dorothy systematically prevented him from smoking or drinking wine. He was an enthusiastic grandfather and loved to take Hilary for long walks in her pram in the park. I went to join them once, I had the little 8mm camera with me, and was able to film him from the distance laughing and chattering away at her as he pushed the pram in front of him.

My mother came over a bit later. This was her first trip to Europe. I think she had never got farther from home than Buffalo, New York, twice with my father. Paris was ten times the size of Toronto then. She was too timid to ever leave the house alone. But she liked Paris and swore she'd come back again. I filmed her with the little camera too.

In my photos with more than one person in them, I sometimes tried to tell fragments of stories, trying to make pictures that looked like isolated stills from a forgotten movie. With the 8mm film camera, the tales could be made to last longer than a sixtieth of a second. The new and hardest part was hiding the light stands I was used to, shooting around them. But many of the same rules applied to films, lighting and composition were at the heart of them. Once I sketched out a little story which I shot after dinner with John and Jane Brierly. Another evening we made a silent melodrama with Heather, Hilary and Ross Heward.

I was very excited the day the editorial people at *Jardin* finally gave me a chance to work for them. After two years in the business, this was my chance to move to the front of the book. But I nearly loused up. The Swiss art director asked me to make close-ups of a large choice of shoes. They would be on the models' feet at the time so I didn't have to work up a fancy approach for the shoot. Still my specialty was people and atmospheres, not still-lives, I was tackling the unknown with this. The pictures came off fine, we shot them outside on the steps of the Musée de l'Homme. It rained some but then the sun came out. I hurried home to see what the negatives looked like.

Before going up to our apartment I had a beer in the café across the road. I wanted to be calm when I started developing. As I emptied my glass the little crêpes kiosk beside me burst into flames. The crêpe woman's butane gas bottle had exploded. The door of her stand was open so I was easily able to drag her out of the flames. Some passers-by helped me take her to the pharmacy next to the café. She was more frightened than burned.

I began to shake riding in the elevator up to the apartment. I was alone, Heather and Hilary had gone out. Once I'd loaded the negatives onto their reels in my darkroom I went to the kitchen and warmed up the chemicals taking particular care. The rest was routine, I was glad when the fixing was done and I could unroll the top negative from its reel. There was nothing on the film, nor on the next one either. All seven films were perfectly clear celluloid with only a slight pink cast to them. Then I saw the developer still in its bottle on the table, I had developed with clear water, albeit at the perfect temperature.

I spent most of the night thinking up a likely story to tell the art director. The exploding gas bottle explanation had an unlikely Clark Kent ring to it. He let me do the re-shoot and in the months which followed gave me gradually more editorial pages in the front of the book.

We wanted an apartment of our own to live and work in in Paris, and we bought a small place on a tiny back street near the Bastille. Rue des Arquebusiers it was called, the street of the Crossbowmen.

Dominique Le Lec became an American photographer's agent and eventually mine. This was a terrific excuse to eat still more lunches together than before. The New Yorker Aldin Ratti was a tall, particularly gentle man, he had been a flight instructor and then a Marine helicopter pilot in Korea. He was extremely precise and taught me much about the technical side of studio work.

He worked a lot for French *Vogue* and churned out unusual ideas steadily. Dominique used a room in Aldin's apartment as his office, which saved on the rent for both of them. At the time Aldin was living with a tall blond German model suitably named Mercedes. He was very indulgent with her and life quickly became complicated for the three of them.

Aldin gave Mercedes a little bird in a cage as a present. She worried that it looked lonely so he bought her a second one. Within a week there was a man-sized cage in the living room full of birds. They were beautiful but made a terrible racket. By the end of the following week Mercedes had turned against the whole practice of putting birds in cages. Overnight Aldin converted the entire apartment into a birdcage. Dominique's office room was sacrificed too. There was sticky bird-shit on the floor, his desk, his phone, his papers, everywhere. He shook his head and chuckled, Aldin was perfect for him.

With Arnaud, her graphic artist brother, Heather had always shared the pleasure of collecting whatever pleased her eye. She had enjoyed collecting farm furniture and furnishing the house in the Aveyron, now there was a lot to be done in the new little Paris apartment too. On weekends we were out at the Marché Aux Puces, the Paris flea market, by first light. I cut leg holes in an army knapsack and we backpacked Hilary as we picked over the stuff laid out on the sidewalks and trestle tables throughout the morning. I like looking at stuff more than collecting it, my expensive weakness was old cameras to experiment with.

Hilary enjoyed those trips, small as she was. Whoever was packing her would often turn around to find a bevy of grandmotherly ladies trailing along behind and talking in sign language with her. Hilary giggled and waved steadily like a queen in a car.

Since university, Heather had gone from journalism to modelling. Now life had come down to the details of baby care and keeping house for me. After living an independent life for ten years it was simply too late to ask Heather to make a *Hausfrau* of herself. She read bits of Simone de

Beauvoir's *Le Deuxième Sexe* to me and those angry indictments gave me something to chew on as well.

A new era was dawning, at least for Heather and me. In Paris I had miraculously found employment that matched what I could do. If I had tried to follow in my father's footsteps I would have stumbled all the way. My job looked like a gallows reprieve to me. Photographer. I could worry about the precarity of an artistic job later. The immediate high pay discouraged such thinking. I wasn't yet thirty—retirement meant nothing to me at all. Maybe that's the whole beauty of the artist's life, they never retire. They just die peacefully one day in their sleep. I thought things like that.

Heather and I weren't swingers, we wouldn't have had the energy for it. Boulot, metro, dodo were most Parisians' watchwords and ours too. A friend who had been a musician brought some marijuana along to our place and I tried it. Some funny time-space things happened. It took me half an hour to walk from the kitchen to the living room. Lord did I laugh. And laugh and laugh. But it was twenty-four hours until my brain felt right again. There was no place in my work schedule for fuzzy dropouts and I was scared all day.

Private schools are no preparation for dealing with female beauty. But the models proved more harmless than they looked. Behind the clothes and the make-up they were as confused by their own beauty as the people who looked at them. Some acted spoiled but many were scared. The money and the steady flattery often brought them more problems than reassurance. Having left school early to cash in on their looks they were not ready for the predators they now faced. Many plain people deserve better than they get. For lookers too it can be tough to live up to what they've been dealt.

I took an assistant, Jean Limayrac. I was finding it harder working late into the night and taking pictures the next day. Jean had been the head of *Jours de France's* darkroom until they closed it and then he had developed and printed for a string of Paris professionals. He had a fine moustache and dressed like a society doctor, people who had never met me before tended to go straight to him with an outstretched hand, "Bonjour Monsieur Cook." Jean was very reassuring. My career being only as secure as my next job, I needed that.

I was very pleased when *Jardin* gave me my first collection pages to do for them. The two Paris collections, spring and fall, were the moments of greatest self-importance for everyone in the fashion business. Between their showings the fashion houses would give the clothes to motorcycle couriers and they would race with them to the different studios around town to be photographed for the magazines. I would start around three in the afternoon and shoot steadily through until midnight. Then Jean Limayrac and I developed the hundred or so films, made contact prints and delivered them to *Jardin des Modes'* editorial offices. I usually got to bed around nine in the morning.

We were all cogs in the wheel and speed was all. The clothes had to get from the motorcycle onto the model, in front of my camera, back to the motorcycle guy while I was shooting the next one. I somehow was able to maintain my 72 shots per photo rhythm, my thumb hurt from cranking the lever and the electronic flashes made my eyes go red and burn. Then around eleven one night one of my Canons jammed and an hour later the other one seized up as well. Talk about planned obsolescence.

Jardin was happy with the pictures, but I wasn't when I saw them printed small, ten to a page. They were paying me fifty dollars a page whether they filled it with one picture or ten. Also they had assigned me the smallest studio in the place, about the size of an apartment bedroom. There was barely room for the flash units and my camera. We all tripped over the cables all evening. The magazine's art director reserved the big studio downstairs for himself. He would show up and then spend the evening getting one shot of a spectacular little number from a major collection everyone was talking about. As he was doing his own layout he could spread it over two pages if it took his fancy.

Clearly these collections were not to be my consecration. Still I was proving to myself that I had the staying power. The pictures I shot were all usable and the editorial people were paying me a compliment by exploiting me. All that difficult, also-ran clothing had to be shown in *Jardin* so a dependable photographer usually got the task. The dressing room was crowded. I had good girls and more of them than I needed. Some of them had deliberately misunderstood which studio they had been assigned to so that they could come and work with us. This was also a compliment, they felt comfortable with me.

My health got tricky, I had some back pain and my right leg hurt where it joined my hip. The years of working tense and bent over in darkrooms, combined with the taut crouch I took on when photographing had got me hurting and limping. Without Jean's help I'd have had to stop.

Heather was pregnant again and this wasn't the moment for either of us. She had always made clothes and now wanted to learn to design and cut professionally. She would have to wait a year now. In those pre-pill days, young couples' plans needed luck.

This time we booked a bed in a Paris clinic well in advance and Jesse was born in a respectable place that had been good enough for Picasso. Heather hadn't worked hard enough on her breathing exercises and I was trying out a wind-up 16mm camera that I hadn't yet mastered. Jesse was born unrecorded on film and in fine shape anyway.

My grandfather's name was Jeremiah and Jesse seemed at least as good a biblical name as his. It sounded good with Cook, short and to the point. I told anyone interested that if Jesse finished an outlaw he could blame it on me.

The Rue des Arquebusiers apartment was a very small low-ceilinged place, it was a tight fit for the four of us and my darkroom as well. Heather was eager to start her new career as soon as possible. After a day of struggling with the two kids, her frustration was high and her nerves frayed. I ran on a lot of adrenalin at the time, by the time I got down the boulevard from the Metro station at day's end I felt depleted. I dawdled over a beer in the café on the corner before I heavily climbed the stairs to our place.

We had one or two major disagreements. Heather was determined to go to a professional couture school. I thought she should accept the offer of an older friend and join her in her little fashion business. On-the-job training had been good for me, I believed in it for her too.

The gulf between us gradually widened and our old mistrust returned. Heather's disappointment in her life with me was patent. I felt helpless and angry. I felt I had done what I could and now deserved better. Both of us needed a help from the other we weren't getting. We were now living apart in our minds and hearts, out of synch.

Aldin's Mercedes had moved on and the birds were gone too. I moved into his place to take a breather and think it all through. Dominique still had his office in the front room so I wasn't lonely. When Ross Heward had finished painting for the day he would sometimes come by for dinner, a movie, or some drinks in Harry's New York Bar around the corner.

That could have gone on for some time—life with the boys—but Dominique found me a clothing catalogue to shoot for a Dutch client. The client told me the models he wanted and I booked them. Once we were in the studio shooting I realized that he was using the job to set himself up with one of the girls. I didn't like that at all, pimping for clients was the lowest.

Elfie was the girl he was after. Everyone in town seemed to know her except me. She was very competent, had studied fashion design in Vienna and had an astonishing natural grace. I clung to the Dutch client like a leech, when he went into her dressing room I followed him, when he came back out I did too. My protectiveness backfired and I was involved with her before I knew it.

I'd had had no trouble staying away from them before. Feeling safe I had developed no defences against models. In the beginning Elfie got to me through my pleasure in the work. When I looked at her through the lens she already looked fine before she even started to move. Once she moved I couldn't shoot fast enough. We both knew that the clothes were all, if we didn't make them look good we had failed utterly. There was no such thing as impossible clothing. Elfie would pick a dress up, give it a glance, and when she put it on it came alive as though it had been designed for her. Working with Elfie was the most exciting professional experience I had had. My camera got warm from the heat of my hands. We didn't just shoot to get a good shot, we went on until all the possibilities were exhausted. Working together we forgot what this was about, we went way beyond the demands of the job.

I didn't think our affair could last. Professional excitement alone wouldn't be enough. Heather and I had always tried again in the past, we were sure to try again now. There had been no divorces in either of our families. I thought of Hilary and Jesse a lot. The word divorce filled me with dread. Dominique much liked Heather. He told me I was being a jerk and maybe he was right.

This was the yé yé period in France, very Gallic rock and roll. The enormous potential of the teen-age market had just been discovered. Johnny Hallyday and Sylvie Vartan were selling more records than Juliette Greco and Georges Brassens. New youth magazines of the *Salut les Copains* type were appearing steadily, I started doing fashion pages for one of them, *Vingt Ans*. There I made my first cover shot with Elfie.

I was climbing the stairs to *Vingt Ans'* offices when a secretary told me I had received a phone call from Canada. Arnaud Maggs had left his number. When I called him back he told me

Hilary (Moosie), John, Jesse Cook, Barcelona, 1967 © Heather Maggs Cook

that my sister Ann had just been shot and killed by her husband.

Heather and I were on the next plane to Toronto. My mother was shattered. She was staying with her best friend Delphine Keens and I slept there too. There was nothing to do when I got there but wait for the funeral. Ann's husband had given himself up and was in jail.

My sister and I were as different from each other as we looked. I was three years older than she and had occasionally provided help or advice when she looked like she needed it. These attempts usually ended in acrimony, we had let a distance grow between us. When she married in Timothy Eaton church in Toronto I stayed away, I had felt no affinity for her fiancé when I met him and this society wedding gave me the creeps. Their marriage had gone quickly downhill, Ann was unfaithful to him and he murdered her. It was sickening any way you looked at it, I remembered the funny little girl she had been when she was small and she had not been born to end that way. For the rest of her life my mother would only be going through the motions. So there had been two murders.

When I got back to Paris Elfie was waiting for me. She expected me to decide, I should come and live with her full time or leave her alone for good. She wasn't interested in an off-and-on affair, she knew about those.

I saw Heather regularly and tried to understand her mind, it might help me understand my own. Sometimes she saw our splitting up as inevitable and necessary, sometimes not. I wouldn't have had any choice if she had asked me to give it another try for Hilary and Jesse's sake—but she didn't.

I only knew about Elfie that she was a gifted and determined model. I understood little about her personally, it can take a foreigner years to get behind the ramparts of Viennese charm and appearances. *Mitteleuropa* is totally unlike Canada or France. I had no insight into it. I was stuck on the surface.

For the moment I was fighting my guilt. I was raised to run on guilt but Elfie lived in the here and now and was having none of it. There was work to be done and fun to be had, that's all there was.

Elfie's apartment was a "studio" not far from the Champs Elysées, one room, a kitchen alcove and a bathroom. We crammed a darkroom into the bathroom. We were in a hurry to get to work on our project.

Our project's premise was that if we had done well alone we would do better together. I wanted to move up to the quality-centred glossy magazines and Elfie did too. She had done enough grinding catalogue work for a lifetime, now she wanted some creative satisfaction.

We started by experimenting with heavy and complicated make-ups, it was a mistake. Our first elaborate paint jobs could only suit a ballet dancer. We soon realized that the less make-up the better, her eyes needed the right kind of liner to give them size and shape and that was enough. Some models were plain girls determined to be beautiful at any price. They buffed their faces down to the naked minimum, made themselves as featureless as possible, and then painted on the face of their dreams.

Elfie had too much face to remove or fiddle with, more of an actress's face than a model's. We tried to simplify it as best we could, only strengthening a few elements. When anything we tried looked interesting we fired off a roll or two of film and made some blow-ups. With these pictures we gradually constituted new "books", samples of our work in album form that we could both show around.

Elfie's model agency Paris Planning wasn't enthusiastic about this makeover. She had made as much money for them as anyone ever had. The fancy magazines were a smaller market and paid less rather than more. The agency knew that Elfie's artistic success meant that it would see less money. Already one model, Marielle Hadangue, a good friend of Elfie's, was preparing to leave Paris Planning and modelling altogether. A male model who owed her money had paid her back with a new Nikon camera. Now she wanted to learn to use it.

With Elfie, Marielle had been one of the founding models in the agency's stable. She had charm and a lovely face but being typically French and small for the job, it had taken all her intelligence and wiles to compensate for her height. Serge at *Jardin des Modes* had often booked her for me because he knew that a short intelligent model who works hard is better than a lethargic giraffe who doesn't. I remember shooting winter coats on Marielle, they had been delivered in the standard, full length, "38 taille mannequin" size. The coats were meant to end below the knee. In her case they touched the top of her shoes. She summed the coats up with her quick eye and "stood tall". When the bottom frame of the picture cut into the coat a centimetre above the hem she looked positively statuesque.

Marielle lived with the film maker Jean Barral. Their lives were as busy as ours, there was little time or surplus energy for the cooking of proper evening meals. Many evenings we laughed and talked about work in our favourite inexpensive Rive Gauche restaurants. Marielle was serious about learning to use the Nikon, one day she asked me to teach her. I tried to explain clearly about apertures and shutter speeds but her eyes glazed over within seconds. She had a blockage which many women had then, "If its technical I'll never understand it." So she hired a man as her assistant and he did the technical fiddling for her. Her clothes knowledge and talent made a star of her within the year. She took the professional name of Sarah Moon.

Elfie and I travelled when we could. Paris was draining and to take pictures of subjects other than clothes felt good. We went to Tunisia for our first trip together. Those good two weeks were more of an adventure than a rest. We rented a little Fiat 600 in Tunis planning to drive down to the Isle of Djerba in the south. The elevator boy in our hotel asked for a ride and we took him along. He offered to introduce us to a family of Berbers, so we left the highway and drove out to their village in the desert. It looked like it should, little houses, many children and camels tethered in the sand around the perimeter. There were more women than men, they sat in the sun in front of the houses and sipped one very hot cup of sweet tea after another. One of the Berbers was married to a Frenchwoman who still spoke some French, she acted as a guide for us.

One of the little boys took me to see his favorite camel. I asked if the imposing animal was aggressive. The child threw a large stone at his head and the camel lunged for him narrowly missing him with his huge teeth. "See how aggressive he is?"

The French woman told us that a young village couple had been married the week before and would be glad to show us the wife's bridal dance. The wife wasn't allowed to repeat it so her husband danced in her place. He was still wearing his city clothes, he marked his temporary femininity with a sash wrapped around his waist. The villagers set up the rhythm with their hands and he danced for many minutes. It was astonishingly beautiful and sensual to see. "He does it so much better than she did," the French woman said.

Houmt Souk was Djerba's beautiful little white town. Its touristic development had just begun. The Tunisian Automobile Club had constructed a simple but elegant hotel in the centre, the tiny rooms in its walls and the food they served was very inexpensive. When we went swimming we found miles of empty pristine beaches with a huge hotel at one end, a German company had constructed it. The Ulysees Palace was a monolithic warning from the future.

Elfie loved swimming. In Paris she went to the Piscine Deligny most mornings and swam twenty lengths of its pool before going to work. Here on the Mediterranean it was only the month of March but the water was at least as warm as in the Piscine Deligny. When Elfie plunged in and began swimming towards France there was no keeping up with her. I turned back and sat on the beach and watched until she was completely out of sight. This was not water safety as they had taught it at summer camp, I felt foolish and worried.

Serious worries began when she came back. We walked back to the dunes to get our clothes and they were gone, our money and passports with them. Maybe there was someone around who had seen something. Elfie headed up the beach to the right and I went down to the left to look. I saw no one and after about an hour I returned to our starting point. But Elfie wasn't there. I walked inland until I hit a road and soon a 2CV full of young French people came along and stopped. Another hour had gone by and my fear was mounting. I told them the story and they got very excited. We were in a Third World country full of Arabs. All the knee jerk reflexes born of the Algerian war and big city crime started to jump. One young man said we should go to the police and have them seal off Djerba at the bridge.

We drove towards Houmt Souk and then we saw the Police Land Rover coming towards us. Elfie was with them. She had met a young Arab man after we split up on the beach. He was wearing a thick winter coat which covered him head to foot. He had seen two young boys playing in the dunes and offered to take Elfie to the village where they lived. Elfie was wearing only her bikini and when they got to the village he lent her his coat. They found the houses where the two boys lived, they talked to them and they looked very scared.

The boys told them where our clothes and papers were, they had thrown them down a well out in the country. We drove there and the older boy climbed down and pulled them out. The police asked us to come by their office in Houmt Souk the next day to sign some papers. At the door of the station an old man in robes came up to me and began speaking loudly in Arabic. Soon he was weeping copiously and then he prostrated himself on the ground at our feet, wailing and begging our pardon. We begged him to get up.

We thanked the policemen and said that we didn't want to press charges. We had everything back and they were only little boys after all. The police said it was impossible to let them off, theft was unknown on Djerba and this was a bad precedent. They said that the children would be sentenced to a vocational school where they would be treated well and would learn a trade. As they were from poor families they were getting a break in the end, the policemen said. I hoped this was true.

The policemen invited us to have dinner at their house the next night, we would meet their wives. We were all about the same age, this could be fun. The welcome was warm and the conversation over dinner friendly, but the visit with the wives was a letdown. They smiled when we came in, set about serving the meal and then disappeared to another room. The Westernization of these two young men stopped at their shiny Land Rover, neat uniforms and modern side-arms. Inside their homes they were Moslems.

Back in Paris, Heather was attending her couture classes and was doing well. She always had been a quick learner. I hoped that when she graduated she would get a job quickly and be happy in it. I didn't like to think of her returning to Canada with Jesse and Hilary in tow. Here my quick entrances and exits, my short return visits into their lives were always wrenching. Not seeing them for months on end would be even worse.

~

I finally got to see Austria. I had met Hundertwasser and Arnulf Rainer at Elfie's Paris place but being painters I doubted that either were typical citizens. When the Woolmark organization in Vienna invited us to come and make photos for them we accepted.

It was a thirteen hour train trip from the Gare de l'Est in Paris to Vienna's Westbahnhof. The long trip over the old Orient Express route was a necessary preparation, like sliding slowly into a steaming bath. By the time we got to Salzburg I was far from any home I had ever had. Many of the people on station platforms wore funny hats, dirndls, loden and trachten uniforms, like costumes in an operetta. The spires of the churches in the little towns we passed through had a disquieting onion shaped bulge in the middle of them. Thick walls made fortresses of the many *Vierkant* farms we saw along the way. Our train swung through hours of placid green countryside

Vienna made a contradictory first impression. The imperial architecture and the Danube remained, but Hitler's war had destroyed so many of its human assets that it now seemed populated by a caste of low level public servants. The Bundesbahn railway piped *Wiener Walzer* at us all along the route. This watery nostalgia seemed comic and slightly desperate to me.

People were very charming to us there. Elfie had cut a minor swathe in Vienna before she had left it, now she was seen as a successful Austrian export item to the larger, jazzier world. I suppose my Toronto accent made me an ersatz American as usual. They were glad to give us work.

Vienna's best seductions are physical. With our foreign currency, food was very inexpensive then. The cooking was tasty too. Its inspiration was more Bohemian or Balkan than German, the beer was good and the wine powerful. The city was big and with a reduced population, car traffic was light. Vienna's broad avenues led us out into the countryside in under half an hour.

Austrians, and Elfie in particular, are very proud of the countryside surrounding Vienna. They have a healthy national passion for walking, and their love of *Gemütlichkeit* insures that supplies of food and drink are on hand wherever they rest.

I enjoyed myself. But I was mystified by the constant warnings people kept slipping me. "Ask anyone why *The Third Man* is their favorite film here. It's our mirror." Elfie saw Vienna grimly too, she said, "Enjoy Vienna—but if you know what's good for you don't ever bring me back to live here."

I met Elfie's sister, they looked a lot alike but her life was bleaker. Irene had a difficult marriage and three small children to raise. She was not having a glamorous time of it at all. Her self-confidence was low. She had much warmth and was probably more reflective than Elfie. She had a warning for me too, she suggested that loving Elfie had its dangers.

Back in Paris we had come as far as we were going to for the moment. There was a handful of prestigious fashion magazines, *Vogue*, *Elle*, *Jardin des Modes*, *Marie Claire*. Each of which had developed its signature style over the years and trained a team of graphics people and photographers to supply it. Each magazine was a little family with its own esprit de corps, they might occasionally import someone from New York or London to photograph an article or two—but generally they remained among their own.

We decided to give London a try. The Swinging London and the Drugs, Sex and Rock and Roll ethic looked like grubby hype to me—but maybe some good stuff was going on in the corners. We flew over with our large "books" under our arms.

Elfie got work almost immediately with a famous photographer. He liked the drama he saw in her face. I started canvassing potential advertising clients. They paid the largest fees and our search for quality work had battered our bank accounts severely. Advertising people showed no interest in me at all. One woman slowly turned all the pages of my book and silently shook her head from beginning to end. Then she stood up and said "Goodbye." We had saved the most interesting magazines for the end.

Molly Parkin, the fashion editor at *Nova*, opened my book on her desk and turned the pages very slowly. After a minute she said, "I would like to see this girl." Elfie had gone shopping. I ran up the Strand, through the large department store where I had left her and had Elfie back in front of her within minutes. Molly was pleased, she would call us next week about a job, she said.

We went back to Paris to wait. Molly Parkin and *Nova* in London was to the 'sixties magazine business what the Stones and the Beatles were to pop music, these pages would mean a lot to us.

Three weeks went by, when the call came we were about to concede defeat. Molly said that it was urgent we be in London to shoot the pictures the next day, Friday, because the pages had to go to the printer on Monday.

We flew into London that afternoon and I

rushed to find a photo lab before they closed. This shoot was to be very technical—I was using positive Ektachrome developed as a negative—and it was foolhardy of me to work with technicians I didn't know. The people in the lab I found were very soothing. Not to worry, they had the chemicals for the job and the Kodak colour paper for the prints as well.

Nova had booked a large studio for us on the top of the Sunday Times Building. That morning I loaded my cameras and then looked around for electric wall outlets to plug standard reading lamps into—the lamps were to appear in the pictures with the clothes Elfie was wearing. The place was only wired with heavy duty outlets for photographic equipment, we would have to change the plugs on our lamps to make them work. No problem, if someone would give me some plugs I'd make the change. All I needed was the plugs and a screwdriver.

We phoned down to the switchboard and asked to talk to the building electrician. He had the plugs he said, he would bring them up. But he didn't and when we phoned him half an hour later he said he was waiting for his assistant to arrive. I said that if he would just send me up the plugs and the screwdriver, I would do it myself. His union wouldn't allow that, he said.

This was our first job for Molly Parkin and *Nova* and chaos had broken out. The pictures had to be shot, developed and printed before the lab closed for the night and the weekend. We weren't going to make it.

A motorcycle courier took my films to the lab as I shot them. By early afternoon a first test print came back to us. It was horrible. Molly had dropped by to see it and she was dismayed. I phoned the lab and talked to the technician.

"I don't understand why the colours are so awful. Did you use Kodak paper as we agreed?"

"Actually, no. We don't have any. We used Gaevart."

"Can you get me some Kodak paper and make the pictures tomorrow? We'll pay overtime if necessary."

"That's not possible Sir. When we close tonight we're closed until Monday morning."

We picked up the negatives at the lab just before it closed for the evening. They had lost a strip of six pictures. Bill Fallover, *Nova's* young art director, flew back to Paris with us. Our Paris lab had stayed open for us. Bill made his choices for the article and they made beautiful prints of all the pictures. Bill flew back with them on Sunday. He was able to show Molly the layout on Monday morning as promised. She liked them and our article was to run over many pages. She promised more work to come.

We had been lucky. Bill told us that the reason we had had to wait three weeks after Molly's original promise was that in the meantime a famous New York photographer had come by and they had given him a shot at the job they had promised us. He had bungled it so that had only left three days in the end for our re-shoot. I was still new enough in the business to be surprised.

Our divorce went through. I signed both the house in the Aveyron and the Paris apartment over to Heather, which was fair enough. I was doing the leaving. Anyway I couldn't have lived comfortably in the ruins of what we had built for ourselves as a family. The legal arrangements were farcial, my lawyer cooked up some phoney love letters to be used as evidence against me. After the divorce decree was read, Heather and

I drank champagne in the café across the road from the courthouse.

Elfie's athletic penchants were getting my health straightened out. A young doctor had said that my spine was so deformed I would be paralysed within six months. I tried physiotherapy but didn't have the patience. I tried swimming in the Piscine Deligny with Elfie but the chlorine in the water and the crowds got me down. Finally we went to Austria for Christmas and started skiing. This time I loved it and didn't break the points off my skis. From then on we skied every chance we got and my aches and pains gradually disappeared.

Moving around Paris with a large leather bag full of cameras was awkward and slow. I bought a used Czech Jawa motorcycle which speeded things up, it was also fun for just riding around on weekends as well.

Elfie had once been up in a glider. One lovely spring day we rode out to a little private airport in the countryside near Nantes. We watched a powerful propeller plane tow each light glider up into the sky and then release it. Watching the gliders slowly descend in circles, a silent, aerial turning process like birds coasting on breezes, was a graceful and reassuring pleasure.

I was seriously tempted and looked for a flight instructor. The man was very enthusiastic and answered our questions gladly. He explained the landing procedure as the three of us stood together at the edge of the runway watching a glider come in. The plane was very low, about a hundred metres out and fifty above the ground, making its last turn to get lined up. The elegance left it suddenly. It lurched sideways into a sickening spin. It spun downwards like a leaf from a branch and plowed nose first into the field. I ran towards the wreck with everyone else, my camera bobbing against my chest. I stopped halfway there. I had no medical skills and certainly would take no photos. It would be a miracle if either of the two people had survived. We got on the Jawa and drove slowly back to Paris.

Now we went to London often for work. Bill Fallover had many lively people working for him. The bright young photographer John Claridge for one. They were both in their early twenties. Like Molly Parkin, Bill was a 'sixties phenomenon. He nearly hadn't been admitted to art school because his academic level was too low—his mother had pleaded with the art college director to give him a chance. He did, and Bill graduated as the best pupil they had ever had. His *Nova* job was a coronation, it put a working class kid right at the top.

He and Molly were successful exceptions. British class warfare tainted life in the trendy magazines as it did everywhere else. In magazines, the business people and the written journalists were usually public school people, photographers and the others, the graphically employed, were drawn from the working class. Accents drew the lines in the workplace and also decided which pubs we drank in in the evening. The atmosphere was often strained and both sides tended to overact their roles. Under pressure the public school types became quickly peremptory and snobbish, the working class crude and violent. Elfie's foreign accent and mine were accorded dispensations, we could usually cross class lines as we felt like it.

Molly Parkin handed us a sneaky freelance job for Peter Stuyvesant cigarettes. The glossy

Nevertheless his charm becomes more evident

Elfie. A photo from the stealth Peter Stuyvesant cigarette/fashion shoot on the Queen Elizabeth © John Cook

magazine *Town* wanted to run a block of fashion pages in its centre, the pictures were to be shot on the Queen Elizabeth, the famous Cunard liner. These were to be editorial pages which just happened to have, by accident, a pack of cigarettes in every shot. We needed a male model for the job and Ross Heward wore men's clothes with elegance and I always enjoyed photographing his Buster Keaton deadpan.

I like ships and have been on a few. This crossing was historic, it was to be the Queen's second to last before retirement. No one had to warn us that a trip on a British ocean liner would be a snobbish experience. Our steward led off by questioning the ticket the magazine had issued me with. "There must be some mistake Sir," he said looking me slowly up and down, "this is a first class ticket."

It was hard to settle in that first day. In the Dining Room they quarantined our group, giving us a table in the farthest corner of the room away from the other passengers. When we went up to the First Class lounge after dinner, the barman ignored us. We couldn't get him to serve us, he was talking to a silver haired gentleman at the far end of his bar and wouldn't look our way whatever anyone said. I finally shouted at him. When he turned to listen I told him in the saltiest language what I thought of his attitude. I'm not too proud now of some of the words I used, but at the moment it was appropriate.

The rest of our trip was uneventful, we were consistently served with alacrity by everyone and treated with friendly consideration. The system works that way. I steadily photographed my way across the Atlantic. We needed all of the five days we had. When we arrived in New York harbour we sent my films air-express back to London.

We had three days in New York before the return trip to Southampton. On the first evening our group went to a fashionable bar in Manhattan. I got chatting at the bar with an amiable American, he told me he was fascinated by the Queen Elizabeth, really loved her. I said that if I had a hundred dollars I would buy a hundred rolls of Tri X film and photograph the ship in every detail, from stem to stern. He put a bill on the bar. "I'm a literary agent. Send me the contacts and negatives from Paris and I'll try to place the pictures for you."

The next day Elfie and I walked from the docks to Times Square. Someone suggested that this was dangerous but no one had bothered us. I bought the hundred films there and was jubilant. Five more days on the Queen with nothing to do would have been deadly. Besides the photo project was exciting.

We enjoyed New York, that city always has one foot in Europe so I feel comfortable there. The strong Central European influence means that someone is usually saying something funny, it's a comedians' competition. New York wit tends to cynicism by way of the wry and the ironic, Jack Benny and Mort Sahl were omnipresent.

I took five thousand pictures on the way back. I tried not to honour a pre-conceived point of view. I photographed the Queen as straight as I could. The boat's physical beauty was enough. I just had to point my camera at the cutlery on the table in front of me, down the gangway at the port-holed doorway at the end of it, or at the froth of the waves curling back from the bow and along the hull—compose and shoot. The passengers were tougher subjects. There were less of them than there were staff on board. They often wore evening clothes and I wanted to neither flatter nor ridicule them. I did what I could.

When we walked into *Town's* London office the editor came out of his office with long strides, fuming. "What's this I hear about obscenity on the Queen Elizabeth?"

"What *do* you hear about obscenity on the Queen Elizabeth?" I said.

"Well you're banned for life from all Cunard Line ships, as of now!"

My punishment was perfect. *Town* liked the article and used it. And then they didn't pay me for it. "The trip is your payment," I was told. The magazine went bankrupt and closed a few months later.

Weeks passed in Paris before the American agent called.

"Are you sitting down?"

"Yes."

"Well I'm calling you from *Life* magazine—as we talk blow-ups of your photos are being laid out over two floors of the building. They are going to bring out a whole issue with just your photos. No photographer to date has ever had a whole issue of *Life*."

Two weeks later he called me back with other news. *Look* had just brought out an issue with several pages on the Queen Mary. *Life* was cancelling their deal with us. They paid him a small option fee on the photos, at least he got that out of it. For me it was the closest brush with photographic fame I would ever have.

Heather had completed her fashion design course. She had met a group of young French people and was starting to work up a collection for them. The people found some co-financing in Barcelona and they all moved to Spain. Heather rented a small apartment there for the length of the job.

Hilary and Jesse were still small. Here they were confronted with learning Spanish on top of English and French, they went to school in drab little uniforms. I flew down to see them. It was an emotional meeting. I could see that Heather was harassed and worried about the success of this fashion venture. Hilary being older than Jesse she was more involved with me as her father than he was, she became very upset when I had to leave. She later said that it was probably better if I didn't come to visit at all any more. The pain was too great.

Within months the whole fashion scheme collapsed, the business people reneged and Heather returned to Paris unpaid. One good thing came out of Barcelona. Heather bought Jesse a little kid's guitar and he started playing along with the radio and her flamenco records. For Jesse Barcelona is a good memory.

During the next year Bill Fallover was offered a job with *twen* in Munich. For an art director *twen* was the only continental magazine with as much prestige as *Nova's*. Over the years Willi Fleckhaus had reaped a long series of graphic awards for *twen* in the New York Art Director's Annual, the world arbiter for achievement in the commercial arts. Bill couldn't resist the temptation.

It was a funny, moody year all over Europe. The political protests over Civil Rights in America and the distress of Vietnam were working in synergy with the anger of young Europeans. In France, De Gaulle appeared only interested in

France's "grandeur" and his own, problems in the day-to-day lives of his voters he left to the civil servants. When it came, the freshness of a student revolt from the left—excluding the communists—appealed to many, seemed inevitable even.

The French government's reaction was the usual, they called out the CRS riot police. From day to day the violence of the clashes in Paris' Latin Quarter grew. Ever more police with clubs, tear gas and water canons, faced off with the students and young workers throughout the evenings. The Debré government banned any radio coverage of the demonstrations claiming that the firemen and police needed the frequencies. The radio stations then used the standard telephone lines to continue their live reporting. As the whole country became involved, work gradually slowed and eventually stopped with a general strike.

The effervescent life in the streets was astonishing. Elfie and I still lived in our tiny studio on the conservative Right Bank. Our youth inspired some old ladies to come up and congratulate us on "our" revolution. Our building's janitor was an ex-parachutist and had always proudly worn his military crew-cut and other insignia of his reactionary past. Now he told us that he was undergoing a political conversion. When belatedly the French Communist Party begged to join a student demonstration they were allow to tail along at the end of it. The charismatic student leader Daniel Cohn-Bendit said, "I've always wanted to lead a demonstration with the Stalinist filth bringing up the rear."

Elfie had just been hit by the French tax people. Her model agency had always firmly instructed its girls to never make income tax declarations. A law against pimping outlawed model agencies—considered their job to be procuring—and so the whole profession was forced underground. When the government authorities finally reckoned how much money they were losing they decided to legalize the agencies and promised them immunity from back taxes. All they had to do was turn over a list of their models and the sums of money which the girls had earned over the last five years. Some agencies refused to comply but Paris Planning cooperated. The government hit the girls for vast back taxes which few of them could pay. Elfie had lost most of her savings through bad investments in British mutual funds. We were living from month to month.

When the general strike closed the banks, we were quickly out of cash. There was no work to be had and no gasoline to put in the car either. Bill Fallover, now working for *twen* in Munich, said he would find work for us if we came. We took the last train that left from the Gare de l'Est, just before the railway workers joined the general strike.

We lived with Bill and his wife for some weeks before we found an apartment of our own. There was electricity in the air in Germany too. It was common for older people—often the ones with trachten suits and little brushes in their hats—to growl "Gammler" or the equivalent as they passed us on Munich's sidewalks. Bill's and my moderately long hair was too much for them. Nor could they stand our ladies' miniskirts. A drunken entrepreneur in the construction business spent a whole evening systematically insulting us over dinner in a *Gasthaus*. When he wouldn't leave our table

Hilary (Moosie) Cook, Elfie Semotan, photographed for *twen* (1968) © John Cook

we all got up and moved to another one. Then he pretended to phone the police to come and get us. I eventually awarded him a Hitler salute and we left.

It was nice that *twen* had won so many graphic's awards in New York. But it was discomfiting to work for anything in Axel Springer's press group. *Bild Zeitung*, the biggest circulation newspaper in Germany, was his flagship and a particularly nasty bit of publishing it was. It consistently ran banner headlines promoting hatred of the protest movements, long-haired kids, and the left in general. An assassination attempt on the student leader Rudi Dutschke was directly imputable to one of their hate campaigns. Right-wing populism laced with photos of half dressed bimbos was *Bild's* successful formula.

At least *twen* had no clear political content. The layouts and photos tried vaguely to be hip enough to attract a young readership. As always, naked bimbos had an important place in it, as in most German magazines. Bill boiled over with ideas as he had in London. Willi Fleckhaus was unreceptive to many of them. He was a generation older than Bill, we began to wonder why he had hired him.

Bill had an idea I particularly liked. We all complained often about Munich's stolid look. Living there it got to everyone after a time. The architecture was okay—even if it did tend to the massive and squat. The colours of the houses were the problem. So many facades were different shades of grey, as if they were trying to blend in with a heavy winter sky. Bill took pictures of some main avenues and painted in all the housing fronts by hand, lovely warm colours. I don't remember if the article ran or not—but when I visited the city ten years later someone had done just that. Rows of facades on major streets had been repainted as brightly as in Bill's photos.

I remember the day he quit to go back to London. He went into Herr Fleckhaus' office and quietly told him he was going. I was in another room and he came and sat down beside me afterward. Then Fleckhaus came in with a sheaf of papers in his hand and asked Bill to look after them for him.

Bill looked at me in disbelief, "We're having a language problem here." He took his coat off the rack and went back across the hall to Fleckhaus' office. There he stood in front of his desk and pulled the coat on mutely and slowly, buttoning it up all the way. "Auf Wiedersehen" he said, and left the building.

Elfie and I went on to Vienna, Paris was still settling down after the revolts and we were enjoying working in smaller cities. After years of big city life, being able to walk to many of our meetings—or if we took our car—being able to park right out front of our destination, was a pleasure. Here a lot of people were ready to give us work. The pay was lower but so was the cost of living. We enjoyed seeing Irene, Elfie's sister and other friends. In Vienna it was also easier to make time for swimming in the summer and skiing in the winter.

We didn't put Paris behind us just like that. Our friends there and some of its cosmopolitan pleasures meant a lot to us. We continued to see Dominique and Marie often, Ross Heward too. Once they all came to Vienna and we spent Christmas skiing in Tyrol.

Heather's fashion misadventure had discouraged her. As I was afraid would happen, she and the children went back to Canada. Her decision made sense, she had family and friends there and it was easier to organize the children's lives in Toronto than in Paris. Best of all she quickly found work with CBC television, soon she became a producer in an excellent series, *The Nature of Things*.

Elfie and I took a lease on a large apartment in the centre of Vienna. The building went back to the turn of the century. The staircase was broad enough to drive a car up it. Our apartment's windows were so tall and the ceilings so high that we could use it for a photo studio if we had to. We built a kitchen down one wall of the huge living room and towering shelves for books and records across the end. We could nearly have fitted our Paris quarters into our new bathroom.

For the first time we had a real home. I hadn't forgotten the warnings that there was more to Vienna than met the eye. But for the moment I was enjoying the pretty, rural side of it. Without discussing it we were both gearing down. We had taken enough planes and trains, we had proven our adaptability to new places and people many times over. Travel enriches in the beginning. The footloose life of freelancers becomes hollow when it goes on too long.

Following Sarah Moon's example Elfie had begun taking pictures. She too had a mass of experience in the fashion business to draw on, her visual talents were evident. She was determined, she really wanted to do this, I taught her darkroom work and the rest of it as I could. She was enjoying it and the early results were encouraging. We finally bought her a Nikon of her own—and it was stolen in a Chinese restaurant in Munich the same evening.

Elfie didn't talk about it much, but it was clear that she wanted to have children. When we saw Hilary and Jesse together she got along well with them. She was practical and efficient with kids, and they responded as quickly to her warmth and charm as adults did.

The massive failure of my marriage had left me extremely cautious. I felt any couple was a fragile miracle and I was afraid to stand up in the boat. Elfie's freedom had always been essential to her. Would she be able to raise children and work at the same time? I'd seen how daunting that combination had been for Heather and other women. I wasn't brave enough to gamble with our happiness.

We eased up on our work pace in Vienna. To take an inventory of the city's creature comforts would need years. For instance its *Kaffeehaus* culture, which had begun with the Turkish invasion, meant that there was a warm panelled place to go and read wherever I found myself in town. Even in the poorer areas the waiters were in uniform, the coffee was fine and there were newspapers in racks along the wall. Often there was a billiard table or two at the end of the room. The cafés were guiltless places encouraging their clientele to pass time there without seeming to waste it.

There were particularly famous cafés like the Landsmann, the Sperl and the Hawelka. Nostalgia ruled, in those places the past was better than ever. Once Elfie phoned me in the Hawelka where I was reading the *Herald Tribune*. The uniformed *Ober* answered the phone and when she asked for Herr John Cook, he turned to the room and said firmly, "Herr Von Cook bitte!" Ennoblement by *Kaffeehaus* title was a common practise. Waiters addressed older customers they knew as "Herr Doktor" or "Herr Ingenieur" whether they had a right to such a title or not. Later I was once addressed as "Herr Filmemacher"—which felt strange.

The political upheaval of May 1968 hadn't made a dent in Viennese attitudes. Political discussion still raged in Paris a decade after, but here the artists and intellectuals showed little taste for it. They sometimes explained that having communist Hungary and communist Czechoslovakia such a short drive up the road had placed all radical forms of socialism beneath their contempt.

Elfie took ever more pictures. I remembered well my own early days as a commercial photographer, now the thrill was fading for me fast. There were no graphically ambitious magazines in Vienna at the time and the advertising agencies strove to comfort their clients rather than excite them. The agencies' graphics people liked my past work but were mostly interested in lifting ideas from it that I could re-shoot for their clients. They all had their copies of the *New York Art Director's Annual* on their work tables and it wasn't considered plagiarism to crib everything they needed from it: layouts, typography, concepts. In any case I had never considered commercial photography a religion, high art, or a social necessity, even when I most wanted to succeed at it. I was thankful now for the break, for the time to think about what I should do next.

We saw a lot of Irene and her children, we were living a family life for the first time. We saw Max Peintner and Heinz Geretsegger a lot in our first year, they were two architects who had become disenchanted with their profession. Their talk had a literary cast to it and both had a taste for surrealistic humour. They gave me some instruction in local attitudes, above all they made it clear to me that I would have to get down and Balkan before I would begin to see the Viennese light.

Sooner or later the German language would have to be tackled. With so many Austrians speaking serviceable English I stayed lazy a long time. Once before, to learn French, I had been plunged back into the childhood depths of my stammer, now I was putting off German as long as I could. I picked up a bit in spite of myself. The humour of the Viennese dialect awakened my curiosity, its sardonic rythmns are at the origin of so much humour. Herbert Terschan who laid the tiles in our kitchen had another dialect from the countryside and I was interested in his stories as well.

It was Gisi and Petrus who got me moving. Gisi was a lively red-headed woman in her fifties who came to clean sometimes. She saw me watching a tape of a Muhammad Ali fight on television one morning and asked me if I enjoyed boxing. I said I particularly enjoyed Ali—or Cassius Clay as he was then—and she said, well my husband is a boxer too.

Elfie made a dinner for them so that we could meet Petrus.

Petrus was a gypsy in his twenties. He was dark, short and powerful, slightly battered and scarred and very intense. Fortunately he laughed a lot, because when he didn't he made people uneasy. He had done time, had a long violent past and saw his marriage with Gisi as his path to redemption. Gisi had three young sons who were living with them. A fourth, who was close to Petrus' age, had become a close pal of his and we got to know him too. Petrus worked as a mason and trained as a boxer after work. He was very determined. Now that he was married, employed and keeping his nose clean he expected a brighter future. Their whole family was convinced that his rise to the top as a fighter would be mercurial.

During that first dinner I saw that I had to get my hands on a 16mm film camera and make a film about them. Photographically, even without sound, the couple was riveting to look at. They had much to say as well. I would have to learn the technicalities of sound quickly. Elfie translated as fast as they talked, and one story chased another. It made the most sense to make sound tapes first. With Elfie translating, I asked questions and we taped their answers. Afterwards we wrote it all out longhand and Elfie translated it for me. Gradually we had most of Petrus frightening life story on both paper and tape, in German and then English. It started with how he became an orphan and got worse.

He described his family as circus Gypsies. They worked with small circuses and travelling carnivals. His mother had started an affair with his uncle and when his father found out he was furious. They were all sitting around a table having dinner and during an argument his uncle seized a knife and plunged it into his father's thigh. The blade hit an artery and his father bled to death within minutes. When the police came they searched the house. They found the body of a dead St. Bernard dog hanging from a hook in a closet. Petrus said that, small as he was, he was very ashamed. From that moment on he lived in a series of foster homes, reform schools and eventually prison.

Listening to those tapes over and over and following my notes in English I began to learn the dialect. The rhythm of the speech was the essential thing, the vocabulary I could flesh out later from television and newspapers. I took no formal German lessons, any additional self-consciousness could only encourage the stutter. I became fluent and functional quite quickly, but I never did learn to speak correct German. I would have had to have classes for that. Once I asked Irene to explain the rules governing *ihn* and *ihm* to me. "If you learn to use those two correctly John, you'll be the only person in Vienna who does."

The Viennese were more patient listeners than the French had been. The fact that they didn't laugh or screw up their faces in pain when I talked took a lot of pressure off, the stutter was often manageable. I gave them other things to laugh at. Much of my early vocabulary I had learned from Petrus, it was straight underworld and prison talk.

I couldn't expose a lot of film for my movie because of the cost of developing and printing it. Knowing I would only have one take, possibly two, I had to be well-prepared and work carefully. The quality of a film doesn't stand on its photography alone—but if that's lousy it will certainly fail. A visually weak director has to let a cameramen do his seeing for him—and then get out of his way while he is working. This is filming by remote control, at one remove from the heart of the film. I was lucky I could do my own camera work.

We had little live sound in the picture. I thought I could make it work fine with voice-over commentary and some post synchronization. I handled the camera with Elfie's help and we were glad to save the money of a soundman and his equipment. Maintaining intimacy was the biggest advantage of our two man team.

Gisi and Petrus were trying to live their lives normally in front of my lens, the less people and equipment present the better.

Full-length story telling was a new and luxurious feeling for me. Photos are stories too, but very immediate ones, they can be made no shorter. With only a fraction of a second for the telling they have to be perfectly concise, the beginning, middle and end are simultaneous. And it was a luxury, too, to tell this story fully and for itself, to have no product for sale in it.

The film worked up to Petrus' first fight. He was sure he would win it and could then turn professional within a few months. I was more worried than he was. I knew he was strong but had never seen him really box. We drove to an out of town arena in our little Volkswagen, the weather was bad and the night was coming on fast. Petrus didn't seem too nervous but I was worrying about the ring lighting as well as his opponent. I also didn't know if I'd be able to change film rolls quickly enough between rounds. When he weighed in, Petrus was a kilo over his weight limit. He agreed to fight someone in the class above his and the man proved to be much taller with a longer reach. The fight was stopped in the third round. It was a melancholic drive back to Vienna.

When it was edited I showed the film to Peter Konlechner, the director of the Austrian Film Museum. He particularly liked the use of dialect in it. Often Austrians are encouraged to pasteurize the speech in their films, using a theatrical or generic High German to reach markets beyond their borders. I couldn't have done that if I'd wanted to. When the Film Museum showed the picture the audience liked it and the critics were good. The photography and the use of dialect pleased many of them and I was referred to, for the first of many times, as John Cook the *Wahlwiener,* the Viennese-By-Choice.

The Austrian state television bought the film and programmed it twice. This was encouraging but the money side of it brought me up short. I had made an hour-long documentary for less than ten thousand dollars, much cheaper than they could have made it themselves. But they only paid me two thousand dollars to show it. "How does this work?" I asked. "The Americans set the prices. We pay you what we pay for a *Gunsmoke* episode."

This was my introduction to film dumping. Once a film has paid for itself on the American market it can be sold throughout the world at prices no one can compete with locally. This routine was so established that a "normal" film for the public was by then an American one.

I had no idea where to go from here. I wasn't sure I wanted to specialize in documentaries just yet. I had so little experience with the different forms. But to me feature films were tempting. They were the cinematic equivalent of novels, and also looked technically trickier and the financing unwieldy. John Cassavetes in America somehow seemed to survive from one feature to another. There weren't many others.

I decided I'd like to try just one feature to see how it went. I started filming Elfie with my 16mm Beaulieu. I had no script or particular plan. I was just piling up unconnected footage to see what would happen. At one point I hoped something would occur, accidentally probably, that would give me the click to start writing and planning my film seriously. In the meantime we were both learning.

Making an actress out of a model has a bad reputation. But Elfie's beauty had never been static, there had always been emotion and a promise of drama in her face. I enjoyed filming her as I did photographing her, I liked what I was getting and felt confident.

Except for those moments when we were linked by the Beaulieu we were essentially working apart now. Elfie was concentrated on her photos and her clients and I on film. We helped each other whenever we could, but our projects, for the first time, were separate.

Over the years we had become friendly with the Kloss family who lived on the top floor of our building. Ernst and Rixta were aristocrats who managed to live well on a proletarian budget. In the winter we skied with them and their four children, in the warmer seasons we often visited their little farmhouse in the Waldviertel near the Czech border. Ernst liked fooling with motorcycles and boats, they both liked long walks and hunting for wild mushrooms in the woods. All of us enjoyed good food and wine, our conversations were wide ranging and often more fantastic than coherent.

For some time Ernst and I considered building a large yacht that we could all travel on. Actually it would be a huge raft, based on the Kon Tiki principle, but using oil drums for floaters. There would be a large house on it for sleeping. We would test it on Austrian lakes and when we were ready we would ship it in pieces to the Mediterranean. We went to work on a balsa wood model. One of Ernst's sons suggested that building an airplane might be easier, but we both felt safer with the sea. Above all one of Ernst's grandfathers had been a Hapsburg admiral. In any case we never got past the balsa wood model, too many things began to happen.

Elfie and I were very often home at different times. Seeing less of her I worried. Living with a looker is never easy unless you have nerves of steel. Elfie was often being called for and brought home by different men in and around the advertising business. What could I say? I had encouraged her to take over our photography business after all. Now I would have to get used to her new life.

Our old friend the photographer John Claridge phoned from London and offered Elfie a modelling job to be shot in Peru. There were English laws now against young people appearing in cigarette ads and she was old enough to fit the bill. John was taking Dominique Le Lec along as the male model so she would be among friends. She jumped at the chance. We had planned a holiday in Yugoslavia with Dominique, Maria and my children. When I suggested she not go she dug in her heels.

Anyway she would be with my friends. She had always loved exotic travel, maybe she would come back primed for a fresh start.

Heather put Hilary and Jesse in the charge of a stewardess and they flew over from Toronto. Elfie had time for a week in Yugoslavia with us before flying off to Peru with Dominique. He and Marie and their son Jean drove over from Paris with their car. This promised to be a family holiday, swimming with the kids, diving with our masks, rustic lunches and long dinners watching the sun go down.

We found a little town on a small bay on the Adriatic coastline. It looked idyllic, the landscape was similar to that on a Greek island we had visited. But the expansiveness of the Greek welcome was absent. The Yugoslav bureaucracy had the town tightly corsetted, neither the inhabitants nor the tourists were having much fun. We were assigned rooms in private houses and told the hours at which we could eat in the town's only bar-restaurant. To be served we had to be at our table by seven in the evening—when the meal finally arrived on the table it was usually nine and little Jesse and Hilary were fast asleep on our laps. Yugoslav food can be quite good, but in this official tourist town they only served imitation Austrian and German food. We ate a lot of potatoes and cold, greasy schnitzels.

Dominique and Elfie remained buoyant, they knew they would be out of here at the end of the week. Marie and I became increasingly dejected at the thought of staying on alone for a second week with the children. When Dominique and Elfie flew off from Dubrovnik we gave it another day or two and then headed home ourselves.

I arrived with Hilary and Jesse in Vienna on a Saturday evening. I was coming down with a cold. There was no food to be had so we went to bed early. On Sunday morning I took them to the Hotel de France around the corner where they gave us a big breakfast. Later I found a food shop open at the bus terminal. I made a couple of meals but Hilary only toyed with the food and soon went on strike. She refused to eat anything but chicken. Jesse immediately joined her cause. So we ate one chicken after another. On the second evening they refused to eat any more chicken as well. My cold worsened. I did the only thing I could do, I put the uneaten chicken in the fridge and served it again and again the next day until it was all gone. I phoned Heather and asked if she would take them back earlier than planned. She agreed. There was a familiar pattern of failure here.

Now I just wanted to get the weeks without Elfie behind me. After taking Hilary and Jesse to Schwechat airport I went home and slept for most of the next three days and my cold was over. When my mind cleared I set about brooding in earnest.

Helmut Boselmann came by to see me after work, he was alone too, and in need of company. For the next days we put the hot nights of summer's end to the best use we knew, drinking lots of cold beer over long suppers. Once Helmut ran into two Swedish girls during the day and he invited them out in both our names. They were very blonde and pretty as he had said they were, and we took them to a student centre. They were very young. The first one drank half a bottle of wine in thirty minutes, she went to the bathroom to be sick. The second one started down the same road so I offered to drive them back to their hostel. Our evening with them was over before 10 p.m.

Another evening we went for a stroll up Berggasse. At about the level of Sigmund Freud's old apartment we found a new discoteque. It was an easygoing little place with a reasonable decibel level and the soul music we both liked, Ray Charles, Otis Redding, James Brown and the others. There were several Italian girls on summer language courses there and we danced with them. That summer the Austrians and the French had a preference for English pop groups, these Italians preferred dancing to soul as we did. There was much laughter, fun in the air, Helmut and I came back to the place several evenings running.

I picked Maria who was the best dancer. Discos were not yet too loud to talk in. Her conversation was innocent and straight forward, she was intelligent without sophistication of any kind. Her talk was a fine antidote to the phantoms in my mind. She told me about her mountain town in Northern Italy, her father, her grandmother and her dog. One day I took her to Vienna's only pizzeria for lunch, and we held hands on the road back to her hostel.

I was calmer when Elfie returned. She seemed happy and glad to see me. She told Helmut that it had meant a lot knowing I would be there waiting for her when she got back.

Vienna's comforts disappeared over the winter. The Balkan sky darkened for me as I had been told it would one day. Elfie and I skied when the snow came and in the spring we went to Paris to see our friends. I was glad to be able to go for drinks and talk alone with Dominique again. He was my closest friend and we could talk about my Elfie worries. But he wasn't well. He tried to listen to me but his mind was elsewhere. He felt terrible. He had been having trouble with his eyes lately. His vision would suddenly become jumbled, he had started seeing double once while driving his car. In general he felt tired and depressed. He felt that he had wasted too much of his life on people and talk. He now wanted to live differently, concentrate on practicalities, get down to business. He was only forty-two, he could still start life over again if he decided to. Marie his wife had left Procter and Gamble, the four hours a day of public transport and the years of corporate mores had become too much for her. Now she wanted to equip the little studio at the end of their garden in Savigny and learn lithography. Nothing was the same for any of us these days.

We had been back in Vienna for several weeks when Marie phoned and told us that Dominique had died after lunch. Paris was in a heat wave. We took the first plane we could and when we got there he was still lying in his swimsuit on the couch where he had died. The doctor thought he had had a stroke.

The heat wave continued and the Savigny grave-diggers were on strike. The funeral parlour brought a simple coffin to the house and laid Dominique in it. The next day we decided to put the box in the garden until the strike ended and he could be buried. Elfie, Marie and I eased it down the steep and narrow staircase with difficulty, we put the coffin in her workshop on trestles and Marie covered it with a white sheet. A priest Marie knew said he would be present at the funeral for Dominique's mother's sake—but a religious service was impossible. He added that a religious burial would be just as unacceptable to Dominique as to the Catholic Church.

In the evening Elfie and I sat on the bed in the little room downstairs and talked. She said that Dominique had not seemed well in Peru, at high altitudes he had had difficulty breathing. I asked her if she had had a love affair with him there and she said that she had. My question just popped out like that. I hardly saw it coming.

What a wasteland. We buried Dominique and went back to Vienna. It would have been easier if I had been at the same point in time as Elfie was. If our feelings for each other had died at the same hour we could have quickly put our material situation in order and said a dignified goodbye to wrap things up. We could have protected our happy memories above all. But I hung on.

It all went downhill from there. In Vienna we talked and talked but nothing could be salvaged. I flew to Canada to see my mother and maybe clear my head. Two days later I talked to Elfie on the phone and she said she was involved with a painter she had just met. I missed a perfect moment to act sensibly. It was time to walk out of this nightmare and get back to work. There would be other girls, over half the population is female after all.

The inventory of the wreckage was impressive. My foundations seemed to have gone under. I had been away from Toronto for too long to remain there now. In the meantime I had also lost contact with my Paris and London employers as well. In Vienna I had my home and my belongings, above all I had made my first film there and I urgently wanted to go on to the next one.

I spent two more weeks in Toronto on a diet of Valium and mineral water. When my revs had dropped sufficiently I flew to Milan and bought a used Fiat convertible. I drove northeast to the village of Caldonazzo, near Trient, where the Italian girl Maria Coretti lived and visited with her and her family for a few weeks. Their easy-going hospitality, and the simple village life in the green valleys of the Dolomite mountains did more for me than tranquilizers ever could have. It was reassuring for me that no one in the region had ever met a model, nor a fashion photographer either for that matter.

I talked to Elfie a few times on the phone and eventually I drove to Vienna to see her. We were friendly, even glad to see each other. Elfie said she wasn't yet sure if she would stay with this man. I said that either way we would work things out. If she stayed with him we would divide up our stuff equitably, if she didn't we'd have to see if we were both ready to start over afresh. The third and unlikely possibility was that she start over alone, without either man.

Maria told me to come back to Caldonazzo to wait, she had found a little apartment for me. I thought this was foolish but very generous of her. I loved the sanity of her company, but my gloomy mind cast seemed a heavy load for even a platonic relationship to carry. I'm happy being with you as you are, she said, please come. Strangely we were happy together for the rest of the bitter-sweet summer. In Caldonazzo there was little to do but read, walk back and forth from the lake, see friends in the little cafés and discos and eat pizzas. Helmut drove down for a weekend, we laughed and drank a lot of beer. Maria's friend Chiara, who had met Helmut in the Berggasse disco, was there too and we all went dancing again.

In September I went back to Vienna, I wasn't surprised that Elfie had decided to stay with her painter. I found a little apartment off the Gutenberg Platz in the centre. The place was similar to Elfie's tiny Paris studio. I didn't enjoy it, but I quickly adapted to living small again.

I took on my last advertising campaign. It turned out to be a big one. The agency had a mineral water account they didn't know what to do with. The water tasted fine, not as salty as many of its competitors, I was glad to do what I could for it. All the agency director could tell me was that a sales-psychologist had advised him to find a visual theme based on "Sex und Erotik". I couldn't see an obvious link between mineral water and sex, except that German lan-

Reproduction of Römerquelle commercial

guage advertising people habitually found a link between sex and everything else they were selling—so why not mineral water? I found a jolly red-haired man with a twinkle in his eye and photographed him happily enjoying himself in the company of two pretty girls. There was a bottle of the mineral water in every picture. The atmosphere was joyful and I suppose vaguely Rabelesian, any sex was strictly in the mind of the beholder. I enjoyed moving around Vienna and seeing my big happy photos hanging on walls wherever I went. Surprisingly the *Mineralwasser* took off like a rocket, big sales followed. The advertising agency was tickled pink and won an award for the best advertising campaign of the year. I liked the taste of the water and liked my pictures too. I just didn't see the connection between the two that the public did.

When I went to the Austrian Film Museum to see a good movie I often ran into its director Peter Konlechner, we occasionally had lunch together. As he had liked my Petrus and Gisi film, I had given its negative to the museum for their collection. He firmly believed I should be making movies rather than advertising photos. Every time I ran into him he asked if I was back at work yet.

Peter's confidence got me moving again. This time I was determined to do a work of fiction, it was time to find out if I could. The financing was a huge problem. To get to work on a photo was easy, I just needed a camera and a few rolls of film. When the picture was ready the client paid me for it and if it pleased him he would call me again when he needed more of my work. This was bakery shop economics.

In film there were no investors hunting for new directors to lose money on. European movies don't have Hollywood's huge one-language market to provide profits and future investment. At that point not one Austrian film had made its money back since the fifties. A few movies were produced every year nonetheless. Their tiny budgets came from government subsidies which were cultural alibis, symbolic attempts to maintain a national presence on the country's screens. Polite applause and not profits were the best that could be hoped for an Austrian movie.

I had no more business sense than before. My ambition was to scavenge a feature film, put it together with whatever was at hand. The movie would have to be convincing as well, good enough to make people want to see more. If that happened I might be able to turn truly professional for the film after that. My first great stroke of luck was gaining Susanne Schett as my ally. She was a tiger. She was fed up with her slow-moving acting career but her Swiss protestant mentality combined with years of living in America gave her a steely determination to succeed. The generalized Viennese apathy infuriated her.

Susi caught on quickly. Her broad, general education was perfect for films. She had read a lot, could read music and play it, spoke fluent English, Swiss and Austrian German, and some French and Italian as well. She liked learning. She went to work in a film lab for a few months and picked up the negative and positive editing she would need for our work.

This, my second film, was technically eccentric. We expected terrible money problems so we adopted skinflint measures from the start. 16mm, which I had used on the Gisi and Petrus film, was now too good for us. The cost of the film stock and its development was beyond our means, we had to go smaller and cheaper still. I knew I would need many takes per scene throughout *Slow Summer*. So we shot on Kodachrome Super 8mm, the finest grained film available in that tiny format. Later we would blow it up and make full size 35mm prints for projection in commercial cinema projectors. I have never heard of anyone doing this before or since. We soon learned never to mention Super 8 to anyone, they would question our sanity. We just said "a blow-up" and most professionals assumed "from 16mm" without a second thought.

I didn't know if I was ready yet for professional actors, or if I ever would be. In Vienna at the time, most actors came from the theatre and they worked overblown and stilted on film. I doubted that as a foreigner on his first feature I would have the authority to control their performances. On the other hand in other countries some amazing results had been obtained with raw actors, newcomers with no experience at all. Robert Bresson and Roberto Rossellini were established masters of this approach. So I looked closely at the people around me I knew best, I was pretty sure they would look fine through a lens. With a story not too far from their own lives I thought we might bring it off. Of course I was presuming on their friendship and trust, I was asking a lot for nothing.

I tailored the script to suit each of them and played the main role myself, I couldn't stay closer to home. The basic story was autobiographical as hell, it was a tale about a man struggling to finish a film about an absent girl. When shooting started I intended to work the footage I had shot with Elfie into it—I hated to see all that film wasted—but in the end I left it out to benefit my peace of mind.

We had to reinvent sound pictures. *Slow Summer* looked as if there had been little technical progress since the thirties. None of our equipment was designed for talking pictures, the camera and tape recorder ran independently at speeds dictated by their battery charges. The little Super 8 camera made a fearful racket. We couldn't truly silence it, we dulled the noise somewhat by packing it in a bulky home-made blimp of foam rubber. Once when the internal batteries failed I hooked the camera up to a 12 volt car battery and we filmed 3 frames per second behind synch throughout the scene. In this, as in every other case, Susi synched the sound to the lips afterwards by hand, sentence by sentence, on the primitive editing machine we had developed.

We couldn't afford to make a 35mm colour blow-up. The diffused colours and the huge grain would probably have given a soft impressionistic feel to the film. The black and white blow-up we had was romantic enough. *Slow Summer* ran well in the cinema and the Viennese critics seemed charmed by it. Susi and I were pleased to have survived the film physically and financially, there is a special heady satisfaction in succeeding the hard way.

We began to look around for another story to tell. As Austrian films had not become business propositions in the meantime we would have to go the cultural subsidy route like everyone else. I wished there was another choice than begging for the tax-payers' money, but there wasn't.

Our good intentions were our capital. For our taste European movies succeeded best when they refused formulae, not just sex and violence, but sentimental and political formula as well. Better leave all that to Hollywood, they had the money and the patience to endlessly rework entertainment clichés. The mass European market had all the Hollywood it could use for now. We would work the tiny markets on the sides, those pockets of resistance which still wanted intimacy and originality in the European manner.

Helmut Zenker was a young Austrian writer in his twenties. His stories were very low key, they depended on the art of their telling rather than melodrama for their success. When I met Zenker he said, "You can tell any story you want to, it all depends on how you do it." Exactly. I felt that that applied to photos and film as well. He showed me a short novel he had just finished. I liked it and he agreed to let me film it.

I was living in an old Ford Transit truck that summer. I had a camping gas set up for cooking and a bed hinged to the wall in the back for my sleeping bag. I drove from Vienna to France for a few weeks holiday, then back to Tyrol to work on the film script with Zenker. The slow travel was peaceful, I liked driving perched up high with those big side mirrors out the windows. The Ford's old diesel motor was noisy but reliable, I had a good radio cassette player and lots of jazz and soul tapes.

Helmut was living with his wife and children in a little Tyrolian town near Kufstein. His wife Margit's father was the town school director and we used his classrooms as our headquarters throughout August. My truck was parked in the school yard. Helmut would come for breakfast in the school's kitchen around nine and then we would go upstairs to a classroom to work until noon. We sat at little tables at opposite ends of the large schoolroom, separated by a ping pong table in the middle. We had everything we needed. We wrote until noon and then drank a beer and played table tennis until his mother in law called us for lunch. It wasn't difficult work, I wanted to stay close to the written book and we only had to cut a few scenes for logistical reasons.

When we applied for a subsidy, Zenker's good literary reputation gave my first two films the boost I needed to make my candidacy credible. These were cinema subsidies we sought. Television until now had its own government budget and was wisely kept out of this. A few low budget film projects were selected every year by a jury of journalists and film people, then the Ministry of Education divided up a small amount of money among the chosen. Low budgets are an essential principle, big film money has its dangers in a small industry. Few people know how to manage even medium size film budgets, a dearth of money keeps directors concentrated and sensible. Big money has a way of turning into the enemy of creativity. Fatter budgets incite the envy of television and other business interests to get involved—and when they do originality dies quickly at their committees' hands.

I liked making small movies in Vienna. I hoped I would live a long time and make many of them. A few people like Eric Rohmer had shown that if you gauge the size of a small market correctly you can manage to work within it, design your budgets to fit them and build a faithful following over the years.

I chose one of the smaller Viennese film production companies to work with on this one. I now had more precise ideas about how I liked to work and wanted to keep our team compact above all. "Purzl" Klingohr's EBF had cutting tables and a sound studio, a handful of employees and a nicely shaded garden out in front. Even Purzl's St. Bernard was a likeable, family-type dog, dumb as he was. We would sometimes go together behind a tree out in the garden to have a pee. I gave up playing soccer with him the day he mistook my ankle for the ball and drew blood.

Susi and I believed more firmly than ever in non-actors. In our search for them we listened to our amateurs' accents as carefully as we looked at their faces. In Austrian German dialects vary greatly. Viennese dialects even differ from one city district to the next. Volumes of information about a person's past and present are buried in the sounds he makes, they colour and complete the script for you.

Christa Schubert worked in the café near my apartment. We had seen her every day for a long time. Her lively charm was probably the reason many people went to the place. She brought a lot of dignity to her waitressing and even at night never seemed too tired for a smile or a joke. Hermann Juranek was a good match for Christa, there was an opposites-that-attract logic to their couple. He was small and blond and she was more rounded and dark, her open generosity complemented his careful reserve. An amateur actor is in a strange situation, he plays himself in a story written by others. After a day or two's shooting we saw them as the couple Herman-and-Christa whether the camera was turning or not. When we married them at film's end we used a real mayor working in his habitual office. Christa was truly shaken, not far from tears.

We got things just about right visually. On my other films I had done the camera myself and felt comfortable with that. A battle of personalities over the film's aesthetics would be fatal to it. Fortunately I had a young cameraman Helmut Pirnat. He had no experience with features and was willing to try it my way. I hate a showy camera, zooming in and out, dollying right and left, I really want the camera to disappear, become an invisible non-person. It is the cameraman and the director's job to get what is in front of the lens right—the lighting and the composition, the characters' acting and their movements—and then the camera takes all that down as soberly as possible.

We shot nothing in a studio. Vienna is a rich city visually, there was no need to spend money constructing what was already there. The exteriors took care of themselves, we just had to look about us. Hermann's family's apartment was a real one and we only moved minor elements around in the rooms to simplify things a bit. A calming process is necessary to get rid of the "too busy" feel. Colour film particularly can heighten appearances too much, décors can look jumpier and more crowded than in real life.

Hermann and Christa were perfect, but they couldn't carry the whole film alone. If we hadn't also got lucky in the minor roles the film could have collapsed. Franz Schuh was our greatest benefactor. In the script Helmut Zenker had devised a phoney writer character based on someone he knew. Franz Schuh knew the same guy and said he thought he could render him in front of the camera. I suggested we script the part together with Zenker and he said it wasn't necessary, he thought he could improvise his way through the part just fine. And he did. I couldn't believe what I was seeing. Here was a writer with no acting experience winging it, creating a dense and believable character as he went along. In his last scene he improvised a radio interview with Heidi Grundmann. A radio journalist in real life she rose to the occasion perfectly, nothing in the interview was scripted for them and it perfectly convinced me.

I believed in non-actors and now they were showing more talent than I had ever thought possible. I was an explorer with a new continent opening up before him. It gave me a lot to think about for future films. Professional actors, if I ever used them, would have to be terrific to rival this. With amateurs capable of providing cliché-free performances at this level nothing looked impossible for small budget films. Hitchcock said he liked using stars because they saved him the clutter of a lot of exposition. Here's Cary Grant, we all know who nice Mr. Grant is and what we can expect from him. With my unknown actors the opposite happens. We save no time but there is a gain in reality. Never having seen them before there is no reason not to believe that they are the people they say they are. Intimacy is the gain. We have the best start to a convincing story.

We started *Schwitzkasten* two weeks behind schedule. We were to begin on a Monday morning and the previous Friday I got a phone call from Toronto telling me that my mother was in the hospital for an operation, colon cancer was the diagnosis.

I was worried about Purzl's situation after I left. He had twenty odd people under contract for a film that was to start Monday, where did this leave him and his little firm? He told me that I was right to go to Toronto, that I would regret it my whole life if I didn't. He would talk to the people and they would understand. He did and the cast and technicians were wonderful, they agreed to wait the time it took.

My mother's exploratory operation at Princess Margaret's Hospital in Toronto showed that little could be done. The metastasis had generalized and they didn't know if chemotherapy would help or not. They gave her a few weeks to live. I hung around in the empty house waiting for the hospital visiting hours. I tried to read but couldn't concentrate. I signed up for tennis lessons and that helped a lot, learning tennis was difficult enough to purge my mind the time I was at it. It also made me tired enough to sleep at night.

My mother had always respected uniformed authority, she believed entirely the reassurances which the doctors and nurses gave her. She made it clear that she never wanted to hear the word cancer spoken, so no one used it. She had an unspecified stomach ailment and she wanted to know no more. After the operation she rallied quickly, her first chemotherapy treatments put her into remission. The Ontario Health plan functioned flawlessly too, she had everything she needed, and when she left the hospital had nurses and a housekeeper to look after her.

Schwitzkasten took seven weeks to shoot, I would have felt more comfortable with nine. Television was beginning to dictate these standards, within a few years four weeks would be considered adequate to shoot such a film. Susi did a fine job on editing the film, as my assistant director she had been involved in every step of the process along the way. We both knew what it should look like in the end, Susi went straight at it.

The creative work in editing is a small part of the time involved. We would look at the uncut takes on the screen together, make a decision and then I would go out in the garden to play with the St. Bernard until Susi called me back. Her work was very finicky and physical. Most of her time was spent labelling strips of cut film, hanging them on little nails or taping them back onto large rolls so that they could be easily found again. Everyone pushes the editor to hurry up, all the time lost by everyone else in the production falls on her shoulders. The work is very stressful. Electronic editing seemed to me to be the solution of the future, but when that finally came it was only a means to do twice the work in half the time. The editor's stress was increased again.

My mother's next-door neighbours in Toronto, Ken and Diane Axmith, kept a close eye on Mom. Ken being a doctor I was always able to phone them for accurate information about her situation. Over the next two years I flew back and forth often, the Axmiths are funny, charming people and they did their best to make the last years of Mom's life as pleasant as possible under the circumstances.

Going through a series of remissions and relapses is a bad experience. The patient is gradually disenfranchised as the illness develops. Doctors and relatives must take decisions upon themselves which should be his alone. They try to judge their own efforts against a crude "quality of life" standard. Too often this "quality" seemed more theoretical than real to me.

St. Margaret's Hospital is specialized in cancer treatment. The nurses and doctors were an elite force, their stamina and understanding was astonishing. I would sometimes spend some moments in the waiting room on Mom's floor when I arrived. I noticed that the pile of magazines on the table always lay in the exact same order as for my last visit. A nurse told me that most of the patients never saw a visitor, cancer is too depressing for them.

Mom did manage some of her former charm in better moments, the nurses often enjoyed talking to her. At home she read magazines and light novels, she never waxed philosophical, ever. In the hospital the nurses told her that a minister wanted to visit, but she sent him away. She once said she still considered herself a Christian, but she clearly looked to no one for spiritual comfort.

"I just want the time that's coming to me, nothing more," she said during those days. It was her only comment on what was happening to her.

They eventually put her on morphine, she soon began to receive a lot of it. She was awake and terrified the next time I came. She had gone through a long delirium, she told me that American gangsters had come into her room and demanded money. The next day she looked at me with clouded eyes and addressed me as "Father" and talked of family matters at home in Brampton seventy years earlier.

A thief really did come. Someone entered her room while she was asleep and removed her wedding and engagement rings from her finger by force. I was glad she never woke up to know about that, she remained under the morphine for four more days and then died.

Death is an improvement on sheer pain, it has no other redeeming feature that I can see.

Ken and Diane's friendship eased things a lot for me over those grim two years. They love eating and drinking and their talk was lively and open, the Puritanism of the Forest Hill of my childhood was swiftly being laid to rest by their family and friends. Forest Hill was still for rich people, but it was not the Anglican enclave it had aspired to be, nor the Golden Ghetto it became later. I was thankful for Toronto's changes. This wasn't just plastic surgery either, the city's foundations had been sapped. Massive immigration was saving us Old Torontonians from our inbred selves. A few more generations of that genetic repetition would have had us sinking into the tar pits.

Between hospital visits I had time to move around town, seeing friends and Hilary and Jesse, my kids. The streets, buses and subway cars were now full of Asians, blacks, Mediterraneans and Central Europeans, often I found myself talking French or German with someone in a shop, easy as pie. There was now more laughter in the streets than I remembered. My father had laughed easily at times in the Old Toronto, he would have found more to laugh about nowadays.

I didn't understand the identity crisis talk. Stuffy Canadians were achieving the openness which Americans only aspired to. I visited New York or Boston occasionally and there peoples' racial fears and hatreds were palpable. In the new Toronto people looked easy, hopeful and without complexes. I was glad that Hilary and Jesse were growing up here. This gentle cosmopolitan environment was all that I could wish for them. I hoped they would travel and see something of the world someday. But if they decided to stay, as I had not—to work and live out their lives here—Toronto made as fine a centre of the universe as any.

In Vienna people liked our movie, we showed it in Cannes and we were invited to the Berlin festival. The main criticism was that we had made it too cheap. Peter Konlechner pointed out that professional credibility demanded 35mm. Susi agreed with him. I could see their reasoning, maybe my obsession with smallness was running away with me. But as most people's films had losses, I felt better keeping mine to a minimum.

No one had difficulties with the Viennese critics. A sense of patriotic duty led them to support everything made in the country. We needed to get the people into the cinema, I was glad of their enthusiasm whatever lay behind it. In fact two critics from major newspapers I knew to be against *Schwitzkasten,* one for political reasons and the other personal. Helmut Zenker had joined the Communist Party in his youth and the young critic from the conservative newspaper fumed "communist trash!" when we showed it to him. He gave it a positive write-up anyway. The other guy was a tricky character. Years earlier I had told him of a good plot for a film which I had read in a newspaper article—and he had rushed off to film it behind my back. From then on he made a point of never seeing a film of mine, he always wrote them up positively (three stars!) anyway using only what he read in the press kit.

In Paris Frederic Mitterand showed it in his Entrepôt Cinema for two weeks with subtitles. A famous producer, Pierre Braunberger, saw it and liked it. I began to see a glimmer of hope for my working future. If my next film could be at least a French-Austrian co-production I would be working in a vastly larger market and there would be more safety in the new options available.

Toronto, mid 1970s. John, Hilary, Jesse with electric guitar © John Cook

Our dreams collapsed when the *Nouvel Observateur,* France's largest left-wing magazine, lambasted *Schwitzkasten* for what it saw as criticisms of Vienna's socialist government. We lefties must stick together, was their message to me. It was the only negative criticism we had received in the Paris press, but it was disastrous for me. Braunberger wasted no time on his phone call.

"Have you seen the *Nouvel Obs'* write-up Mr. Cook?"

"No, but I've heard it's bad."

"Goodbye Mr. Cook", he said and he hung up.

So we began preparing *Artischocke* with only Austrian subsidy backing once again. In the meantime the Austrian parliament had voted a new film law involving the Austrian Television for 50% of the financing. I gave little thought to this change at the time, but I should have. Over the years top television people had spoken out angrily and emotionally against independent film production. Clearly more than the small sums of money our films received were involved. Maybe they saw our work as a criticism of their own. For whatever reason these civil servants felt that all "entertainment" had to come from them, they wanted a total monopoly on film production.

With *Artischocke* I wanted to tell a lyrical, happier type of story than the Central European mentality was used to. There had been some particularly cynical and melancholic Austrian films recently and I expected that this was leading us into a Balkan cultural ghetto in the long run. Helmut Boselmann had told me an amusing story of a summer holiday he had spent on the Black Sea in his teens. Its funny, touching quality seemed to free it from the usual Balkan gloom. In my mind I reset it in the South of France which I knew better personally and where I hoped the Provençal sun would lighten it again.

Helmut Zenker had become a busy film and television writer since we had scripted *Schwitzkasten*, but he still found some time to work with me on the Viennese part of the story. For the French part I called upon an old friend of mine, the writer Dominique Eudes. He was as steeped as anyone—by experience and temperament—in the Mediterranean atmosphere I was after. I again took Helmut "Peanuts" Pirnat as my cameraman. He had gained a lot of commercial and advertising experience recently.

Suddenly I was doing what all my well-wishers had asked of me, I was working within the industry's norms. For one movie I would forget all about Bresson, Rossellini, Rohmer, Ken Loach and the other iconoclasts I had been learning from, I would go mainstream. Maybe I could make a place for myself, make an honest picture and even show a small business-like profit at last.

I was never comfortable in this new world. The people at the Education Ministry said that in an effort to professionalize Austrian film-making they were encouraging us to work with the larger production firms. To everyone's approval I signed up with a big production company that promised to do its best for us, a company with international financing behind it. The day I met the company director I realized my mistake. He was a crude, cynical money-man. He said that he would look out for me personally, that the advanced computerization of his company's accounting department would allow him to siphon off funds as he wished. I told him I expected to see every *Schilling* of the subsidy up on the screen at production's end. He just laughed, he didn't believe me for a moment.

I quickly began to miss Purzl, his little production company under the trees and his St. Bernard. Working with these people and within their mind set I was making a compromise a day. Susi thank God was still with me, but both of us were now only way-stations on a production line, everybody else involved was a pro with more loyalty to the company than to the film.

Hindsight has me shaking my head. At the time the subsidies the New German Cinema depended upon were already dying at the hands of the new conservative government in Bonn. Maggie Thatcher was doing the same in England. Silvio Berlusconi and his television machine were busy dismantling the prestigious Italian film industry in his country, Federico Fellini had personally paid for a full-page cry of alarm in major newspapers across Europe. Whatever could have moved me to go *mainstream*?

Susi and I picked our actors as usual and there we found friends and allies. I also had a soundman we liked a lot and managed to give Danny Krausz his first job in a film. He quickly proved invaluable. We put ads in the local papers inviting young non-actors to audition for us. There was nothing much to the interviews, we just chatted with the candidates in front of a VHS camera. Within half an hour we knew if we'd found the person we needed or not. It was a film about young people and this time they had more weight to carry than usual, the cinematographic machinery facing them was larger and the crew bigger.

I missed the intimacy of our earlier films immediately. At times the young actors' performances seemed slightly muted as the "professional" surroundings overwhelmed them. Michi Riebl was a young engineering student with a happily, insolent manner that I enjoyed. He survived his main role with credit and then swore he would never act again. He went on to become an excellent lighting cameramen, those talented rare birds of whom there are so few.

The shoot itself left a long, bitter taste in my mouth. So many of the crew were used to the easy money they made in the advertising world that they weren't up to the patient application called for on a feature film. Susi and I never consciously tried to make Art Films. But you can't prepare fine meals with a fast food attitude. Motivating our crew was an uphill business, half the time they were playing Hollywood East and the other half they were trying to skim money for themselves, or the firm, off our budget.

When we were editing in Vienna I employed a lawyer to stand between me and the production company's director during our dealings. The experience had been a nasty education, a catalogue of shady practices. I would have been embarrassed if *Artischocke* had been the first of my films to make money. I had nothing to worry about, the subsidy funds permitted only minimal advertising and only one print to be made. The distributor suggested that we show the uncorrected "copy 0" as well. He said he had a print of *El Cid* with a strong blue tint to it which he showed every season. Audiences got used to the blue screen very quickly, he said.

Artischocke ran for six weeks in the large Urania cinema and a year later on television. General audiences seemed pleased with it and the standard positive criticisms appeared in the Viennese newspapers. Privately some fans told me they hadn't liked it much. I was mortified.

My mother saved me from having to look for a home for old moviemakers. She had left me her large house and some money. With good investments I should never have to go back into advertising or fashion photography again. I had been away from that work for too long now and dreaded the thought of starting over again.

I bought a small house in Arles in Provence. Susi Schett, Danny Krausz and Michi Riebl came down from Vienna, Hilary and Jesse came over from Canada too, and we patched and painted it up in a few weeks. I had now spent fifteen years in Vienna and it was time for bright sun again, to speak French again and clear my head.

I was in the mood to make a crime story, but not one in the American genre film style at all—the Europeans have their own tradition for sombre tales of the underworld. Questions of morality and ethics would be central. Corruption had been much on my mind for the past year, I should be capable of a Viennese take on that, I would apply what I had been learning personally. I would have no problem avoiding car chases and other clichés. With good photography and using real people we should be able to make something strong out of Vienna's darker décors. I wrote *Brömmer* slowly and carefully and we submitted it to the Film Commission's jury. Susi and I were pleased but not surprised when the script was accepted. Our past record was as solid as anyone's.

Television stopped us in our tracks. They informed the Film Jury that they had no intention of providing their fifty percent of the budget for *Brömmer*, that they were exercising their veto.

Susi and I asked for a meeting with the highest responsible available and eventually got one. He received us in the best Viennese manner, all smiles and many compliments for our past work. We wanted to know what the ORF needed from us to go back on its veto—was there something in the scenario which they found offensive? Not at all, the quality of our work past and present was fine, when the television had programmed our films the ratings had been excellent. He gaily said that this was a power struggle between them and us and that we should consider ourselves seriously outnumbered and outweighed. "Of course John if you go down to the Hotel Sacher, call the press and then stand naked on a table and make a speech—then we'll be obliged to produce your film. Short of that there is nothing more you can do."

My Viennese career ended there. It was time to move out of the ruins before depression set in. I packed my bags and went to my little house in Arles. Strong sun and blue sky with few shadows could only help. It was a good town to write in. I was friends with the fishmonger and his wife, there were plenty of tennis courts and I slowly came to know some of the people in the mundillo, the local bullfight world.

Dominique Eudes and other French friends did what they could to encourage and help me. I prepared a little film to be shot in Arles, I knew lots of non-actors with potential there, what I had learned in Vienna should work here as well. But there was no money to be had locally, all production decisions were taken in Paris. I went to Paris often to learn how the system worked. The French with their intense cultural pride and limited enthusiasm for conservative economics had managed to preserve their film industry from total destruction. But the competition was fierce. They had survived where others had not, yet there was still too little money for the talented French directors they had.

I invested time and money in trying to sell my Arles film project with the help of a Paris producer—I quickly saw that it was a waste of time. My track record had its main worth in Vienna, some value in Germany where I could screen my past work without benefit of subtitles—and virtually none at all in France. For a foreigner to break into the Paris film scene his reputation should be big and international—and at the very least he should have made some solid profits for past investors.

I had few options left. With the help of Michi Riebl I made a documentary about a young Arlesian novillero, an apprentice matador. José's family were typical of the Arlesian *mundillo,* his father was a Spanish labourer who had immigrated to France after the war. He had once dreamed of becoming a matador himself and now at sixty was investing all the family savings to help his son succeed. The Manrubias were products of an intense Andalusian culture, a love of flamenco music is another aspect of it.

At the simplest level it was the Petrus boxing story all over again, a poor family making a dangerous bet on the talent of one of its members. I also hoped along the way to show the decency of the people involved—and lay to rest any imaginings of machismo or sadistic cruelty in the hearts of bullfighters. It was fun to film the Manrubia's story. I enjoyed working with a reduced crew of dedicated people again. The travel in Spain to visit a *ganaderia,* a bull ranch, and to film José's novillada later was exciting. I was overwhelmed by the film costs early on and switched to video half-way through. Afterwards we edited electronically. These new technologies suited me fine, they are bound to encourage the young independent filmakers coming up.

I only knew what a bad business move a bullfight picture is later. There was a documentary film festival in Marseille that year and I found no buyers for it. No one to even look at it. A Quebecoise told me that the year before she had bought a Mexican film about a matador and no one in Montreal had dared to show it. Finally she had programmed it in the early hours of the morning. The animal rights activists were furious when they found out and planned a demonstration in front of her home. A timely snowstorm saved her from that indignity. The man from the BBC also spared me some trouble. He said it would be a waste of time looking at our movie. In England they were no longer allowed to televise circuses with animals in them. Can you imagine what they would say to a bullfight? I even took a copy of the tape to Vienna and showed it to the ORF. They told me that corridas were well beyond the pale for them too.

Back in Toronto Jesse was beginning to succeed just as I was grinding to a halt. There was much satisfaction in that for me. He had started playing flamenco guitar as a little boy in Barcelona. When they returned to Canada his mother found a music teacher for him and he advanced quickly. But people told him that he was a child prodigy too often. He put his guitar down at the age of twelve and didn't pick it up again for five years.

He seemed to have shifted his full concentration to his skateboard, unicycle and collection of *Spiderman* comics. He was fiercely independent about his interests, and an adult's enthusiasm for something was sure to turn him against it. Later this perversity brought him dividends. I have always smoked cigarettes with application and rarely turned down a drink unless I was driving. He has never touched either. In fact the two of us only share a few essentials. We like girls, fear drugs, and laugh whenever possible.

By the time I was living full time in Arles Jesse had taken up his guitar again, working hard at it. This time we were all smart enough to keep our compliments to ourselves. Jesse may have just decided that he had to play himself out of a corner. He had no academic bent and many teachers were glad to see the last of him. He was as undisciplined as possible short of delinquency. It wasn't Jesse who would bring the Cooks back into the bosom of the establishment.

Suddenly Jesse changed schools and his personality with it. He was like a mafia informer in a witness protection scheme. Even Hilary his sister could barely recognize him he was so "nice". He took up his guitar again and started furiously developing his talent. Smart. He did a lot at once, he learned to play his instrument, compose music and to handle the electronics of a recording studio like a sound engineer.

He may have seen my career as an excellent example not to follow. He is well known now, has produced four successful CDs, reaped the useful industry awards and the gold records in frames to put on the wall. He has made money for other people and there is safety in that. His uppermost preoccupation, he says, is to remain employable when fame stops, as he is sure it will. This much good sense an artist must have.

His sister Hilary looks more like me than he does. I think it is rare that children are much like their parents at all, but there are often odds and ends of appearance and temperament that ring a bell. In her youth Hilary read constantly, and where I had tried to write novels she kept an extensive diary. She said that when Jesse arrived in Toronto he was an instant Canadian and never looked back. She had spent two years more of her childhood in France then he had and was resentful about leaving. She loved the house in Villevayre in the Aveyron, had gone to the village school there. Leaving France was another reason for her to be very, very angry with me.

She had a difficult start in Toronto. She didn't last long in the Toronto French School, maybe it was her French clothes and true Parisian accent that brought her troubles. But she adapted as kids will with time and when she started looking more Canadian she took it farther than many of them—her manner and taste in clothes suggested a little English lady to me, I could imagine the young Jane Austen looking like her.

How can a taste for photography be genetic in origin? But she started taking pictures as a teenager, took photos for her university newspaper and when she came to visit me in France talked of being a model. She might have brought it off. She was very long and lean, her French was still good and she had the button nose, blue eyes and milky skin which Latins so admire in the English. I couldn't do it. I could have taken her to a model agency for a try-out but I didn't. I phoned Sarah Moon hoping that she would help me talk her out of it. No one answered the phone so I left it at that.

I started Law but didn't get past the first year.

Hilary started and graduated with diplomas in both California and Ontario. Labour law is what interests her, defending the weak, so she is no more likely to become a modern establishment figure than her brother. Life is friendlier when you can all agree on the basics. Family dinners are more digestible when you can talk about ideas and politics without bludgeoning one another with ideology.

I got married again. Divorce is a misery and I have been long determined to avoid another one. I married Maria Coretti from Caldonazzo, which I should probably have done twenty years earlier. At the time I figured a nice Catholic girl from a mountain village deserved someone country clean and nice and so I stayed away to give her a chance to find him. She never took it and after a few postcards and phone calls we finally got together for good.

I have a second daughter a girl friend gave me and Maria and I have been bringing her up in Arles and the Aveyron for the last ten years. Dominique known as Dinah has a resolutely happy nature and for the moment intends to be a lawyer like her sister.

So the last story I've told is my own. I would have preferred to film it of course, but that was impossible. I am as interested in my family's history as many other people are in theirs, and now with these pages some of my part of it is on paper. There is only a meagre collection of facts about my parents' and grandparents' lives in long ago England, Ireland and Canada. There are few photos of them of course and no letters or diaries containing their thoughts and feelings. I'm leaving my descendants a bit more to go on if their curiosities get the better of them.

I only made five movies, half the number I was planning on. I expected that by the time I made ten of them I would die and so avoid retirement. It would also be too late for anyone to bother honouring me. Twenty years later my pictures are still shown occasionally in Austria and younger people make me compliments about them in the mail. For the work to live on that long in people's minds is more immortality then I ever hoped for.

So much of my pleasure now comes from my low expectations in the beginning. We Toronto Protestants had a very unadorned cross to bear. A harsh climate and too many deaths in world wars had lead discipline, obedience and abnegation to become prime virtues in the Ontario of my youth. Imagination and talent were not for us, and with enough sanctimony in our attitudes surely some money would accrue as our just reward. I don't know how I escaped the worst parts. One thing just lead to another.

Bildnachweis

Fotos *The Life:* aus dem Privatbesitz von Heather und Hilary Cook

Brief an Richard Leacock: Sammlung Michael Pilz

Arbeitsfotos und Standfotos *Langsamer Sommer* © Helmut Boselmann, John Cook, Michael Pilz: aus dem Archiv Helmut Boselmann und der Sammlung des Österreichischen Filmmuseums

Standfotos *Schwitzkasten* (Helmut Boselmann) © ebf-Film

Standfotos *Artischocke* (Caroline Weihs) © Arabella Filmproduktion

Filmstills: Georg Wasner

Videostills: Michael Loebenstein

Herzlichen Dank an

Maria Cook, Hilary Cook, Heather Cook

Helmut Boselmann, Danny Krausz, Michael Pilz, Michi Riebl, Sibylle Schellmann-Kos, Susanne Schett, Elfie Semotan sowie Peter Konlechner und Max Peintner

Österreichisches Filmmuseum (Alexander Horwath, Michael Loebenstein, Georg Wasner, Regina Schlagnitweit, Elisabeth Streit, Roland Fischer-Briand, Johann Rabitsch), SYNEMA (Brigitte Mayr), buero8 (Gabi Adebisi-Schuster, Thomas Kussin), Peter Nau (Berlin) und Constantin Wulff (Wien)

sowie Christian Burtscher (Wien), Patrizia Coretti (Caldonazzo), Christian Fischer (Wien), Roswitha Fritscher (Botschaft von Kanada in Wien), Cilian Linda Kielmansegg (Wien), Ivo Kocherscheidt (Wien), Peter Mosser (*Wiener*), Martin Prucha (ORF Archiv), Nicole Scheyerer (Wien), Harry Tomicek (Wien), Christine Wagner (Wien)

Das Österreichische Filmmuseum dankt Edith Schlemmer, Michael Pilz, Danny Krausz, der DOR Film und dem BKA/Kunstsektion für die Unterstützung bei der Restaurierung und Sicherung einiger Filme von John Cook.